中外文**稀有版本**文献

《政治经济学批判》

①

德 文 版

【德】卡尔·马克思 ◎ 著

图书在版编目 (CIP) 数据

《政治经济学批判》中外文稀有版本文献:汉文、英文、德文/(德)马克思著;郭沫若,刘曼译.—北京:中央编译出版社,2022.9

ISBN 978-7-5117-4215-5

Ⅰ.①政… Ⅱ.①马… ②郭… ③刘… Ⅲ.①《政治经济学批判》-汉、英、德 Ⅳ.① A122

中国版本图书馆 CIP 数据核字 (2022) 第 145682 号

《政治经济学批判》中外文稀有版本文献

策划统筹	张远航
责任编辑	郑永杰　周雪凝
责任印制	刘　慧
出版发行	中央编译出版社
地　　址	北京市海淀区北四环西路 69 号 (100080)
电　　话	(010)55627391(总编室)　　(010)55627312(编辑室)
	(010)55627320(发行)　　　(010)55627377(网站)
经　　销	全国新华书店
印　　刷	北京环球画中画印刷有限公司
开　　本	710 毫米 × 1000 毫米　1/16
字　　数	1108 千字
印　　张	79.75
版　　次	2022 年 9 月第 1 版
印　　次	2022 年 9 月第 1 次印刷
定　　价	1180.00 元 (全 4 册)

新浪微博:@ 中央编译出版社　微　信:中央编译出版社 (ID:cctphome)
淘宝店铺:中央编译出版社直销店 (http://shop108367160.taobao.com)
　　　　　(010)55627331

本社常年法律顾问:北京市吴栾赵阎律师事务所律师　闫　军　梁　勤
凡有印装质量问题,本社负责调换。电话:(010)55626985

《政治经济学批判》的出版与传播

（代序）

一　《政治经济学批判》在国外的出版和传播

（一）出版和早期传播情况

《政治经济学批判。第一分册》于1859年6月在柏林出版，这是马克思经济学研究的成果第一次正式出版，这部著作的出版在马克思主义发展史特别是马克思主义经济学发展史上具有里程碑式的意义。1857年至1858年期间，重新开始研究经济学的马克思写下了大量经济学手稿（《1857—1858年经济学手稿》），按照马克思当时对经济学研究框架的设想，他决定分册出版这些研究成果，其中，《政治经济学批判。第一分册》是马克思计划中的经济学丛书的第一册，也是马克思经济学研究的最初出版的标志性成果。

1858年3月，马克思与柏林的出版商弗·敦克尔签订合同准备分册出版《政治经济学批判》。他本想签订全书的出版合同（预计共6—8册），但是出版商只同意根据第一册的销售情况再做决定。第一分册中包含《序言》、第一章《商品》和第二章《货币或简单流通》，在真正出版的时候，马克思没有将其准备论述资本的第三章收入第一分册，这是"因为真正的战斗是从第三章开始,我认为一开始就使人害怕是不明智的"①,《资本》章计划放在第一册的第二个分册中进行论述,不过后来这个写作计划并没有得到落实,马克思对资本进行了更加深入的研究,其理论成果形成为后来问世的著作《资本论》。

1859年1月《政治经济学批判。第一分册》的手稿已经准备妥当,但是马克思的手稿要交到出版商的手上并不这样容易,单是他的名字就会吓坏普鲁士当局。他的稿子交给出版商之前,还得由警察经手,在那里放上一些日子。警察当局只有在确信马克思的著作是"纯学术"性的,并且害怕马克思可能在英国报刊上提出抗议时,才会按照规定把稿子交出去。

最终,《政治经济学批判。第一分册》于1859年6月在柏林出版,印数1000册。在这部著作中第一次系统地阐述了马克思包括货币学说在内的价值论。马克思给这部著作写了一篇《序言》,在这篇著名的序言里对历史唯物主义的实质作了精确的表述,《政治经济学批判。第一分册》的正文从对商品的分析开始进行政治经济学批判的研究,并且展开对货币问题的深刻论述。

(二) 国外的出版和传播情况

下面简要介绍若干在国外发行的《政治经济学批判。第一分册》的单行本及在各版《全集》《选集》中的收录概况。

1.《政治经济学批判。第一分册》第一次出版。1859年以德文由柏林敦克尔出版社出版发行,印数1000册。前文已述,这个版本的《政治经济学批判。第一分册》出版后,并未引起如马克思预期的反响。恩格斯为了介绍和推荐马克思的经济学的新理论和新成果,专门写作了两篇文章进行推介。这是《政治经济学批判。第一分册》的第一次出版,也是马克思在世时唯一一次出版。

---

① 《马克思恩格斯全集》第29卷,北京:人民出版社1972年版,第568页。

2. 从1958年到1965年，日本出版了五卷本的《政治经济学批判基础》，第5卷中包括了《政治经济学批判》及其准备材料。五卷本的《政治经济学批判基础》实际上是《1857—1858年经济学手稿》即《大纲》的翻译全稿，日本也因此成为第一个翻译《大纲》的国家。《政治经济学批判》及其准备资料、《大纲》等文献在日本的出版改变了日本人认识和看待马克思政治经济学批判的方式，改变了对马克思的误解，推动了日本的马克思经济学的研究。《政治经济学批判。第一分册》在日本有河上肇、宫川实合译的版本，以及宫川实译本。

1954年，《经济学批判》，宫川实翻译，出版社：青木书店，32开，300页，平装。

3. 考茨基的德文第二版。1897年出版了《政治经济学批判。第一分册》德文第二版，这一版由考茨基编辑，该版与1859年的原版有细微的差别，是考茨基根据马克思在该书的页边所作的笔记进行细微的变更后编辑出版的。

4. 根据德文版《马克思恩格斯全集》第13卷翻译，1970年在苏联用英文出版了《政治经济学批判》单行本，同时收录了恩格斯的《卡尔·马克思〈政治经济学批判〉》。编者Maurice Dobb在前言中写道："《政治经济学批判》就是它本身，它是《1857—1858年经济学手稿》的有机组成部分。它是对马克思《1844年经济学哲学手稿》开启的问题的进一步探索，批判的焦点集中在方法上。"①

5. Stone的英译本。N. I. Stone将《政治经济学批判。第一分册》德文第二版翻译成英文，于1904年由Charles H. Kerr & Company公司在芝加哥出版。这个版本还收录了《〈政治经济学批判〉导言》。在《前言》中译者介绍了该书翻译成英文出版的必要性。他认为，虽然半个世纪过去了，但是在大城市中仍然存在大量的产业工人不能享有应有的权力，该书的再版具有很大的社会价值。另外，马克思在《序言》中所

---

① *A Contriution to the Critique of Political Economy*. Karl Marx, Progress Publishers, Moscow, 1970.

作的"唯物史观"的经典表述对社会学、自然科学、法学等都有参考价值。译者还根据马克思对《资本论》和《政治经济学批判。第一分册》之间的关系的论述，强调了《政治经济学批判。第一分册》的独立价值所在。他认为，虽然《政治经济学批判》的大部分内容都被马克思纳入到了《资本论》的开头部分，但是很多在本书中深入分析和论述了的问题比如价值理论和货币的历史等问题并没有完全照搬进《资本论》，所以《政治经济学批判。第一分册》仍然具有完整的独立的价值。中文第一个《政治经济学批判》的单行本译者刘曼主要就是依据Stone的英译本进行翻译的。

6. 1859年《政治经济学批判》，1947年在东柏林出版，其后反复出版。其中将《〈政治经济学批判〉导言》作为附录一起出版。

7. 各种全集、选集的收录和摘编

（1）《马克思恩格斯全集》俄文第一版。1921年，在列宁的倡议下，马克思恩格斯研究院在莫斯科成立，主要工作是系统收集马克思恩格斯的著作、手稿和书信。在研究院的努力下，1928年，俄文第一版《马克思恩格斯全集》开始出版，一直到1941年基本结束。该套全集共28卷，33册，收录了1250篇著作和3300封书信。《政治经济学批判。第一分册》被收录在俄文版第一版第12卷（上）第1—170页。

（2）《马克思恩格斯全集》俄文第二版。1955年至1966年，苏共中央马克思主义研究院出版了《马克思恩格斯全集》俄文第二版，共39卷（42册），收集马克思、恩格斯的著作和书信5500件，比第一版多收了近1000件，后来又出版了11卷补卷，即第40—50卷，收录了一大批之前未发表过的马克思、恩格斯的手稿、文章和书信，以及第1—39卷未刊入的文章。《政治经济学批判。第一分册》收录在俄文第二版第13卷第1—167页。

（3）《马克思恩格斯全集》德文版。1968年，德国统一社会党中央马克思主义研究院出版了《马克思恩格斯全集》德文版，共39卷（41册）和一个补卷（2册）。马克思和恩格斯的著作和书信大部分是用德文写作的，这个版本就是用原文发表的。其中，1961年出版的德文版第13卷中第3—160页，收录了《政治经济学批判。第一分册》。

（4）《马克思恩格斯全集》多语种版本。俄文版、德文版《马克思恩格斯全集》是在国际上影响很大、传播广泛的版本，在这两个版本的基础上，又有多种语言的《马克思恩格斯全集》相继出版，如保加利亚文版、日文版、朝鲜文版、波兰文版、罗马尼亚文版、塞尔维亚—克罗地亚文版、捷克文版、匈牙利文版等。无论是以德文版还是俄文版为基础，各个版本的全集中也都收录了《政治经济学批判。第一分册》。

（5）《马克思恩格斯全集》英文版。英文版《马克思恩格斯全集》计划出版50卷，将收录俄文版第二版的材料，并将收录近几年新发现的马克思主义创始人的著作和书信。根据英文版，《马克思恩格斯全集》意大利文版也开始出版。此外，法文版的书信全集已经出版，并准备出版法文版的《马克思恩格斯全集》。

（6）日文版《马克思恩格斯全集》。《政治经济学批判。第一分册》收录在第13卷第3—163页。

（7）1950年，莫斯科外语出版社出版了英文版两卷本《马克思恩格斯选集》，在收录了《政治经济学批判。第一册》之外，第1卷收录了《〈政治经济学批判〉序言》和恩格斯的《卡尔·马克思〈政治经济学批判〉》。该选集是在莫斯科马克思恩格斯研究院编著的两卷本《马恩选集》的基础上重新选编的，1955年再版。

（8）$MEGA^2$版。原文出版《马克思恩格斯全集》的工作，即马克思恩格斯全集的历史考证版（即$MEGA^2$）的出版工作，要求按原文形式收入马克思主义创始人的全部著作遗产，其中包括马克思和恩格斯的著作、文章、草稿、未完成的手稿，由他们起草的工人运动的文件、书信和笔记、摘要、摘录以及他们在书籍中所作的边注。运用原文印行是为了最大限度地再现正文的可靠性，使人们更加准确地研究马克思、恩格斯的思想。《马克思恩格斯全集》历史考证版第二版总共由四个部分组成，其中，"《资本论》及其手稿"卷次构成了专门的第二部分。《马克思恩格斯全集》1981年历史考证版第2部分第1卷第2分册和1980年历史考证版第2部分第2卷的德文原文，收录了《政治经济学批判。第一分册》。

（9）1968年，纽约国际出版社在纽约出版了《马克思恩格斯选集》单卷本，其中节选了马克思、恩格斯和列宁等人具有代表性的著作，篇幅短小的《〈政治经济学批判〉序言》被全文收录刊载，而《资本论》等大部头的著作则摘选重要篇章刊印，部分马恩书信也被收录其中，期待为读者阅读和研究"马克思主义创始人的哲学、政治经济学、社会变革和共产主义理论"提供帮助。

（10）1987年，《马克思恩格斯著作选集》英文版第29卷（1857—1861）在伦敦出版，其中从257页到420页收录了《政治经济学批判。第一分册》，同时收录了7个笔记本的索引。

纵观《政治经济学批判。第一分册》在世界范围的翻译出版过程，可以归纳出一些特点。首先，因为《政治经济学批判。第一分册》这部著作在马克思生前就已经正式出版过，所以各个版本之间没有大的出入，基本都是按照1859年出版的原貌进行翻译和编排的，主要包括《序言》和正文两个部分；其次，恩格斯为本书写作的用于推广和传播的两篇评论性文章《卡尔·马克思〈政治经济学批判〉》因为与该书关系紧密，所以无论是《全集》还是《选集》基本上会将这两篇文章编排在《政治经济学批判。第一分册》后面；再次，因为马克思的政治经济学批判的研究和创作是一个系统的过程，在前后十几年甚至更长的时间内，马克思不断地积累各种有关经济学的手稿、书信和文章，所以，将《政治经济学批判。第一分册》按照时间顺序与其他经济学研究的内容一起编排也成为多版《全集》和《选集》的共同选择；最后，鉴于《政治经济学批判。第一分册》之后出版的《资本论》与该书有内容上的重合，并且更加完整，具有更加重要的地位，所以，《政治经济学批判。第一分册》作为单行本出版的版本在数量上相对有限。

二 《政治经济学批判》在中国的出版和传播

《政治经济学批判。第一分册》是较早传入中国的马克思主义著作,特别是阐述马克思唯物主义历史观的代表性著作《〈政治经济学批判〉序言》更是早期向中国介绍马克思主义的思想家们首先选择的马克思的作品。在马克思经济学思想向中国介绍和传播的过程中,《政治经济学批判》从片段性的节译到全本翻译再到被收录进多种《选集》《全集》,为广大读者学习和研究马克思主义经济学理论提供了经典理论典籍。

(一) 新中国成立前《政治经济学批判》的译介和传播

早在五四时期以前,在中国还没有系统的马克思主义著作的出版规划,没有形成大规模译介马克思主义著作的潮流的时候,就已经有中国民主革命的先驱和有识之士开始间接地、片段性地介绍马克思主义的思想和著作,其中《政治经济学批判》特别是《〈政治经济学批判〉序言》是最早被介绍的著作之一。

1. 20世纪早期,《政治经济学批判。第一分册》传入中国

20世纪早期,中国出现零星翻译和介绍马克思主义政治经济学的文章。虽然这些文章大多是片段性的译介,但它们却是马克思主义理论特别是马克思主义政治经济学在中国最早传播的星星之火,开启了马克思主义经济学在中国传播的帷幕。

当时零星翻译过来的各种经济学著作和文章的版本如下:

(1) 1903年,赵必振翻译的日本学者福井准造的《近世社会主义》由广智书局出版,这是一本较系统地介绍马克思主义经典作家生平和著作的书籍。全书分上下两册,共16万字。该书对马克思的《政治经济学》的写作过程和主要内容作了介绍,文中将《政治经济学批判》译为《经济学之评论》，这可以看作是最早向中国人民介绍马克思主义和社会主义学说的译著。

（2）渊泉翻译的日本京都帝国大学教授河上肇的日语著作，其中摘译了《〈政治经济学批判〉序言》部分内容，载于北京《晨报》1919年5月5、6、8日《马克思的唯物史观》一文中。摘译文第一次把马克思在《政治经济学批判（序言）》中表达出来的唯物史观传播到中国："人类一定的、必然的生产关系总和，构成社会经济真正的基础。在这基础之上再构造法制政治建筑。人类物质决定精神。社会存在决定其意识。社会的物质生产力发展到一定阶段，生产关系就会发生冲突，因为它变得开始束缚生产力的发展了。于是乎社会革命的时代就来了。"①

（3）1921年《上海东方杂志》第18卷发表了由王嘉摘译的《〈政治经济学批判〉序言》。

（4）1921年1月10日，《东方杂志》第18卷第1号第60—69页发表的《马克思的唯物史观》是范寿康对《〈政治经济学批判〉序言》的节译，附译者注和解释，是根据日本学者河上肇的日译文翻译过来的。

（5）1929年12月，上海南强书局出版了由彭嘉生翻译的一系列马克思和恩格斯的文章，其中包括《卡尔·马克思〈政治经济学批判〉》。

（6）杜竹君译，载《哲学之贫困》（1929年10月版）附录二，该书第199—205页，摘译《政治经济学批判》第2章《B.关于货币计量单位的学说》（后半部分），篇名为《约翰·葛雷及其劳动的理论》，译文根据1859年柏林版译出。

（7）许德珩译，载《哲学之贫困》（1932年7月版）附录二，该书第183—187页，摘译《政治经济学批判》第2章《B.关于货币计量单位的学说》（后半部分），篇名为《经济学批判中之摘录》，附注释。

---

① 河上肇：《马克思的唯物史观（二）》（节选），渊泉译，载《晨报》（北京），1919年5月6日。

（8）程始仁译，载《辩证法经典》（1935年10月版）第95—104页，摘译《政治经济学批判》序言（前半部分），篇名为《经济学研究之一般的结论》。

（9）韬奋译，载《读书偶译》（1937年6月版）第141—145页，摘译《政治经济学批判》序言，篇名《为唯物史观的解释》。

20世纪20、30年代，中国的有识之士开眼看世界，探寻救亡图存之路，各种新思想在古老的中国竞相传播。马克思政治经济学著作在中国还只是片断性的翻译和介绍，还没有进行系统性的传播。对马克思主义经济学和马克思主义的定位还只是多种新思想中的一种，翻译和传播马克思主义经济学的人也并不都是马克思主义者，他们对马克思主义的理解和介绍还比较浅显，甚至有些见解还很不准确。因此，马克思主义经济学还只是在一小部分知识分子中间进行传播，影响不大。但是，这些早期翻译的著作，仍然是马克思主义经济学在中国最早的引进，为马克思主义在中国的广泛传播和扩大影响作了准备。

2. 五四运动时期，《政治经济学批判》在中国的译介和传播

五四运动前夕，马克思主义者李大钊等人在北大创立了马克思主义研究会，开始在古老的中国大地上传播马克思主义。马克思主义研究会是中国第一个介绍马克思主义的组织，它在北大学生中组织开展学习和研究马克思主义的活动，使很多进步青年开始接触和认识马克思主义。

五四运动期间，1919年5月5日，北京《晨报》的"马克思研究专栏"刊登了陈溥贤翻译的河上肇的文章《马克思的唯物史观》，其中就有《〈政治经济学批判〉序言》的片段翻译。陈溥贤将《政治经济学批判》译为《经济学批评》。

《新青年》杂志于1915年在上海创刊，十月革命以后，作为五四运动的号角，《新青年》成为宣传马克思主义的阵地。1919年9月到11月由李大钊主编的《新青年》第六卷发行，这一期的主题是"马克思研究"，集中刊登了8篇介绍马克思主义的文章，其中李大钊写作的《我的马克思主义观（上）》是具有重要意义的一篇文章。在这篇文章中，李大钊第一次系统介绍了马克思的经济学说，同时评价了马克思主义在经济思想史上的地位。李大钊也介绍了马克思的唯物史观，还特别引用了河上肇的译文《经济学批判〈序言〉》，而这里的《经济学批判〈序言〉》实际上就是《〈政治经济学批判〉序言》。李大钊认为，马克思的《资本论》虽然"彻头彻尾以他那特有的历史观作基础"，而"以一定的公式"出现的历史观，"还在那一八五九年他作的那'经济学批判'的序文中"。在文中他引用河上肇的译文："人类必须加入那于他们生活上必要的社会的生产，一定的、必然的、离于他们的意志而独立的关系，就是那适应他们物质的生产力一定的发展阶段的生产关系。此等生产关系的总和，构成社会的经济的构造——法制上及政治上所依以成立的、一定的社会的意识形态所适应的真实基础——物质的生活的生产方法，一般给社会的，政治的及精神的生活过程，加上条件。不是人类的意识决定其存在，他们的社会存在反是决定其意识的东西。"① 这是在中国对马克思历史唯物主义思想的第一次系统介绍和分析，是中国人认识和了解马克思主义政治经济学的开端。

五四时期，以北京大学的教师和学生为主体，形成了一个搜集、整理、翻译和出版马克思主义著作的群体。上文提到的马克思学说研究会的成员组织搜集马克思的主要著作和相关研究作品，并且选择其中重要的著作进行翻译。研究会会员们列举了40余种英文书籍和20余种中文书籍，其中包括马克思、恩格斯、考茨基、普列汉诺夫等马克思主义创始人及著名理论家的代表作品。研究会还开展了大规模的马克思主义著作的译介工作，他们从英语、俄语、法语、日语等语言翻译马克思的经典著作，这些翻译和研究活动一方面促进了马克思主义在北京大学的传播，另一方面也为马克思主义在更广泛的范围内传播奠定了文献资料和文本的基础。

马克思学说研究会定期进行分组讨论，其中第一组讨论唯物史观，

---

① 李大钊：《我的马克思主义观》（上），《新青年》第6卷第5号，1919年5月。

第三组讨论剩余价值,展开对马克思的政治经济学进行学习和研究。1922年3月,研究会特别增设了《资本论》研究,由北大法科教授陈启修担任导师,他也是《资本论》最早的译者。同学们在相互讨论中,结合当时中国和世界的现实情况来理解马克思主义的基本原理和价值理念,马克思的政治经济学批判的观点在这些学生和老师中得到了最早的传播和研究。

3. 中国共产党成立前后,《政治经济学批判》在中国的翻译和传播

五四运动以后,中国共产党筹备建立,早期的筹建者陈独秀很重视对马克思主义理论的学习研究和宣传推广。陈独秀在1922年7月1日的《新青年》第九卷第六号上,发表了《马克思学说》一文,在这篇文章中,陈独秀阐发了他所理解的马克思主义理论。其中,从他对马克思的政治经济学和历史唯物主义的研究代表了当时对马克思的政治经济学的理解水平。比如他在谈到关于马克思的剩余价值学说的时候说:"马克思底经济学说,和以前个人主义的经济学说不同之特点,是再说明剩余价值之如何成立及实现。二千几百页的《资本论》里面所反复说明的,可以说目的就是在说明剩余价值这件事。"[①] 在谈到马克思的历史唯物主义的时候,他说:"马克思的唯物史观学说虽然没有专书,但是他所著的《经济学批评》《共产党宣言》《哲学之贫困》三种书里都曾说明过这项道理。"[②] 陈独秀不仅注意到了剩余价值学说是马克思政治经济学研究的核心思想,而且洞察到政治经济学批判研究背后的唯物史观的立场。他对马克思著作的理解和评论在一定程度上引领了后来对马克思的理解的方向,奠定了在中国实事求是地理解马列著作的科学基础。

1921年7月,中国共产党第一次代表大会召开,标志着中国共产党的创立,在这次大会上决定创办中国共产党自己的出版社。会后,人民出版社秘密建立,这是中国共产党建立的第一个出版社。从1921年9

---

① 陈独秀:《马克思学说》,载《新青年》第九卷第六号,1922年7月1日。
② 陈独秀:《马克思学说》,载《新青年》第九卷第六号,1922年7月1日。

月1日开始,中国共产党开始了马克思主义著作的出版事业。人民出版社1921年准备出版"马克思全书"15种,其中就包括《政治经济学批评》《剩余价值论》《马克思〈资本论〉入门》等关于马克思经济学说的书籍。其中,《政治经济学批评》和《马克思〈资本论〉入门》两本书计划由李汉俊来翻译。不幸的是,1927年1月,李汉俊被军阀杀害,没能完成这些工作。李汉俊是中国共产党成立初期的马克思主义翻译家、理论家,他翻译了很多有关马克思经济学研究的著作,通过直接接触马克思的原著,为他展开马克思主义研究奠定了坚实的基础。

4. 新中国成立前的两个单行本

虽然马克思的《政治经济学批判》及其序言很早就在中国有片段式的翻译和零星的传播,但是在新中国成立前,完整的单行译本事实上只有两个。一个是刘曼译本,另一个是郭沫若译本。

(1) 刘曼的单行译本介绍

1930年,由刘曼翻译、上海乐群书店出版的《经济学批判》一书,事实上该书是马克思的《政治经济学批判》最早的中译单行本。该书于1930年3月2日付排,上海乐群书店1930年5月25日出版,(4+6+9+338)页,32开,横排平装本。本书包括正文、《序言》和《导言》(摘自1857—1858年经济学手稿,在本书中译为《经济学批判绪言》),书前附译者序(写于1930年3月26日)和英译者序(写于1903年10月),书中附有注释。1930年上海棠棣书店再版,出版时间未印明,(2+4+6+338)页,32开,横排平装本。

刘曼是《政治经济学批判》的首位单行本全文译者,他的翻译依据的原本是Stone的英译本,辅以宫川实的日译本,并参考了考茨基编辑的德文第二版。在谈到翻译版本的选择时,刘曼指出:"英译者的译文,是否最为可靠,我想凡是读过德文本和英文本的人,早就有一个定评,公认它是一部有权威的译本。若就我的所见,Stone的译本的确有这几个特点:第一,他译这本书时,曾费过极端精细的考虑(关于这一点,看过他的序文就可了然),几番的审定;第二,他曾改正了原文上少数误载的引文；第三，他曾添上少数重要的附注，并在经济学批判绪言底前面，附有考茨基在 *Neue Zeit* 报上发表本文时所载关于补添各点底说明。"① "出版了足足七十年的这本经济学批判，谁也知道是马克斯先生的全部遗教中一本最重要的经济文献，是全世界劳苦群众的圣经，早已有了各种文字的译本。然而在中国，直到现在，直到马克斯主义所煽起的革命焰火渐次迫近我们四周底现在，直到我国劳苦群众正在觉醒地接受时代要求底现在，直到我国思想界起了进一步的转变底现在，直到旧社会将随历史的车轮转入万劫不复的深坑中底现在，这样一个可贵的宝物，才有我这一本卑之无甚高论底译本，毫无疑义是我国思想界一件不可恕的缺恨。我译这本书，虽然抱有解除这一缺恨底宏愿；我的译本，虽然对于目前迫不急待的大多数不谙外国文的读者，多少可以给予帮助省识这个宝物底机会；可是原书底精确的迻译，觉得太不容易，除非国内有更美满的译本出现，这缺恨似乎仍旧解除不得。"②

（2）郭沫若的单行译本介绍

郭沫若在 1931 年翻译出版了《政治经济学批判》一书，这个版本是传播比较广泛的单行本，多次重新印刷。1931 年 12 月由上海神州国光社出版，（7+228+42）页，32 开，竖排平装本，本书包括正文、序言和导言（《导言》在本书中译为《政治经济学批判导论》）。1932 年 3 月 10 日，上海政治经济研究会印行，（2+7+228+42）页，32 开，横排平装本，印有"政治经济丛书"字样，署名李季译，实为郭沫若译。1932 年 7 月，上海神州国光出版社再版，（2+7+228+42）页，32 开，竖排平装本。1939 年 5 月，上海言行出版社出版，（2+7+294）页，32 开，竖排平装本。1947 年 3 月，上海益群出版社重印，（6+7+294）页，32 开，竖排平装本，译者为这一版写了译者序（写于 1947 年 2 月 20 日），印有"沫若译文集之四"字样。郭沫若的译本在 1949 年新中国成立前和 1950 年新中国成立后又重新印刷，1949 年 4 月，上海益群出

---

① 马克斯：《经济学批判》，刘曼译，上海：乐群书店 1930 年版，译者序第 3 页。
② 马克斯：《经济学批判》，刘曼译，上海：乐群书店 1930 年版，译者序第 3 页。

版社出版，注明第二版，（2+7+294）页，32 开，竖排平装本。1950 年 3 月，上海益群出版社出版，注明第三版，（2+7+294）页，32 开，竖排平装本。1950 年 7 月，上海益群出版社出版，注明第四版，（2+7+294）页，32 开，竖排平装本。1951 年 4 月，上海益群出版社出版，注明第六版，（2+7+294）页，32 开，竖排平装本。

郭沫若译本《政治经济学批判》是在中国传播较广的单行本译本，在建国前后多次再版和重印，为推广和普及马克思政治经济学批判乃至传播马克思主义思想都起到很大的推动作用。郭沫若同时是文学家、历史学家和翻译家，其译著文采斐然，虽然因为翻译时间早，很多术语和名词与后来通行的译名不完全一致，但是郭译本仍然是《政治经济学批判》在中国翻译和传播历程中具有里程碑意义的版本，为后来其他译本的诞生奠定了基础。

5. 抗战时期到新中国成立前对《政治经济学批判》的深入学习和传播

从 1937 年到 1949 年，中国人民在中国共产党的领导下取得了抗日战争和解放战争的胜利，战争岁月，中国共产党以延安为革命根据地，成立了延安解放社，继续进行马克思主义著作的翻译和出版工作，马克思主义著作的翻译和出版事业也有了新的发展。

为了满足广大人民群众学习经典著作的需要，延安解放社出版了"马克思恩格斯丛书"和"抗日战争参考丛书"，《列宁选集》和《斯大林选集》。其中"马克思恩格斯丛书"共 10 卷，包括《社会主义从空想到科学的发展》《共产党宣言》《法兰西内战》《马恩通信选集》《革命和反革命》《哥达纲领批判》《拿破仑第三政变记》《法兰西阶级斗争》和《政治经济学论丛》《〈资本论〉提纲》等。这套丛书的封面标有书名，并且注明了马恩丛书的编号，用阿拉伯数字表示，书名页则用汉字标明。其中，《政治经济学论丛》是该套丛书的第六种，1939 年 3 月出版，王学文、何锡麟合译。有关政治经济学另外一本书是《〈资本论〉提纲》，丛书的第九种，1939 年 11 月出版，何锡麟、王学文译校。

抗战时期，除了延安是学习和出版马克思主义著作的中心以外，上海也成为传播马克思主义的另外一个重要阵地。上海生活、新知、读书三家出版社，坚持在沦陷区出版马克思主义著作，涌现出如邹韬奋、钱俊瑞、李公朴等进步出版家，他们冒着被敌人迫害的巨大危险在沦陷区积极工作，配合了延安马列著作出版发行的号召，在沦陷区起到了特殊重要的作用。七七事变之后，生活书店出版了邹韬奋的《读书偶译》，他自己在"开头的话"中介绍说："这只是一本漫笔式的译述，不是有系统的社会科学的书，但是也略为有一点贯穿的线索。第一节可以算为简单的导言或绪论，后面接着的是马克思的生平和理论，附带谈到他的思想所由来的黑格尔，再后的是恩格斯的生平和工作，再后的是列宁的生平和思想……每篇来源的原著书名，都附记在每篇的末了，以供参考。"① 实际上本书是邹韬奋1934年在伦敦博物院图书馆研读社会科学书籍时作的笔记。书中散见马克思、恩格斯的著作引文，同时邹韬奋把比较完整的段落，作为独立的章节加上了小标题。在《唯物史观的解释》下面他翻译了《〈政治经济学批判〉序言》中的一些主要段落。

（二）新中国成立后《政治经济学批判》的译介和传播

1949年，中华人民共和国成立，马列著作系统出版迎来了一个全新的时代，马克思主义著作的推广传播进入了新时期，开始有组织、大规模、成系统进行翻译出版工作。

新中国成立以后，马克思列宁主义作为指导思想，其著作的翻译和传播工作受到重视。1950年9月15日，全国第一届出版会议召开，把出版和发行马列译著和毛泽东著作作为出版发行的重点任务。1950年12月，成立了人民出版社，人民出版社是国家政治书籍出版机构，重要任务之一就是出版马列著作。人民出版社成立后，一方面组织修订和

---

① 邹韬奋：《读书偶译》，上海：韬奋出版社1948年版。

重印了过去的马列著作的译本，另一方面组织出版新的译本，从此，马列著作的编辑出版和发行有了集中统一的组织和领导。

1953年，党中央决定，将中央俄文编译局与中央宣传部斯大林全集翻译室合并，组建中共中央马克思恩格斯列宁斯大林著作编译局，作为马列著作编译中心。它的核心任务就是负责有系统、有计划地翻译马列著作，保证译文质量，加快出版《马克思恩格斯全集》和《列宁全集》等著作。中央编译局组织起一批专业的翻译人才，涵盖英文、德文、俄文等多个语种，逐渐形成一支实力雄厚的专业翻译人才队伍，搜集和挖掘了大量的珍贵文献资料，建立了一整套严格的编译工作规章制度，并且在工作中不断总结经验，保证了马列著作的译文质量。中央编译局成立以后，翻译、编辑和校订《马克思恩格斯全集》就成为他们最重要的工作和任务。

人民出版社和中央编译局的成立，揭开了新中国有组织、有计划、大规模出版马列著作的篇章。此后，"三大全集"，即《马克思恩格斯全集》《列宁全集》《斯大林全集》陆续出版。

1.《马克思恩格斯全集》第一版

《马克思恩格斯全集》中文第一版是根据中国共产党中央委员会的决定，由中共中央马克思恩格斯列宁斯大林著作编译局依照《马克思恩格斯全集》俄文第二版译出的。

在《马克思恩格斯全集》中文第一版第13卷，从第3页到第177页收录了《政治经济学批判》，并包含有《〈政治经济学批判〉序言》。第524页到535页收录恩格斯所著的《卡尔·马克思"政治经济学批判"》。收录的版本是徐坚翻译的，校订稿也全部经徐坚审阅过。

2.《马克思恩格斯全集》第二版

从1986年7月开始，中央编译局开始着手准备《马克思恩格斯全集》中文第二版的翻译出版工作，《全集》中文第一版的编辑完全按照俄文第二版的内容和体例，中文第二版计划在中文第一版的基础上，依据《马克思恩格斯全集》历史考证版和德文版重新编辑、译校，更加贴近马克思主义创始人的原著。中文第二版全集预计出版 60 多卷，分四个部分：第 1—29 卷为著作卷；第 30—45 卷为资本论及其手稿卷；第 46—59 卷为书信卷；第 60 卷以后为笔记卷。无论是从文献篇数还是收文字数都将有显著增加。

其中，中文第二版第 30 卷与第 31 卷同属于一个单元，收录了马克思从 1857—1861 年经济学手稿和经济学著作，分为两组，第 1 组是 1857—1858 年经济学手稿，第 2 组是 1859—1861 年经济学手稿和 1859 年出版的《政治经济学批判。第一分册》。在编辑过程中，根据《马克思恩格斯全集》1981 年历史考证版第 2 部分第 1 卷第 2 分册和 1980 年历史考证版第 2 部分第 2 卷的德文原文，对中文第 1 版的译文重新进行校订。《政治经济学批判。第一分册》的校订也参考了原民主德国马克思列宁主义研究院编辑出版的《马克思恩格斯全集》1983 年版第 42 卷和 1961 年德文版第 13 卷。

3.《马克思恩格斯选集》

1965 年到 1966 年，中央编译局组织专家选编了《马克思恩格斯选集》第 1 卷到第 4 卷，在第 2 卷中选编了马克思的《〈政治经济学批判〉序言》和恩格斯的《卡尔·马克思〈政治经济学批判〉》。

在 1972 年版《马克思恩格斯选集》的基础上，中央编译局编译了新版的《马克思恩格斯选集》第 1—4 卷，并根据《马克思恩格斯全集》德文版和俄文版的新版进行对照译校，调整了一些篇目，在 1995 年由人民出版社出版了《马克思恩格斯选集》第二版。第二版选集仍然在第 2 卷收录了马克思的《〈政治经济学批判〉序言》和恩格斯的《卡尔·马克思〈政治经济学批判〉》。

《马克思恩格斯选集》第三版于 2012 年出版。第三版《选集》是在马克思主义中国化、时代化、大众化事业不断推进的形势下，为适应广大读者学习和研究马克思主义理论的需要而编辑的马克思主义著作精选本。与前两版相比较，第三版对部分结构进行了必要的调整，各卷篇目有所增删。全部 4 卷中，第 2 卷为马克思主义政治经济学专卷，收录了马克思的《〈政治经济学批判〉序言》和恩格斯的《卡尔·马克思〈政治经济学批判〉》。

4.《马克思恩格斯文集》（十卷本）

为了给深入学习和研究马克思主义理论提供更加准确的译文和更加翔实的文本资料，中央编译局组织力量精选了马克思和恩格斯在各个时期写的有代表性的重要著作集结成十卷本《马克思恩格斯文集》。其中所收录的著作译文选自《马克思恩格斯全集》中文第一版和第二版以及《马克思恩格斯选集》中文第二版。为了保证译文的准确性，根据最权威、最可靠的外文版本对全部译文重新进行了审核和修订。主要根据的外文版本有：《马克思恩格斯全集》历史考证版（MEGA^2）、《马克思恩格斯全集》德文版（柏林）和《马克思恩格斯全集》英文版（纽约、伦敦、莫斯科）。《文集》第2卷收录了马克思和恩格斯在1848年至1859年期间的著作，其中包括马克思的《〈政治经济学批判〉序言》和恩格斯的《卡尔·马克思〈政治经济学批判〉》，2009年12月由人民出版社正式出版。

5.《政治经济学批判》单行本

新中国出版马列著作数量最多的是单行本，为了方便读者进行专门的阅读和学习，新中国成立以后，《政治经济学批判》也有单行本出版发行或继续印刷。其中，1950年群益出版社（上海）再版郭沫若翻译的《政治经济学批判》，1955年2月人民出版社出版徐坚翻译的《政治经济学批判》，是其中主要的单行本。

徐坚翻译的《政治经济学批判》，1955年2月第一版，1964年9月第二版，第一次印刷2万册，第二次印刷6万册。基本上是按照《马克思恩格斯全集》中文第一版第12卷和第13卷所载译文排印，原译者就是徐坚，译文经过中共中央马克思恩格斯列宁斯大林著作编译局校订过。在这个版本的附录中还收录了恩格斯的《卡尔·马克思〈政治经济学批判〉》和卡·马克思的《关于〈政治经济学批判〉的信》以及卡·马克思的《〈政治经济学批判〉导言》。徐坚的译本基本上是《政治经济学批判》最成熟的中译本，不仅出版了单行本，同时，收录在《马克思恩格斯全集》《马克思恩格斯选集》和《马克思恩格斯文集》中的版本都是以徐坚的译文为基础译本。这里已经形成了规范和通行的名词术语，为中国的马克思主义经济学研究奠定了文本基础，划定了话语规范，具有重要的理论意义。

由于《〈政治经济学批判〉序言》和《〈政治经济学批判〉导言》这两篇著作的篇幅相对短小，在内容上又有相互映照和关联，在不同的历史时期，这两篇重要的文献或单独出版，或联合出版，也有很多不同的版本，在这里就不一一详述了。

（本文来自2016年中央编译出版社出版的史清竹所著《马克思〈政治经济学批判〉研究读本》有关内容。）

Zur Kritik der politischen Ökonomie

Karl Marx; Karl Kautsky

Zur Kritik
der
Politischen Ökonomie
von

Karl Marx

herausgegeben von Karl Kautsky

— Zweite Auflage —

Stuttgart 1903 • Verlag von J. H. W. Dietz Nachf.

Druck von J. H. W. Dietz Nachf. (G.m.b.H.) in Stuttgart.

Inhalts-Verzeichnis.

	Seite
Vorwort des Herausgebers	V
Vorwort des Verfassers	IX

Erster Abschnitt. Das Kapital im allgemeinen.

Erstes Kapitel. Die Ware	1
A. Historisches zur Analyse der Ware	33
Zweites Kapitel. Das Geld oder die einfache Zirkulation	46
1. Maß der Werte	47
B. Theorien von der Maßeinheit des Geldes	61
2. Zirkulationsmittel	73
a. Die Metamorphose der Waren	74
b. Der Umlauf des Geldes	88
c. Die Münze. Das Wertzeichen	99
3. Geld	118
a. Schatzbildung	122
b. Zahlungsmittel	137
c. Weltgeld	151
4. Die edlen Metalle	156
C. Theorien über Zirkulationsmittel und Geld	162
Namens-Register	203

Vorwort des Herausgebers.

Eine Neuausgabe vorliegender Schrift bedarf keiner Rechtfertigung. Allerdings deckt sich der Inhalt der „Kritik der politischen Ökonomie" im wesentlichen mit dem Inhalt des ersten Abschnitts im ersten Bande des „Kapital", aber dieser Abschnitt ist doch mehr als eine bloße Wiederholung jener Schrift. Zwischen der „Kritik" und dem „Kapital" liegen acht Jahre, Jahre der Krankheit, aber auch Jahre unermüdlicher Arbeit. Marx, der scharfe Kritiker, war gegen niemand so kritisch wie gegen sich selbst. Auch wo sein Gedankengang keine Lücke mehr aufwies, war er ununterbrochen bemüht, immer wieder seinem Gegenstand neue Gesichtspunkte abzugewinnen, seine Darstellung übersichtlicher zu gestalten.

So ist die Anlage des „Kapital" eine andere geworden als die jenes Werkes, dessen erstes Heft Marx 1859 unter dem Titel „Zur Kritik der politischen Ökonomie" veröffentlichte. Dies beweist schon ein Blick auf die ersten Zeilen der Vorrede zur „Kritik" und ein Vergleich des dort entwickelten Planes mit dem im „Kapital" tatsächlich verfolgten. Aber nicht nur durch den Plan unterscheiden sich die ersten Kapitel des „Kapital" von denen der „Kritik". „Die Darstellung ist verbessert", sagt Marx selbst im Vorwort zur ersten Auflage des „Kapital". „Soweit es der Sachverhalt irgendwie erlaubt, sind viele früher nur angedeuteten Punkte hier weiter entwickelt, während umgekehrt dort ausführlich Entwickeltes hier nur angedeutet wird. Die Abschnitte über die Geschichte der Wert- und Geldtheorie fallen jetzt natürlich ganz fehler der ersten Auflage ausgemerzt werden und neue sich nicht einschleichen, wenn nicht der Verwalter des sozialdemokratischen Parteiarchivs in Berlin, Freund Schippel, so liebenswürdig gewesen wäre, mir die Handexemplare von Marx und Engels zur Verfügung zu stellen, wofür ihm an dieser Stelle gedankt sei. Im letzteren fand ich einige wenige geringfügige aber nicht unnützliche Korrekturen angemerkt, im ersteren auch eine Reihe stilistischer Verbesserungen, sowie einige zusätzliche Noten.

Diese Korrekturen und stilistischen Verbesserungen habe ich angebracht, ohne sie besonders zu bemerken, da ihre Vorteile außer Frage standen. Auch einige Korrekturen, die ich selbst vorgenommen, habe ich nicht eigens angezeigt, da ich mir nur solche erlaubte, deren Berechtigung zweifellos. Wenn es z. B. auf Seite 127 der ersten Auflage, Seite 149 der vorliegenden, heißt, daß bei gegebener Umlaufsgeschwindigkeit des Geldes die Gesamtsumme des zirkulierenden Geldes bestimmt wird „durch die Gesamtsumme der zu realisierenden Warenpreise der Gesamtsumme der in derselben Epoche fälligen Zahlungen — der durch Ausgleichung sich gegeneinander aufhebenden Zahlungen", so ist es klar, daß es lauten muß: „durch die Gesamtsumme der zu realisierenden Warenpreise plus der Gesamtsumme der in derselben Epoche fälligen Zahlungen minus der durch Ausgleichung sich gegeneinander aufhebenden Zahlungen". Es wäre Pedanterie gewesen, in solchen Fällen den Urtext neben dem verbesserten Text anzugeben.

Daneben wurden selbstverständlich die zusätzlichen Noten als solche gekennzeichnet. Sie wurden jedenfalls noch vor der Abfassung des „Kapital" niedergeschrieben, da sie fast alle dort ausgeführt sind. Ich habe, wo dies der Fall, den Leser darauf verwiesen.

Angesichts der Bedeutung, die in vorliegender Schrift die Ausführungen über die Geschichte der Theorie besitzen, schien mir die Beifügung eines Namensregisters ihre Brauchbarkeit zu erhöhen.

Alle diese Veränderungen, Verbesserungen und Zusätze sind jedoch so geringfügiger Natur, daß sie den Rahmen der Funktionen eines Korrektors kaum überschreiten. Aber auch diese bescheidene Arbeit war für mich eine genuß= und gewinnreiche. Ich muß gestehen, daß ich auch heute noch niemals eine Schrift von Marx zur Hand nehmen kann, und hätte ich sie noch so oft gelesen, ohne etwas Neues darin zu finden, neue Anregungen daraus zu schöpfen, was ich von den Schriften jener, die Marx längst überwunden haben und mit souveräner Verachtung auf die Marxistischen Dogmenfanatiker herabsehen, nicht behaupten kann.

Stuttgart, Juli 1897.

K. Kautsky.

Vorwort.

Ich betrachte das System der bürgerlichen Ökonomie in dieser Reihenfolge: Kapital, Grundeigentum, Lohnarbeit; Staat, auswärtiger Handel, Weltmarkt. Unter den drei ersten Rubriken untersuche ich die ökonomischen Lebensbedingungen der drei großen Klassen, worin die moderne bürgerliche Gesellschaft zerfällt; der Zusammenhang der drei anderen Rubriken springt in die Augen. Die erste Abteilung des ersten Buches, das vom Kapital handelt, besteht aus folgenden Kapiteln: 1. die Ware; 2. das Geld oder die einfache Zirkulation; 3. das Kapital im allgemeinen. Die zwei ersten Kapitel bilden den Inhalt des vorliegenden Heftes. Das Gesamtmaterial liegt vor mir in Form von Monographien, die in weit auseinander liegenden Perioden zu eigener Selbstverständigung, nicht für den Druck niedergeschrieben wurden, und deren zusammenhängende Verarbeitung nach dem angegebenen Plane von äußeren Umständen abhängen wird.

Eine allgemeine Einleitung, die ich hingeworfen hatte, unterdrücke ich, weil mir bei näherem Nachdenken jede Vorwegnahme erst zu beweisender Resultate störend scheint, und der Leser, der mir überhaupt folgen will, sich entschließen muß, von dem einzelnen zum allgemeinen aufzusteigen. Einige Andeutungen über den Gang meiner eigenen politisch-ökonomischen Studien mögen dagegen hier am Platze scheinen.

Mein Fachstudium war das der Jurisprudenz, die ich jedoch nur als untergeordnete Disziplin neben Philosophie und Geschichte betrieb. Im Jahre 1842—43, als Redakteur der „Rheinischen

X

Zeitung", kam ich zuerst in die Verlegenheit, über sogenannte materielle Interessen mitsprechen zu müssen. Die Verhandlungen des Rheinischen Landtags über Holzdiebstahl und Parzellierung des Grundeigentums, die amtliche Polemik, die Herr von Schaper, damals Oberpräsident der Rheinprovinz, mit der „Rheinischen Zeitung" über die Zustände der Moselbauern eröffnete, Debatten endlich über Freihandel und Schutzoll, gaben die ersten Anlässe zu meiner Beschäftigung mit ökonomischen Fragen. Andererseits hatte zu jener Zeit, wo der gute Wille „weiter zu gehen" Sachkenntnis vielfach aufwog, ein schwach philosophisch gefärbtes Echo des französischen Sozialismus und Kommunismus sich in der „Rheinischen Zeitung" hörbar gemacht. Ich erklärte mich gegen diese Stümperei, gestand aber zugleich in einer Kontroverse mit der „Allgemeinen Augsburger Zeitung" rund heraus, daß meine bisherigen Studien mir nicht erlaubten, irgend ein Urteil über den Inhalt der französischen Richtungen selbst zu wagen. Ich ergriff vielmehr begierig die Illusion der Geranten der „Rheinischen Zeitung", die durch schwächere Haltung des Blattes das über es gefällte Todesurteil rückgängig machen zu können glaubten, um mich von der öffentlichen Bühne in die Studierstube zurückzuziehen.

Die erste Arbeit, unternommen zur Lösung der Zweifel, die mich bestürmten, war eine kritische Revision der Hegelschen Rechtsphilosophie, eine Arbeit, wovon die Einleitung in den 1844 in Paris herausgegebenen „Deutsch-Französischen Jahrbüchern" erschien. Meine Untersuchung mündete in dem Ergebnis, daß Rechtsverhältnisse wie Staatsformen weder aus sich selbst zu begreifen sind, noch aus der sogenannten allgemeinen Entwicklung des menschlichen Geistes, sondern vielmehr in den materiellen Lebensverhältnissen wurzeln, deren Gesamtheit Hegel, nach dem Vorgang der Engländer und Franzosen des 18. Jahrhunderts, unter dem Namen „bürgerliche Gesellschaft" zusammenfaßt, daß aber

XI

die Anatomie der bürgerlichen Gesellschaft in der politischen Ökonomie zu suchen sei. Die Erforschung der letzteren, die ich in Paris begann, setzte ich fort zu Brüssel, wohin ich infolge eines Ausweisungsbefehls des Herrn Guizot übergewandert war. Das allgemeine Resultat, das sich mir ergab, und einmal gewonnen, meinem Studium zum Leitfaden diente, kann kurz so formuliert werden: In der gesellschaftlichen Produktion ihres Lebens gehen die Menschen bestimmte, notwendige, von ihrem Willen unabhängige Verhältnisse ein, Produktionsverhältnisse, die einer bestimmten Entwicklungsstufe ihrer materiellen Produktivkräfte entsprechen. Die Gesamtheit dieser Produktionsverhältnisse bildet die ökonomische Struktur der Gesellschaft, die reale Basis, worauf sich ein juristischer und politischer Überbau erhebt, und welcher bestimmte gesellschaftliche Bewußtseinsformen entsprechen. Die Produktionsweise des materiellen Lebens bedingt den sozialen, politischen und geistigen Lebensprozeß überhaupt. Es ist nicht das Bewußtsein der Menschen, das ihr Sein, sondern umgekehrt ihr gesellschaftliches Sein, das ihr Bewußtsein bestimmt. Auf einer gewissen Stufe ihrer Entwicklung geraten die materiellen Produktivkräfte der Gesellschaft in Widerspruch mit den vorhandenen Produktionsverhältnissen, oder was nur ein juristischer Ausdruck dafür ist, mit den Eigentumsverhältnissen, innerhalb deren sie sich bisher bewegt hatten. Aus Entwicklungsformen der Produktivkräfte schlagen diese Verhältnisse in Fesseln derselben um. Es tritt dann eine Epoche sozialer Revolution ein. Mit der Veränderung der ökonomischen Grundsätze wälzt sich der ganze ungeheure Überbau langsamer oder rascher um. In der Betrachtung solcher Umwälzungen muß man stets unterscheiden zwischen der materiellen naturwissenschaftlich treu zu konstatierenden Umwälzung in den ökonomischen Produktionsbedingungen und den juristischen, politischen, religiösen, künstlerischen oder philosophischen, kurz ideologischen Formen, worin sich die Menschen dieses Konflikts bewußt werden und ihn ausfechten. So wenig man das, was ein Individuum ist, nach dem beurteilt, was es sich selbst dünkt, ebensowenig kann man eine solche Umwälzungsepoche aus ihrem Bewußtsein beurteilen, sondern muß vielmehr dies Bewußtsein aus den Widersprüchen des materiellen Lebens, aus dem vorhandenen Konflikt zwischen gesellschaftlichen Produktivkräften und Produktionsverhältnissen erklären. Eine Gesellschaftsformation geht nie unter, bevor alle Produktivkräfte entwickelt sind, für die sie weit genug ist, und neue höhere Produktionsverhältnisse treten nie an die Stelle, bevor die materiellen Existenzbedingungen derselben im Schoß der alten Gesellschaft selbst ausgebrütet worden sind. Daher stellt sich die Menschheit immer nur Aufgaben, die sie lösen kann, denn genauer betrachtet, wird sich stets finden, daß die Aufgabe selbst nur entspringt, wo die materiellen Bedingungen ihrer Lösung schon vorhanden oder wenigstens im Prozeß ihres Werdens begriffen sind. In großen Umrissen können asiatische, antike, feudale und modern bürgerliche Produktionsweisen als progressive Epochen der ökonomischen Gesellschaftsformation bezeichnet werden. Die bürgerlichen Produktionsverhältnisse sind die letzte antagonistische Form des gesellschaftlichen Produktionsprozesses, antagonistisch nicht im Sinne von individuellem Antagonismus, sondern eines aus den gesellschaftlichen Lebensbedingungen der Individuen hervorwachsenden Antagonismus, aber die im Schoße der bürgerlichen Gesellschaft sich entwickelnden Produktivkräfte schaffen zugleich die materiellen Bedingungen zur Lösung dieses Antagonismus. Mit dieser Gesellschaftsformation schließt daher die Vorgeschichte der menschlichen Gesellschaft ab.

Friedrich Engels, mit dem ich seit dem Erscheinen seiner genialen Skizze zur Kritik der ökonomischen Kategorien (in den „Deutsch-Französischen Jahrbüchern") einen steten schriftlichen Ideenaustausch unterhielt, war auf anderem Wege (vergleiche seine

XIII

„Lage der arbeitenden Klassen in England") mit mir zu demselben Resultat gelangt und als er sich im Frühling 1845 ebenfalls in Brüssel niederließ, beschlossen wir den Gegensatz unserer Ansicht gegen die ideologische der deutschen Philosophie gemeinschaftlich auszuarbeiten, in der Tat mit unserem ehemaligen philosophischen Gewissen abzurechnen. Der Vorsatz ward ausgeführt in der Form einer Kritik der nachhegelschen Philosophie. Das Manuskript, zwei starke Oktavbände, war längst an seinem Verlagsort in Westfalen angelangt, als wir die Nachricht erhielten, daß veränderte Umstände den Druck nicht erlaubten. Wir überließen das Manuskript der nagenden Kritik der Mäuse um so williger, als wir unseren Hauptzweck erreicht hatten — Selbstverständigung. Von den zerstreuten Arbeiten, worin wir damals nach der einen oder anderen Seite hin unsere Ansichten dem Publikum vorlegten, erwähne ich nur das von Engels und mir gemeinschaftlich verfaßte „Manifest der kommunistischen Partei" und einen von mir veröffentlichten „Discours sur le libre échange". Die entscheidenden Punkte unserer Ansicht wurden zuerst wissenschaftlich, wenn auch nur polemisch, angedeutet in meiner 1847 herausgegebenen und gegen Proudhon gerichteten Schrift: „Misère de la Philosophie etc." Eine deutsch geschriebene Abhandlung über die „Lohnarbeit", worin ich meine über diesen Gegenstand im Brüsseler Deutschen Arbeiterverein gehaltenen Vorträge zusammenflocht, wurde im Druck unterbrochen durch die Februarrevolution und meine infolge derselben stattfindende gewaltsame Entfernung aus Belgien.

Die Herausgabe der „Neuen Rheinischen Zeitung" 1848 und 1849 und die später erfolgten Ereignisse unterbrachen meine ökonomischen Studien, die erst im Jahre 1850 in London wieder aufgenommen werden konnten. Das ungeheure Material für Geschichte der politischen Ökonomie, das im British Museum aufgehäuft ist, der günstige Standpunkt, den London für die

XIV

Beobachtung der bürgerlichen Gesellschaft gewährt, endlich das neue Entwicklungsstadium, worin letztere mit der Entdeckung des kalifornischen und australischen Goldes einzutreten schien, bestimmten mich, ganz von vorn wieder anzufangen und mich durch das neue Material kritisch durchzuarbeiten. Diese Studien führten teils von selbst in scheinbar ganz abliegende Disziplinen, in denen ich kürzer oder länger verweilen mußte. Namentlich aber wurde die mir zu Gebote stehende Zeit geschmälert durch die gebieterische Notwendigkeit einer Erwerbstätigkeit. Meine nun achtjährige Mitarbeit an der ersten Englisch-Amerikanischen Zeitung, der „New-York Tribune", machte, da ich mit eigentlicher Zeitungskorrespondenz mich nur ausnahmsweise befasse, eine außerordentliche Zersplitterung der Studien nötig. Indes bildeten Artikel über auffallende ökonomische Ereignisse in England und auf dem Kontinent einen so bedeutenden Teil meiner Beiträge, daß ich genötigt ward, mich mit praktischen Details vertraut zu machen, die außerhalb des Bereichs der eigentlichen Wissenschaft der politischen Ökonomie liegen.

Diese Skizze über den Gang meiner Studien im Gebiet der politischen Ökonomie soll nur beweisen, daß meine Ansichten, wie man sie immer beurteilen mag, und wie wenig sie mit den interessierten Vorurteilen der herrschenden Klassen übereinstimmen, das Ergebnis gewissenhafter und langjähriger Forschung sind. Bei dem Eingang in die Wissenschaft aber, wie beim Eingang in die Hölle, muß die Forderung gestellt werden:

   Qui si convien lasciare ogni sospetto
   Ogni viltà convien che qui sia morta.

London, im Januar 1859.

             Karl Marx.

Zur Kritik der politischen Ökonomie.

Erster Abschnitt.
Das Kapital im allgemeinen.

Erstes Kapitel.
Die Ware.

Auf den ersten Blick erscheint der bürgerliche Reichtum als eine ungeheure Warensammlung, die einzelne Ware als sein elementarisches Dasein. Jede Ware aber stellt sich dar unter dem doppelten Gesichtspunkt von Gebrauchswert und Tauschwert.[1]

Die Ware ist zunächst, in der Sprachweise der englischen Ökonomen, „irgend ein Ding notwendig, nützlich, oder angenehm für das Leben", Gegenstand menschlicher Bedürfnisse, Lebensmittel im weitesten Sinne des Wortes. Dieses Dasein der Ware als Gebrauchswert und ihre natürliche handgreifliche Existenz fallen zusammen. Weizen zum Beispiel ist ein besonderer Gebrauchswert im Unterschied von den Gebrauchswerten Baumwolle, Glas, Papier u. s. w. Der Gebrauchswert hat nur Wert für den Gebrauch und verwirklicht sich nur im Prozeß der Konsumtion. Derselbe Gebrauchswert kann verschieden benutzt werden. Die Summe seiner möglichen Nutzanwendungen jedoch ist zusammen-

---

[1] Aristot. d. Rep. L. 1, C. 9. (edit. I Bekkeri Oxonii 1837). „ἑκάστȣ γὰρ κτήματος διττὴ ἡ χρῆσίς ἐστιν . . . . ἡ μὲν οἰκεία ἡ δ' ȣ̓κ οἰκεία τȣ̃ πράγματος, οἷον ὑποδήματος ἥ τε ὑπόδεσις καὶ ἡ μεταβλητική. Ἀμφότεραι γὰρ ὑποδήματος χρήσεις· καὶ γὰρ ὁ ἀλλαττόμενος τῷ δεομένῳ ὑποδήματος ἀντὶ νομίσματος ἢ τροφῆς χρῆται τῷ ὑποδήματι ᾗ ὑπόδημα, ἀλλ' οὐ τὴν οἰκείαν χρῆσιν· οὐ γὰρ ἀλλαγῆς ἕνεκεν γέγονεν. Τὸν αὐτὸν δὲ τρόπον ἔχει καὶ περὶ τῶν ἄλλων κτημάτων."

Marx, Polit. Ökonomie.

gefaßt in seinem Dasein als Ding mit bestimmten Eigenschaften. Er ist ferner nicht nur qualitativ, sondern auch quantitativ bestimmt. Ihrer natürlichen Eigentümlichkeit gemäß besitzen verschiedene Gebrauchswerte verschiedene Maße, z. B. Scheffel Weizen, Buch Papier, Elle Leinwand u. s. w.

Welches immer die gesellschaftliche Form des Reichtums sei, Gebrauchswerte bilden stets seinen gegen diese Form zunächst gleichgültigen Inhalt. Man schmeckt dem Weizen nicht an, wer ihn gebaut hat, russischer Leibeigner, französischer Parzellenbauer oder englischer Kapitalist. Obgleich Gegenstand gesellschaftlicher Bedürfnisse, und daher in gesellschaftlichem Zusammenhang, drückt der Gebrauchswert jedoch kein gesellschaftliches Produktionsverhältnis aus. Diese Ware als Gebrauchswert ist zum Beispiel ein Diamant. Am Diamant ist nicht wahrzunehmen, daß er Ware ist. Wo er als Gebrauchswert dient, ästhetisch oder mechanisch, am Busen der Lorette oder in der Hand des Glasschleifers, ist er Diamant und nicht Ware. Gebrauchswert zu sein scheint notwendige Voraussetzung für die Ware, aber Ware zu sein gleichgültige Bestimmung für den Gebrauchswert. Der Gebrauchswert in dieser Gleichgültigkeit gegen die ökonomische Formbestimmung, d. h. der Gebrauchswert als Gebrauchswert, liegt jenseits des Betrachtungskreises der politischen Ökonomie.[1] In ihren Kreis fällt er nur, wo er selbst Formbestimmung. Unmittelbar ist er die stoffliche Basis, woran sich ein bestimmtes ökonomisches Verhältnis darstellt, der Tauschwert.

Tauschwert erscheint zunächst als quantitatives Verhältnis, worin Gebrauchswerte gegen einander austauschbar. In

---

[1] Dies ist der Grund, warum deutsche Kompilatoren den unter dem Namen „Gut" fixierten Gebrauchswert con amore abhandeln. Siehe z. B. L. Stein: „System der Staatswissenschaften", Bd. I den Abschnitt von den „Gütern". Verständiges über „Güter" muß man suchen in „Anweisungen zur Warenkunde".

solchem Verhältnis bilden sie dieselbe Tauschgröße. So mögen 1 Band Properz und 8 Unzen Schnupftabak derselbe Tauschwert sein, trotz der disparaten Gebrauchswerte von Tabak und Elegie. Als Tauschwert ist ein Gebrauchswert gerade so viel wert wie der andere, wenn nur in richtiger Portion vorhanden. Der Tauschwert eines Palastes kann in bestimmter Anzahl von Stiefelwichsbüchsen ausgedrückt werden. Londoner Stiefelwichsfabrikanten haben umgekehrt den Tauschwert ihrer multiplizierten Büchsen in Palästen ausgedrückt. Ganz gleichgültig also gegen ihre natürliche Existenzweise, und ohne Rücksicht auf die spezifische Natur des Bedürfnisses, wofür sie Gebrauchswerte, decken sich Waren in bestimmten Quantitäten, ersetzen einander im Austausch, gelten als Aequivalente, und stellen so trotz ihres buntscheckigen Scheins dieselbe Einheit dar.

Die Gebrauchswerte sind unmittelbar Lebensmittel. Umgekehrt aber sind diese Lebensmittel selbst Produkte des gesellschaftlichen Lebens, Resultat verausgabter menschlicher Lebenskraft, vergegenständlichte Arbeit. Als Materiatur der gesellschaftlichen Arbeit sind alle Waren Kristallisationen derselben Einheit. Der bestimmte Charakter dieser Einheit, d. h. der Arbeit, die sich im Tauschwert darstellt, ist nun zu betrachten.

1 Unze Gold, 1 Tonne Eisen, 1 Quarter Weizen und 20 Ellen Seide seien gleichgroße Tauschwerte. Als solche Äquivalente, worin der qualitative Unterschied ihrer Gebrauchswerte ausgelöscht ist, stellen sie gleiches Volumen derselben Arbeit dar. Die Arbeit, die sich gleichmäßig in ihnen vergegenständlicht, muß selbst gleichförmige, unterschiedslose, einfache Arbeit sein, der es ebenso gleichgültig, ob sie in Gold, Eisen, Weizen, Seide erscheint, wie es dem Sauerstoff ist, ob er vorkommt im Rost des Eisens, der Atmosphäre, dem Saft der Traube oder dem Blut des Menschen. Aber Gold graben, Eisen aus dem Bergwerk fördern, Weizen bauen und Seide weben sind qualitativ voneinander verschiedene

Arbeitsarten. In der Tat, was sachlich als Verschiedenheit der Gebrauchswerte, erscheint prozessierend als Verschiedenheit der die Gebrauchswerte hervorbringenden Tätigkeit. Als gleichgültig gegen den besonderen Stoff der Gebrauchswerte ist die tauschwertsetzende Arbeit daher gleichgültig gegen die besondere Form der Arbeit selbst. Die verschiedenen Gebrauchswerte sind ferner Produkte der Tätigkeit verschiedener Individuen, also Resultat individuell verschiedener Arbeiten. Als Tauschwerte stellen sie aber gleiche, unterschiedslose Arbeit dar, d. h. Arbeit, worin die Individualität der Arbeitenden ausgelöscht ist. Tauschwertsetzende Arbeit ist daher **abstrakt allgemeine Arbeit.**

Wenn 1 Unze Gold, 1 Tonne Eisen, 1 Quarter Weizen und 20 Ellen Seide gleichgroße Tauschwerte oder Äquivalente sind, sind 1 Unze Gold, $1/2$ Tonne Eisen, 3 Bushel Weizen und 5 Ellen Seide Tauschwerte von durchaus verschiedener Größe und dieser quantitative Unterschied ist der einzige Unterschied, dessen sie als Tauschwerte überhaupt fähig sind. Als Tauschwerte von verschiedener Größe stellen sie ein Mehr oder Minder, größere oder kleinere Quanta jener einfachen, gleichförmigen, abstrakt allgemeinen Arbeit dar, die die Substanz des Tauschwerts bildet. Es fragt sich, wie diese Quanta messen? Oder es fragt sich vielmehr, welches das quantitative Dasein jener Arbeit selbst ist, da die Größenunterschiede der Waren als Tauschwerte nur Größenunterschiede der in ihnen vergegenständlichten Arbeit sind. Wie das quantitative Dasein der Bewegung die Zeit ist, so ist das quantitative Dasein der Arbeit die Arbeitszeit. Die Verschiedenheit ihrer eigenen Dauer ist der einzige Unterschied, dessen sie fähig ist, ihre Qualität als gegeben vorausgesetzt. Als Arbeitszeit erhält sie ihren Maßstab an den natürlichen Zeitmaßen, Stunde, Tag, Woche u. s. w. Arbeitszeit ist das lebendige Dasein der Arbeit, gleichgültig gegen ihre Form, ihren Inhalt, ihre Individualität; es ist ihr lebendiges Dasein als quanti=

tatives, zugleich mit seinem immanenten Maße. Die in den Gebrauchswerten der Waren vergegenständlichte Arbeitszeit ist ebensowohl die Substanz, die sie zu Tauschwerten macht und daher zu Waren, wie sie ihre bestimmte Wertgröße mißt. Die korrelativen Quantitäten verschiedener Gebrauchswerte, in welchen dieselbe Arbeitszeit sich vergegenständlicht, sind Äquivalente, oder alle Gebrauchswerte sind Äquivalente in den Proportionen, worin sie dieselbe Arbeitszeit aufgearbeitet, vergegenständlicht enthalten. Als Tauschwert sind alle Waren nur bestimmte Maße festgeronnener Arbeitszeit.

Zum Verständnis der Bestimmung des Tauschwerts durch Arbeitszeit sind folgende Hauptgesichtspunkte festzuhalten: Die Reduktion der Arbeit auf einfache, sozusagen qualitätslose Arbeit; die spezifische Art und Weise, worin die Tauschwert setzende, also Waren produzierende Arbeit, gesellschaftliche Arbeit ist; endlich der Unterschied zwischen der Arbeit, sofern sie in Gebrauchswerten, und der Arbeit, sofern sie in Tauschwerten resultiert.

Um die Tauschwerte der Waren an der in ihnen enthaltenen Arbeitszeit zu messen, müssen die verschiedenen Arbeiten selbst reduziert sein auf unterschiedslose, gleichförmige, einfache Arbeit, kurz auf Arbeit, die qualitativ dieselbe ist und sich daher nur quantitativ unterscheidet.

Diese Reduktion erscheint als eine Abstraktion, aber es ist eine Abstraktion, die in dem gesellschaftlichen Produktionsprozeß täglich vollzogen wird. Die Auflösung aller Waren in Arbeitszeit ist keine größere Abstraktion, aber zugleich keine minder reelle, als die aller organischen Körper in Luft. Die Arbeit, die so gemessen ist durch die Zeit, erscheint in der Tat nicht als Arbeit verschiedener Subjekte, sondern die verschiedenen arbeitenden Individuen erscheinen vielmehr als bloße Organe der Arbeit. Oder die Arbeit, wie sie sich in Tauschwerten darstellt, könnte ausgedrückt werden als allgemein menschliche Arbeit. Diese Abstraktion der allgemein menschlichen Arbeit existiert in der Durchschnittsarbeit, die jedes Durchschnitts-Individuum einer gegebenen Gesellschaft verrichten kann, eine bestimmte produktive Verausgabung von menschlichem Muskel, Nerv, Gehirn u. s. w. Es ist einfache Arbeit,[1] wozu jedes Durchschnitts-Individuum abgerichtet werden kann und die es in der einen oder anderen Form verrichten muß. Der Charakter dieser Durchschnittsarbeit ist selbst verschieden in verschiedenen Ländern und verschiedenen Kulturepochen, erscheint aber als gegeben in einer vorhandenen Gesellschaft. Die einfache Arbeit bildet die bei weitem größte Masse aller Arbeit der bürgerlichen Gesellschaft, wie man sich aus jeder Statistik überzeugen kann. Ob A während 6 Stunden Eisen und während 6 Stunden Leinwand produziert und B ebenfalls während 6 Stunden Eisen und während 6 Stunden Leinwand produziert, oder ob A während 12 Stunden Eisen und B während 12 Stunden Leinwand produziert, erscheint augenfällig als bloß verschiedene Anwendung derselben Arbeitszeit. Aber wie mit der komplizierten Arbeit, die sich über das Durchschnitts-Niveau erhebt als Arbeit von höherer Lebendigkeit, größerem spezifischen Gewicht? Diese Art Arbeit löst sich auf in zusammengesetzte einfache Arbeit, einfache Arbeit auf höherer Potenz, so daß zum Beispiel ein komplizierter Arbeitstag gleich drei einfachen Arbeitstagen. Die Gesetze, die diese Reduktion regeln, gehören noch nicht hierher. Daß die Reduktion aber stattfindet, ist klar: denn als Tauschwert ist das Produkt der kompliziertesten Arbeit in bestimmter Proportion Äquivalent für das Produkt der einfachen Durchschnittsarbeit, also gleichgesetzt einem bestimmten Quantum dieser einfachen Arbeit.

Die Bestimmung des Tauschwerts durch die Arbeitszeit unterstellt ferner, daß in einer bestimmten Ware, einer Tonne Eisen

---

[1] „Unskilled labour" nennen es die englischen Ökonomen.

zum Beispiel, gleichviel Arbeit vergegenständlicht ist, gleichgültig ob sie Arbeit von A oder B oder daß verschiedene Individuen gleichgroße Arbeitszeit zur Produktion desselben, qualitativ und quantitativ bestimmten Gebrauchswerts verwenden. In anderen Worten, es ist unterstellt, daß die in einer Ware enthaltene Arbeitszeit die zu ihrer Produktion notwendige Arbeitszeit ist, das heißt die Arbeitszeit erheischt, um unter gegebenen allgemeinen Produktionsbedingungen ein neues Exemplar derselben Ware zu produzieren.

Die Bedingungen der Tauschwert setzenden Arbeit, wie sie sich aus der Analyse des Tauschwerts ergeben, sind gesellschaftliche Bestimmungen der Arbeit oder Bestimmungen gesellschaftlicher Arbeit, aber gesellschaftlich nicht schlechthin, sondern in besonderer Weise. Es ist eine spezifische Art der Gesellschaftlichkeit. Zunächst ist die unterschiedslose Einfachheit der Arbeit Gleichheit der Arbeiten verschiedener Individuen, wechselseitiges Beziehen ihrer Arbeiten aufeinander als gleicher und zwar durch tatsächliche Reduktion aller Arbeiten auf gleichartige Arbeit. Die Arbeit jedes Individuums, soweit sie sich in Tauschwerten darstellt, besitzt diesen gesellschaftlichen Charakter der Gleichheit, und sie stellt sich nur im Tauschwert dar, soweit sie auf die Arbeit aller anderen Individuen als gleiche bezogen ist.

Ferner erscheint im Tauschwert die Arbeitszeit des einzelnen Individuums unmittelbar als allgemeine Arbeitszeit und dieser allgemeine Charakter der vereinzelten Arbeit als gesellschaftlicher Charakter derselben. Die im Tauschwert dargestellte Arbeitszeit ist Arbeitszeit des einzelnen, aber des einzelnen ohne Unterschied vom anderen einzelnen, aller einzelnen, sofern sie gleiche Arbeit vollbringen, daher die von dem einen zur Produktion einer bestimmten Ware erheischte Arbeitszeit die notwendige Arbeitszeit ist, die jeder andere zur Produktion derselben Ware verwenden würde. Sie ist die Arbeitszeit des

einzelnen, seine Arbeitszeit, aber nur als allen gemeine Arbeits=
zeit, für die es daher gleichgültig, die Arbeitszeit wessen ein=
zelnen sie ist. Als allgemeine Arbeitszeit stellt sie sich dar in
einem allgemeinen Produkt, einem allgemeinen Äquivalent,
einem bestimmten Quantum vergegenständlichter Arbeitszeit, das
gleichgültig gegen die bestimmte Form des Gebrauchswerts, worin
es unmittelbar als Produkt des einen erscheint, beliebig über=
setzbar ist in jede andere Form von Gebrauchswert, worin es sich
als Produkt jedes anderen darstellt. Gesellschaftliche Größe
ist es nur als solche allgemeine Größe. Die Arbeit des ein=
zelnen, um in Tauschwert zu resultieren, muß resultieren in ein
allgemeines Äquivalent, d. h. in Darstellung der Arbeitszeit
des einzelnen als allgemeiner Arbeitszeit oder Darstellung der
allgemeinen Arbeitszeit als der des einzelnen. Es ist, als ob
die verschiedenen Individuen ihre Arbeitszeit zusammengeworfen
und verschiedene Quanta der ihnen gemeinschaftlich zu Gebote
stehenden Arbeitszeit in verschiedenen Gebrauchswerten dargestellt
hätten. Die Arbeitszeit des einzelnen ist so in der Tat die Ar=
beitszeit, deren die Gesellschaft zur Darstellung eines bestimmten
Gebrauchswerts, d. h. zur Befriedigung eines bestimmten Be=
dürfnisses bedarf. Aber es handelt sich hier nur um die spezi=
fische Form, worin die Arbeit gesellschaftlichen Charakter erhält.
Eine bestimmte Arbeitszeit des Spinners vergegenständlicht sich
zum Beispiel in 100 Pfund Leinengarn. 100 Ellen Leinwand,
das Produkt des Webers, sollen gleiches Quantum Arbeitszeit
darstellen. Sofern diese beiden Produkte gleich großes Quantum
allgemeiner Arbeitszeit darstellen und daher Äquivalente für
jeden Gebrauchswert, der gleichviel Arbeitszeit enthält, sind die
Äquivalente für einander. Nur dadurch, daß die Arbeitszeit des
Spinners und die Arbeitszeit des Webers als allgemeine Arbeits=
zeit, ihre Produkte daher als allgemeine Äquivalente sich dar=
stellen, wird hier die Arbeit des Webers für den Spinner und

die des Spinners für den Weber, die Arbeit des einen für die Arbeit des anderen, das heißt das gesellschaftliche Dasein ihrer Arbeiten für beide. In der ländlich-patriarchalischen Industrie dagegen, wo Spinner und Weber unter demselben Dach hausten, der weibliche Teil der Familie spann, der männliche webte, sage zum Selbstbedarf der Familie, waren Garn und Leinwand gesellschaftliche Produkte, Spinnen und Weben gesellschaftliche Arbeiten innerhalb der Grenzen der Familie. Ihr gesellschaftlicher Charakter bestand aber nicht darin, daß Garn als allgemeines Äquivalent gegen Leinwand als allgemeines Äquivalent oder beide sich gegen einander austauschten als gleichgiltige und gleichgeltende Ausdrücke derselben allgemeinen Arbeitszeit. Der Familienzusammenhang vielmehr mit seiner naturwüchsigen Teilung der Arbeit drückte dem Produkt der Arbeit seinen eigentümlichen gesellschaftlichen Stempel auf. Oder nehmen wir die Naturaldienste oder Naturallieferungen des Mittelalters. Die bestimmten Arbeiten der einzelnen in ihrer Naturalform, die Besonderheit, nicht die Allgemeinheit der Arbeit bildet hier das gesellschaftliche Band. Oder nehmen wir endlich die gemeinschaftliche Arbeit in ihrer naturwüchsigen Form, wie wir sie an der Schwelle der Geschichte aller Kulturvölker finden.[1] Hier ist der gesellschaftliche Charakter der Arbeit offenbar nicht dadurch

---

[1] Es ist ein lächerliches Vorurteil, in neuester Zeit verbreitet, daß die Form des naturwüchsigen Gemeineigentums spezifisch slavisch oder gar ausschließlich russische Form sei. Sie ist die Urform, die wir bei Römern, Germanen, Kelten nachweisen können, von der aber eine ganze Musterkarte mit mannigfaltigen Proben sich noch immer, wenn auch zum Teil ruinenweise, bei den Indiern vorfindet. Ein genaueres Studium der asiatischen, speziell der indischen Gemeineigentumsformen, würde nachweisen, wie aus den verschiedenen Formen des naturwüchsigen Gemeineigentums sich verschiedene Formen seiner Auflösung ergeben. So lassen sich zum Beispiel die verschiedenen Originaltypen von römischem und germanischem Privateigentum aus verschiedenen Formen von indischem Gemeineigentum ableiten.

vermittelt, daß die Arbeit des einzelnen die abstrakte Form der Allgemeinheit, oder sein Produkt die Form eines allgemeinen Äquivalents annimmt. Es ist das der Produktion vorausgesetzte Gemeinwesen, das die Arbeit des einzelnen verhindert Privatarbeit und sein Produkt Privatprodukt zu sein, die einzelne Arbeit vielmehr unmittelbar als Funktion eines Gliedes des Gesellschafts-Organismus erscheinen läßt. Die Arbeit, die sich im Tauschwert darstellt, ist vorausgesetzt als Arbeit des vereinzelten einzelnen. Gesellschaftlich wird sie dadurch, daß sie die Form ihres unmittelbaren Gegenteils, die Form der abstrakten Allgemeinheit annimmt.

Es charakterisiert endlich die Tauschwert setzende Arbeit, daß die gesellschaftliche Beziehung der Personen sich gleichsam verkehrt darstellt, nämlich als gesellschaftliches Verhältnis der Sachen. Nur insofern der eine Gebrauchswert sich auf den anderen als Tauschwert bezieht, ist die Arbeit der verschiedenen Personen aufeinander als gleiche und allgemeine bezogen. Wenn es daher richtig ist zu sagen, daß der Tauschwert ein Verhältnis zwischen Personen[1] ist, so muß aber hinzugesetzt werden: unter dinglicher Hülle verstecktes Verhältnis. Wie ein Pfund Eisen und ein Pfund Gold trotz ihrer verschiedenen physischen und chemischen Eigenschaften dasselbe Quantum Schwere darstellen, so zwei Gebrauchswerte von Waren, worin dieselbe Arbeitszeit enthalten ist, denselben Tauschwert. Der Tauschwert erscheint so als gesellschaftliche Naturbestimmtheit der Gebrauchswerte, als eine Bestimmtheit, die ihnen als Dingen zukommt, und infolge deren sie sich im Austauschprozeß ebenso in bestimmten quantitativen Verhältnissen ersetzen, Äquivalente bilden, wie einfache chemische Stoffe in bestimmten quantitativen Verhältnissen sich verbinden,

---

[1] „La Ricchezza è una ragione tra due persone." Galiani: „Della Moneta" p. 220 in vol. III v. Custodis Sammlung der „Scrittori classici Italiani di Economia Politica. Parte Moderna." Milano 1803.

chemische Äquivalente bilden. Es ist nur die Gewohnheit des täglichen Lebens, die es als trivial, als selbstverständlich erscheinen läßt, daß ein gesellschaftliches Produktionsverhältnis die Form eines Gegenstandes annimmt, so daß das Verhältnis der Personen in ihrer Arbeit sich vielmehr als ein Verhältnis darstellt, worin Dinge sich zu einander und zu den Personen verhalten. In der Ware ist diese Mystifikation noch sehr einfach. Es schwebt allen mehr oder minder vor, daß das Verhältnis der Waren als Tauschwerte vielmehr Verhältnis der Personen zu ihrer wechselseitigen produktiven Tätigkeit ist. In höheren Produktionsverhältnissen verschwindet dieser Schein der Einfachheit. Alle Illusionen des Monetarsystems stammen daher, daß dem Geld nicht angesehen wird, daß es ein gesellschaftliches Produktionsverhältnis darstellt, aber in der Form eines Naturdinges von bestimmten Eigenschaften. Bei den modernen Ökonomen, die auf die Illusionen des Monetarsystems herabgrinsen, verrät sich dieselbe Illusion, sobald sie höhere ökonomische Kategorien handhaben, z. B. das Kapital. Sie bricht hervor in dem Geständnis naiver Verwunderung, wenn bald als gesellschaftliches Verhältnis erscheint, was sie eben plump als Ding festzuhalten meinten, und dann wieder als Ding sie neckt, was sie kaum als gesellschaftliches Verhältnis fixiert hatten.

Indem der Tauschwert der Waren in der Tat nichts ist als Beziehung der Arbeiten der einzelnen aufeinander als gleiche und allgemeine, nichts als gegenständlicher Ausdruck einer spezifisch gesellschaftlichen Form der Arbeit, ist es Tautologie, zu sagen, daß die Arbeit einzige Quelle des Tauschwerts sei und daher des Reichtums, soweit er aus Tauschwerten besteht. Es ist dieselbe Tautologie, daß der Naturstoff als solcher keinen Tauschwert,[1] weil keine Arbeit und der Tauschwert als solcher keinen

---

[1] „Dans son état naturel la matière est toujours destituée de valeur." Mac Culloch: „Discours sur l'origine de l'économie

Naturstoff enthält. Wenn aber William Petty „die Arbeit den Vater und die Erde die Mutter des Reichtums" nennt, oder Bischof Berkeley fragt, „ob die vier Elemente und des Menschen Arbeit darin nicht die wahre Quelle des Reichtums seien",[1] oder wenn der Amerikaner Th. Cooper populär klar macht: „Nimm von einem Laib Brot die darauf verwandte Arbeit weg, die Arbeit von Bäcker, Müller, Pächter u. s. w. und was bleibt übrig? Ein paar Graskörner, wildwachsend und unnütz für jeden menschlichen Gebrauch",[2] so handelt es sich in allen diesen Anschauungen nicht von der abstrakten Arbeit, wie sie Quelle des Tauschwerts ist, sondern von der konkreten Arbeit als einer Quelle stofflichen Reichtums, kurz von der Arbeit, sofern sie Gebrauchswerte hervorbringt. Indem der Gebrauchswert der Ware vorausgesetzt ist, ist die besondere Nützlichkeit, die bestimmte Zweckmäßigkeit der in ihr aufgezehrten Arbeit vorausgesetzt, damit aber vom Standpunkt der Ware aus zugleich alle Rücksicht auf die Arbeit als nützliche Arbeit erschöpft. Am Brot als Gebrauchswert interessieren uns seine Eigenschaften als Nahrungsmittel, keineswegs die Arbeiten von Pächter, Müller, Bäcker u. s. w. Wenn durch irgend eine Erfindung $^{19}/_{20}$ dieser Arbeiten wegfielen, würde der Laib denselben Dienst leisten wie zuvor. Wenn er fertig vom Himmel fiele, würde er kein Atom seines Gebrauchswerts verlieren. Während sich die Tauschwert setzende Arbeit in der Gleichheit der Waren als allgemeiner Äquivalente verwirklicht, verwirklicht sich die Arbeit als zweckmäßige produk-

---

politique etc. traduit par Prévost." Genève 1825, p. 57. Man sieht, wie hoch selbst ein Mac Culloch über dem Fetischismus deutscher „Denker" steht, die „den Stoff" und noch ein halbes Dutzend anderer Allotria für Elemente des Wertes erklären. Vergl. z. B. L. Stein l. c. Bd. I. p. 110.

[1] Berkeley: „The Querist." London 1750. „Whether the four elements, and man's labour therein, be not the true source of wealth?"

[2] Th. Cooper: „Lectures on the elements of Political Economy." London 1831 (Columbia 1820), p. 99.

tive Tätigkeit in der unendlichen Mannigfaltigkeit ihrer Gebrauchswerte. Während die Tauschwert setzende Arbeit abstrakt allgemeine und gleiche Arbeit, ist die Gebrauchswert setzende Arbeit konkrete und besondere Arbeit, die sich der Form und dem Stoff nach in unendlich verschiedene Arbeitsweisen zerspaltet.

Von der Arbeit, soweit sie Gebrauchswerte hervorbringt, ist es falsch zu sagen, daß sie einzige Quelle des von ihr hervorgebrachten, nämlich des stofflichen Reichtums sei. Da sie die Tätigkeit ist, das Stoffliche für diesen oder jenen Zweck anzueignen, bedarf sie des Stoffes als Voraussetzung. In verschiedenen Gebrauchswerten ist die Proportion zwischen Arbeit und Naturstoff sehr verschieden, aber stets enthält der Gebrauchswert ein natürliches Substrat. Als zweckmäßige Tätigkeit zur Aneignung des Natürlichen in einer oder der anderen Form ist die Arbeit Naturbedingung der menschlichen Existenz, eine von allen sozialen Formen unabhängige Bedingung des Stoffwechsels zwischen Mensch und Natur. Tauschwert setzende Arbeit ist dagegen eine spezifisch gesellschaftliche Form der Arbeit. Schneiderarbeit zum Beispiel in ihrer stofflichen Bestimmtheit als besondere produktive Tätigkeit, produziert den Rock, aber nicht den Tauschwert des Rocks. Letzteren produziert sie nicht als Schneiderarbeit, sondern als abstrakt allgemeine Arbeit und diese gehört einem Gesellschaftszusammenhang, den der Schneider nicht eingefädelt hat. So produzierten in der antiken häuslichen Industrie Weiber den Rock, ohne den Tauschwert des Rocks zu produzieren. Arbeit als eine Quelle von stofflichem Reichtum war dem Gesetzgeber Moses sowohl bekannt, wie dem Zollbeamten Adam Smith.[1]

---

[1] F. List, der den Unterschied zwischen der Arbeit, sofern sie Nützliches, einen Gebrauchswert schaffen hilft, und der Arbeit, sofern sie eine bestimmte gesellschaftliche Form des Reichtums, den Tauschwert schafft, nie begreifen konnte, wie Begreifen überhaupt seinem interessiert praktischen Verstand fern lag, erblickte daher in den englischen modernen Ökonomen bloße Plagiarien des Moses von Ägypten.

Betrachten wir nun einige nähere Bestimmungen, die sich aus der Zurückführung des Tauschwerts auf Arbeitszeit ergeben.

Als Gebrauchswert wirkt die Ware ursächlich. Weizen zum Beispiel wirkt als Nahrungsmittel. Eine Maschine ersetzt Arbeit in bestimmten Verhältnissen. Diese Wirkung der Ware, wodurch sie allein Gebrauchswert, Gegenstand der Konsumtion ist, kann ihr Dienst genannt werden, der Dienst, den sie als Gebrauchswert leistet. Als Tauschwert aber wird die Ware immer nur unter dem Gesichtspunkt des Resultats betrachtet. Es handelt sich nicht um den Dienst, den sie leistet, sondern um den Dienst,[1] der ihr selbst geleistet worden ist in ihrer Produktion. So ist also der Tauschwert einer Maschine zum Beispiel bestimmt nicht durch das Quantum Arbeitszeit, das von ihr ersetzt wird, sondern das Quantum Arbeitszeit, das in ihr selbst aufgearbeitet und daher erheischt ist, eine neue Maschine derselben Art zu produzieren.

Bliebe daher das zur Produktion von Waren erheischte Arbeitsquantum konstant, so wäre ihr Tauschwert unveränderlich. Aber die Leichtigkeit und Schwierigkeit der Produktion wechseln beständig. Wächst die Produktivkraft der Arbeit, so produziert sie denselben Gebrauchswert in kürzerer Zeit. Fällt die Produktivkraft der Arbeit, so wird mehr Zeit erheischt zur Produktion desselben Gebrauchswerts. Die Größe der in einer Ware enthaltenen Arbeitszeit, also ihr Tauschwert, ist daher ein wechselnder, steigt oder fällt in umgekehrtem Verhältnis zum Steigen oder Fallen der Produktivkraft der Arbeit. Die Produktivkraft der Arbeit, die in der Manufakturindustrie in vorausbestimmtem Grade angewandt wird, ist in der Agrikultur und der extraktiven

---

[1] Man begreift, welchen „Dienst" die Kategorie „Dienst" (service) einer Sorte Ökonomen wie J. B. Say und F. Bastiat leisten muß, deren raisonnierende Klugheit, wie schon Malthus richtig bemerkte, überall von der spezifischen Formbestimmtheit der ökonomischen Verhältnisse abstrahiert.

Industrie zugleich bedingt durch unkontrollierbare Naturverhältnisse. Dieselbe Arbeit wird eine größere oder mindere Ausbeute verschiedener Metalle ergeben, je nach dem relativ selteneren und häufigeren Vorkommen dieser Metalle in der Erdrinde. Dieselbe Arbeit mag sich mit Gunst der Jahreszeit in zwei Bushel Weizen, mit Ungunst derselben vielleicht nur in ein Bushel Weizen vergegenständlichen. Seltenheit oder Überfluß als Naturverhältnisse scheinen hier den Tauschwert der Waren zu bestimmen, weil sie die an Naturverhältnisse gebundene Produktivkraft besonderer realen Arbeit bestimmen.

Verschiedene Gebrauchswerte enthalten in ungleichen Volumen dieselbe Arbeitszeit oder denselben Tauschwert. In je kleinerem Volumen ihres Gebrauchswerts, verglichen mit den anderen Gebrauchswerten, eine Ware ein bestimmtes Quantum Arbeitszeit enthält, um so größer ist ihr spezifischer Tauschwert. Finden wir, daß in verschiedenen, weit auseinander liegenden Kulturepochen gewisse Gebrauchswerte unter sich eine Reihe von spezifischen Tauschwerten bilden, die wenn nicht exakt dasselbe Zahlenverhältnis, doch das allgemeine Verhältnis der Über- und Unterordnung gegeneinander bewahren, wie zum Beispiel Gold, Silber, Kupfer, Eisen, oder Weizen, Roggen, Gerste, Hafer, so folgt daraus nur, daß die fortschreitende Entwicklung der gesellschaftlichen Produktivkräfte gleichmäßig oder annähernd gleichmäßig auf die Arbeitszeit einwirkt, die zur Produktion jener verschiedenen Waren erfordert ist.

Der Tauschwert einer Ware kommt nicht in ihrem eigenen Gebrauchswert zur Erscheinung. Als Vergegenständlichung der allgemeinen gesellschaftlichen Arbeitszeit jedoch ist der Gebrauchswert einer Ware in Verhältnisse gesetzt zu den Gebrauchswerten anderer Waren. Der Tauschwert der einen Ware manifestiert sich so in den Gebrauchswerten der anderen Waren. Äquivalent ist in der Tat der Tauschwert einer Ware ausgedrückt im Gebrauchswert einer anderen Ware. Sage ich zum Beispiel eine Elle Leinwand ist wert zwei Pfund Kaffee, so ist der Tauschwert der Leinwand in dem Gebrauchswert Kaffee und zwar in einem bestimmten Quantum dieses Gebrauchswerts ausgedrückt. Diese Proportion gegeben, kann ich den Wert jedes Quantums Leinwand in Kaffee ausdrücken. Es ist klar, daß der Tauschwert einer Ware, z. B. der Leinwand, nicht erschöpft ist in der Proportion, worin eine andere besondere Ware, z. B. Kaffee, ihr Äquivalent bildet. Das Quantum allgemeiner Arbeitszeit, dessen Darstellung die Elle Leinwand ist, ist gleichzeitig in unendlich verschiedenen Volumen von Gebrauchswerten aller anderen Waren realisiert. In der Proportion, worin der Gebrauchswert jeder anderen Ware gleichgroße Arbeitszeit darstellt, bildet er ein Äquivalent für die Elle Leinwand. Der Tauschwert dieser einzelnen Ware drückt sich daher nur erschöpfend aus in den unendlich vielen Gleichungen, worin die Gebrauchswerte aller anderen Waren ihr Äquivalent bilden. Nur in der Summe dieser Gleichungen oder in der Gesamtheit der verschiedenen Proportionen, worin eine Ware mit jeder anderen Ware austauschbar ist, ist sie erschöpfend ausgedrückt als allgemeines Äquivalent. Zum Beispiel die Reihe der Gleichungen

$$1 \text{ Elle Leinwand} = 1/2 \text{ Pfund Tee,}$$
$$1 \text{ Elle Leinwand} = 2 \quad \text{„} \quad \text{Kaffee,}$$
$$1 \text{ Elle Leinwand} = 8 \quad \text{„} \quad \text{Brot,}$$
$$1 \text{ Elle Leinwand} = 6 \text{ Ellen Kattun,}$$

kann dargestellt werden als

$$1 \text{ Elle Leinwand} = 1/8 \text{ Pfund Tee} + 1/2 \text{ Pfund Kaffee} + 2 \text{ Pfund Brot} + 1\,1/2 \text{ Ellen Kattun.}$$

Wenn wir daher die ganze Summe von Gleichungen vor uns hätten, worin sich der Wert einer Elle Leinwand erschöpfend ausdrückt, könnten wir ihren Tauschwert darstellen in der Form einer Reihe. In der Tat ist diese Reihe unendlich, da der

Umkreis der Waren nie definitiv abgeschlossen ist, sondern sich stets ausdehnt. Indem aber so die eine Ware ihren Tausch= wert mißt in den Gebrauchswerten aller anderen Waren, messen sich umgekehrt die Tauschwerte aller anderen Waren in dem Gebrauchswert dieser einen sich in ihnen messenden Ware.[1] Wenn der Tauschwert 1 Elle Leinwand sich ausdrückt in $^1/_2$ Pfund Tee oder 2 Pfund Kaffee oder 6 Ellen Kattun oder 8 Pfund Brot u. s. w., so folgt, daß Kaffee, Tee, Kattun, Brot u. s. w. in dem Verhältnis, worin sie einem dritten, der Leinwand, gleich sind, unter einander gleich sind, also Leinwand als gemein= schaftliches Maß ihrer Tauschwerte dient. Jede Ware als ver= gegenständlichte allgemeine Arbeitszeit, d. h. bestimmtes Quantum allgemeiner Arbeitszeit, drückt ihren Tauschwert der Reihe nach aus in bestimmten Quantitäten der Gebrauchswerte aller anderen Waren, und die Tauschwerte aller anderen Waren messen sich umgekehrt in dem Gebrauchswert dieser einen ausschließlichen Ware. Als Tauschwert aber ist jede Ware sowohl die eine ausschließ= liche Ware, die als gemeinsames Maß der Tauschwerte aller anderen Waren dient, wie sie andererseits nur eine der vielen Waren ist, in deren Gesamtumkreis jede andere Ware ihren Tauschwert unmittelbar darstellt.

Die **Wertgröße** einer Ware wird nicht davon berührt, ob wenig oder viel Waren anderer Art außer ihr existieren. Ob aber die Reihe der Gleichungen, worin ihr Tauschwert sich realisiert, größer oder kleiner ist, hängt ab von der größeren oder kleineren Mannigfaltigkeit von anderen Waren. Die Reihe von Gleichungen, worin sich zum Beispiel der Wert des Kaffees darstellt, drückt die Sphäre seiner Austauschbarkeit aus, die

---

[1] „Egli é proprio ancora delle misure d'aver si fatta rela- zione colle cose misurate, che in certo modo la misurata divien misura della misurante." Montanari: „Della Moneta" p. 48 in Custodis Sammlung vol. III. Parte Antica.

Grenzen, worin er als Tauschwert funktioniert. Dem Tausch=
wert einer Ware als Vergegenständlichung der allgemeinen ge=
sellschaftlichen Arbeitszeit entspricht der Ausdruck ihrer Äquivalenz
in unendlich verschiedenen Gebrauchswerten.

Wir haben gesehen, daß der Tauschwert einer Ware wechselt
mit der Quantität der unmittelbar in ihr selbst enthaltenen
Arbeitszeit. Ihr realisierter, das heißt in den Gebrauchswerten
anderer Waren ausgedrückter Tauschwert muß ebenso abhängen
von dem Verhältnis, worin die auf die Produktion aller anderen
Waren verwandte Arbeitszeit wechselt. Bliebe zum Beispiel die
zur Produktion eines Scheffels Weizen erforderliche Arbeitszeit
dieselbe, während die zur Produktion aller anderen Waren er=
heischte Arbeitszeit sich verdoppelte, so wäre der Tauschwert des
Scheffels Weizen, ausgedrückt in seinen Äquivalenten, um die
Hälfte gesunken. Das Resultat wäre praktisch dasselbe, als ob
die zur Herstellung des Scheffels Weizen erforderliche Arbeits=
zeit um die Hälfte gefallen und die zur Herstellung aller
anderen Waren erforderliche Arbeitszeit unverändert geblieben
wäre. Der Wert der Waren ist bestimmt durch die Proportion,
worin sie in derselben Arbeitszeit produziert werden können. Um
zu sehen, welchen möglichen Wechseln diese Proportion ausgesetzt
ist, unterstellen wir zwei Waren A und B. Erstens: Die zur
Produktion von B erforderte Arbeitszeit bleibe unverändert. In
diesem Falle fällt oder steigt der Tauschwert von A, in B aus=
gedrückt, direkt wie die zur Produktion von A erheischte Arbeits=
zeit fällt oder steigt. Zweitens: Die zur Produktion von A
erforderliche Arbeitszeit bleibe unverändert. Der Tauschwert
von A, in B ausgedrückt, fällt oder steigt in umgekehrtem Ver=
hältnis, wie die zur Produktion von B erheischte Arbeitszeit
fällt oder steigt. Drittens: Die zur Produktion von A und B
erheischte Arbeitszeit falle oder steige in gleicher Proportion.
Der Ausdruck der Äquivalenz von A in B bleibt dann unver=

ändert. Nähme durch irgend einen Umstand die Produktivkraft aller Arbeiten in demselben Maße ab, so daß alle Waren in gleicher Proportion mehr Arbeitszeit zu ihrer Produktion erheischten, so wäre der Wert aller Waren gestiegen, der reale Ausdruck ihres Tauschwerts wäre unverändert geblieben und der wirkliche Reichtum der Gesellschaft hätte abgenommen, da sie mehr Arbeitszeit brauchte, um dieselbe Masse von Gebrauchswerten zu schaffen. Viertens: Die zur Produktion von A und B erforderte Arbeitszeit mag für beide steigen oder fallen, aber in ungleichem Grade, oder die für A erforderte Arbeitszeit mag steigen, während die für B fällt, oder umgekehrt. Alle diese Fälle können einfach darauf reduziert werden, daß die zur Produktion einer Ware erheischte Arbeitszeit unverändert bleibt, während die der anderen steigt oder fällt.

Der Tauschwert jeder Ware drückt sich in dem Gebrauchswert jeder anderen Ware aus, sei es in ganzen Größen oder in Brüchen dieses Gebrauchswerts. Als Tauschwert ist jede Ware ebenso teilbar wie die Arbeitszeit selbst, die in ihr vergegenständlicht ist. Die Äquivalenz der Waren ist ebenso unabhängig von ihrer physischen Teilbarkeit als Gebrauchswerte, wie die Addition der Tauschwerte der Waren gleichgültig dagegen ist, welchen realen Formwechsel die Gebrauchswerte dieser Waren in ihrer Umschmelzung zu einer neuen Ware durchlaufen.

Bisher wurde die Ware unter doppeltem Gesichtspunkt betrachtet, als Gebrauchswert und als Tauschwert, jedesmal einseitig. Als Ware jedoch ist sie unmittelbar Einheit von Gebrauchswert und Tauschwert; zugleich ist sie Ware nur in Beziehung auf die anderen Waren. Die wirkliche Beziehung der Waren aufeinander ist ihr Austauschprozeß. Es ist dies gesellschaftlicher Prozeß, den die von einander unabhängigen Individuen eingehen, aber sie gehen ihn nur ein als Warenbesitzer;

ihr wechselseitiges Dasein für einander ist das Dasein ihrer Waren, und so erscheinen sie in der Tat nur als bewußte Träger des Austauschprozesses.

Die Ware ist Gebrauchswert, Weizen, Leinwand, Diamant, Maschine 2c., aber als Ware ist sie zugleich nicht Gebrauchswert. Wäre sie Gebrauchswert für ihren Besitzer, das heißt unmittelbar Mittel zur Befriedigung seiner eigenen Bedürfnisse, so wäre sie nicht Ware. Für ihn ist sie vielmehr Nicht-Gebrauchswert, nämlich bloß stofflicher Träger des Tauschwerts, oder bloßes Tauschmittel; als aktiver Träger des Tauschwerts wird der Gebrauchswert Tauschmittel. Für ihn ist sie Gebrauchswert nur noch als Tauschwert.[1] Als Gebrauchswert muß sie daher erst werden, zunächst für andere. Da sie nicht Gebrauchswert für ihren eigenen Besitzer, ist sie Gebrauchswert für Besitzer anderer Ware. Wenn nicht, war seine Arbeit nutzlose Arbeit, ihr Resultat also nicht Ware. Andererseits muß sie Gebrauchswert für ihn selbst werden, denn außer ihr, in den Gebrauchswerten fremder Waren, existieren seine Lebensmittel. Um als Gebrauchswert zu werden, muß die Ware dem besonderen Bedürfnis gegenüber treten, wofür sie Gegenstand der Befriedigung ist. Die Gebrauchswerte der Waren werden also als Gebrauchswerte, indem sie allseitig die Stellen wechseln, aus der Hand, worin sie Tauschmittel, übergehen in die Hand, worin sie Gebrauchsgegenstände. Nur durch diese allseitige Entäußerung der Waren wird die in ihnen enthaltene Arbeit nützliche Arbeit. In dieser prozessierenden Beziehung der Waren auf einander als Gebrauchswerte erhalten sie keine neue ökonomische Formbestimmtheit. Vielmehr verschwindet die Formbestimmtheit, die sie als Ware charakterisierte. Brot zum Beispiel in dem Übergang aus der Hand des Bäckers

---

[1] Es ist in dieser Bestimmtheit, daß Aristoteles (siehe die im Eingang des Kapitels zitierte Stelle) den Tauschwert auffaßt.

in die Hand des Konsumenten ändert nicht sein Dasein als Brot. Umgekehrt, erst der Konsument bezieht sich auf es als Gebrauchswert, als dies bestimmte Nahrungsmittel, während es in der Hand des Bäckers Träger eines ökonomischen Verhältnisses, ein sinnlich übersinnliches Ding war. Der einzige Formwechsel, den die Waren in ihrem Werden als Gebrauchswerte eingehen, ist also die Aufhebung ihres formellen Daseins, worin sie Nicht=Gebrauchswert für ihren Besitzer, Gebrauchswert für ihren Nichtbesitzer waren. Das Werden der Waren als Gebrauchswerte unterstellt ihre allseitige Entäußerung, ihr Eingehen in den Austauschprozeß, aber ihr Dasein für den Austausch ist ihr Dasein als Tauschwerte. Um sich daher als Gebrauchswerte zu verwirklichen, müssen sie sich als Tauschwerte verwirklichen.

Erschien die einzelne Ware unter dem Gesichtspunkt des Gebrauchswerts ursprünglich als selbständiges Ding, so war sie dagegen als Tauschwert von vornherein in Beziehung auf alle anderen Waren betrachtet. Diese Beziehung jedoch war nur eine theoretische, gedachte. Betätigt wird sie nur im Austauschprozeß. Andererseits ist die Ware zwar Tauschwert, sofern ein bestimmtes Quantum Arbeitszeit in ihr aufgearbeitet und sie daher vergegenständlichte Arbeitszeit ist. Aber, wie sie unmittelbar ist, ist sie nur vergegenständlichte individuelle Arbeitszeit von besonderem Inhalt, nicht allgemeine Arbeitszeit. Sie ist daher nicht unmittelbar Tauschwert, sondern muß erst solcher werden. Zunächst kann sie nur Vergegenständlichung der allgemeinen Arbeitszeit sein, soweit sie Arbeitszeit in bestimmter nützlicher Anwendung, also in einem Gebrauchswert darstellt. Dies war die stoffliche Bedingung, unter der allein die in den Waren enthaltene Arbeitszeit als allgemeine, gesellschaftliche vorausgesetzt war. Wenn die Ware daher nur als Gebrauchswert werden kann, indem sie sich als Tauschwert verwirklicht, kann sie sich andererseits nur als Tauschwert verwirklichen, indem sie sich in ihrer Entäußerung als Gebrauchswert bewährt. Eine Ware kann als Gebrauchswert nur an den veräußert werden, für den sie Gebrauchswert ist, das heißt Gegenstand besonderen Bedürfnisses. Andererseits wird sie nur veräußert gegen eine andere Ware, oder, wenn wir uns auf die Seite des Besitzers der anderen Ware stellen, kann er seine Ware ebenfalls nur veräußern, das heißt verwirklichen, indem er sie in Kontakt mit dem besonderen Bedürfnis bringt, dessen Gegenstand sie ist. In der allseitigen Entäußerung der Waren als Gebrauchswerte, werden sie daher aufeinander bezogen nach ihrer stofflichen Verschiedenheit als besondere Dinge, die durch ihre spezifischen Eigenschaften besondere Bedürfnisse befriedigen. Aber als solche bloße Gebrauchswerte sind sie gleichgültige Existenzen für einander und vielmehr beziehungslos. Als Gebrauchswerte können sie nur ausgetauscht werden in Beziehung auf besondere Bedürfnisse. Austauschbar aber sind sie nur als Äquivalente, und Äquivalente sind sie nur als gleiche Quanta vergegenständlichter Arbeitszeit, so daß alle Rücksicht auf ihre natürlichen Eigenschaften als Gebrauchswerte und daher auf das Verhältnis der Waren zu besonderen Bedürfnissen ausgelöscht ist. Als Tauschwert betätigt sich eine Ware vielmehr, indem sie als Äquivalent beliebig bestimmtes Quantum jeder anderen Ware ersetzt, gleichgültig, ob sie für den Besitzer der anderen Ware Gebrauchswert ist oder nicht ist. Aber für den Besitzer der anderen Ware wird sie nur Ware, sofern sie Gebrauchswert für ihn ist, und für ihren eigenen Besitzer wird sie nur Tauschwert, soweit sie Ware für den anderen ist. Dieselbe Beziehung also soll Beziehung der Waren als wesentlich gleicher, nur quantitativ verschiedener Größen, soll ihre Gleichsetzung als Materiatur der allgemeinen Arbeitszeit und soll gleichzeitig ihre Beziehung als qualitativ verschiedene Dinge, als besondere Gebrauchswerte für besondere Bedürfnisse, kurz sie als wirkliche Gebrauchswerte unterscheidende Beziehung sein. Aber diese Gleichsetzung und Ungleichsetzung schließen sich wechselseitig aus. So stellt sich nicht nur ein fehlerhafter Zirkel von Problemen dar, indem die Lösung des einen die Lösung des anderen voraussetzt, sondern ein Ganzes widersprechender Forderungen, indem die Erfüllung einer Bedingung unmittelbar gebunden ist an die Erfüllung ihres Gegenteils.

Der Austauschprozeß der Waren muß sowohl die Entfaltung wie die Lösung dieser Widersprüche sein, die sich in ihm jedoch nicht in dieser einfachen Weise darstellen können. Wir haben nur zugesehen, wie die Waren selbst wechselseitig aufeinander als Gebrauchswerte bezogen werden, das heißt wie die Waren als Gebrauchswerte innerhalb des Austauschprozesses auftreten. Der Tauschwert dagegen, wie wir ihn bisher betrachtet, war bloß da in unserer Abstraktion, oder, wenn man will, in der Abstraktion des einzelnen Warenbesitzers, dem die Ware als Gebrauchswert auf dem Speicher und als Tauschwert auf dem Gewissen liegt. Die Waren selbst müssen aber innerhalb des Austauschprozesses nicht nur als Gebrauchswerte, sondern als Tauschwerte füreinander da sein, und dies ihr Dasein soll als ihre eigene Beziehung aufeinander erscheinen. Die Schwierigkeit, an der wir zunächst stockten, war, daß um sich als Tauschwert, als vergegenständlichte Arbeit darzustellen, die Ware zuvor als Gebrauchswert entäußert, an den Mann gebracht sein muß, während ihre Entäußerung als Gebrauchswert umgekehrt ihr Dasein als Tauschwert voraussetzt. Aber gesetzt, diese Schwierigkeit sei gelöst. Die Ware habe ihren besonderen Gebrauchswert abgestreift und durch dessen Entäußerung die stoffliche Bedingung erfüllt, gesellschaftlich nützliche Arbeit zu sein, statt besondere Arbeit des einzelnen für sich selbst. So muß sie dann im Austauschprozeß als Tauschwert, allgemeines Äquivalent, vergegenständlichte allgemeine Arbeitszeit für die anderen Waren werden und so nicht mehr die beschränkte Wirkung eines besonderen Gebrauchswerts, sondern die unmittelbare Darstellungsfähigkeit in allen Gebrauchswerten als ihren Äquivalenten erhalten. Jede Ware aber ist die Ware, die so durch Entäußerung ihres besonderen Gebrauchswerts als direkte Materiatur der allgemeinen Arbeitszeit erscheinen muß. Andererseits aber stehen sich im Austauschprozeß nur besondere Waren gegenüber, in besonderen Gebrauchswerten verkörperte Arbeiten von Privatindividuen. Die allgemeine Arbeitszeit selbst ist eine Abstraktion, die als solche für die Waren nicht existiert.

Betrachten wir die Summe von Gleichungen, worin der Tauschwert einer Ware seinen realen Ausdruck findet, zum Beispiel:

1 Elle Leinwand = 2 Pfund Kaffee,
1 Elle Leinwand = ½ „ Tee,
1 Elle Leinwand = 8 „ Brot u. s. w.

so besagen diese Gleichungen zwar nur, daß allgemeine, gesellschaftliche Arbeitszeit von gleicher Größe sich in 1 Elle Leinwand, 2 Pfd. Kaffee, ½ Pfd. Tee u. s. w. vergegenständlicht. Aber in der Tat werden die individuellen Arbeiten, die sich in diesen besonderen Gebrauchswerten darstellen, nur zu allgemeiner und in dieser Form zu gesellschaftlicher Arbeit, indem sie sich wirklich gegeneinander austauschen im Verhältnis der Zeitdauer der in ihnen enthaltenen Arbeit. Die gesellschaftliche Arbeitszeit existiert sozusagen nur latent in diesen Waren und offenbart sich erst in ihrem Austauschprozeß. Es wird nicht ausgegangen von der Arbeit der Individuen als gemeinschaftlicher, sondern umgekehrt von besonderen Arbeiten von Privatindividuen, Arbeiten, die sich erst im Austauschprozeß durch Aufhebung ihres ursprünglichen Charakters, als allgemeine gesellschaftliche Arbeit beweisen. Die allgemein gesellschaftliche Arbeit ist daher nicht fertige Voraussetzung, sondern werdendes Resultat. Und so ergibt sich die neue Schwierigkeit, daß die Waren einerseits als vergegenständlichte allgemeine Arbeitszeit in den Austauschprozeß eingehen müssen, andererseits die Vergegenständlichung der Arbeitszeit der Individuen als allgemeiner selbst nur Produkt des Austauschprozesses ist.

Jede Ware soll durch Entäußerung ihres Gebrauchswerts, also ihrer ursprünglichen Existenz, ihre entsprechende Existenz als Tauschwert erhalten. Die Ware muß daher im Austauschprozeß ihre Existenz verdoppeln. Andererseits kann ihre zweite Existenz als Tauschwert selbst nur eine andere Ware sein, denn im Austauschprozeß stehen sich nur Waren gegenüber. Wie eine besondere Ware unmittelbar darstellen als **vergegenständlichte allgemeine Arbeitszeit**, oder, was dasselbe ist, wie der individuellen Arbeitszeit, die in einer besonderen Ware vergegenständlicht ist, unmittelbar den Charakter der Allgemeinheit geben? Der reale Ausdruck des Tauschwerts einer Ware, d. h. jeder Ware als allgemeinen Äquivalents, stellt sich dar in einer unendlichen Summe von Gleichungen wie:

$$1 \text{ Elle Leinwand} = 2 \text{ Pfund Kaffee,}$$
$$1 \text{ Elle Leinwand} = 1/2 \text{ „ Tee,}$$
$$1 \text{ Elle Leinwand} = 8 \text{ „ Brot,}$$
$$1 \text{ Elle Leinwand} = 6 \text{ Ellen Kattun,}$$
$$1 \text{ Elle Leinwand} = \text{u. s. w.}$$

Diese Darstellung war theoretisch, soweit die Ware als bestimmtes Quantum vergegenständlichter allgemeiner Arbeitszeit nur **gedacht** war. Das Dasein einer besonderen Ware als allgemeines Äquivalent wird aus bloßer Abstraktion **gesellschaftliches Resultat des Austauschprozesses** selbst durch einfache Umkehrung der obigen Reihe von Gleichungen. Also zum Beispiel:

$$2 \text{ Pfund Kaffee} = 1 \text{ Elle Leinwand,}$$
$$1/2 \text{ „ Tee} = 1 \text{ Elle Leinwand,}$$
$$8 \text{ „ Brot} = 1 \text{ Elle Leinwand,}$$
$$6 \text{ Ellen Kattun} = 1 \text{ Elle Leinwand.}$$

Indem Kaffee, Tee, Brot, Kattun, kurz alle Waren, die in ihnen selbst enthaltene Arbeitszeit in Leinwand ausdrücken, entfaltet sich der Tauschwert der Leinwand umgekehrt in allen anderen Waren als ihren Äquivalenten und wird die in ihr selbst vergegenständlichte Arbeitszeit unmittelbar die allgemeine Arbeitszeit, die sich gleichmäßig in verschiedenen Volumen aller anderen Waren darstellt. Die Leinwand wird hier **allgemeines Äquivalent durch die allseitige Aktion aller anderen Waren auf sie.** Als Tauschwert wurde jede Ware zum Maß der Werte aller anderen Waren. Hier umgekehrt, indem alle Waren ihren Tauschwert in einer besonderen Ware messen, wird die ausgeschlossene Ware abäquates Dasein des Tauschwerts, sein Dasein als allgemeines Äquivalent. Dagegen schrumpfen die eine unendliche Reihe oder die unendlich vielen Gleichungen, worin der Tauschwert jeder Ware sich darstellte, in eine einzige Gleichung von nur 2 Gliedern zusammen. 2 Pfund Kaffee = 1 Elle Leinwand ist jetzt der erschöpfende Ausdruck des Tauschwerts von Kaffee, da er in diesem Ausdruck unmittelbar als Äquivalent für bestimmtes Quantum jeder anderen Ware erscheint. Innerhalb des Austauschprozesses sind also jetzt die Waren füreinander da oder erscheinen einander als Tauschwerte in der Form Leinwand. Daß alle Waren als Tauschwerte aufeinander bezogen sind, als nur verschiedene Quanta vergegenständlichter allgemeiner Arbeitszeit, erscheint jetzt so, daß sie als Tauschwerte nur verschiedene Quanta desselben Gegenstandes, der Leinwand, darstellen. Die allgemeine Arbeitszeit stellt sich daher ihrerseits dar als ein besonderes Ding, eine Ware neben und außer allen anderen Waren. Zugleich aber ist die Gleichung, worin sich Ware für Ware als Tauschwerth darstellt, z. B. 2 Pfund Kaffee = 1 Elle Leinwand, noch zu verwirklichende Gleichsetzung. Nur durch ihre Veräußerung als Gebrauchswert, die davon abhängt, ob sie sich als Gegenstand eines Bedürfnisses im Austauschprozeß bewährt, verwandelt sie sich wirklich aus ihrem Dasein Kaffee in ihr Dasein Leinwand, nimmt so die Form des allgemeinen Äquivalents an und wird wirklich Tauschwert für alle anderen Waren. Umgekehrt dadurch, daß alle Waren durch ihre Entäußerung als Gebrauchswerte sich in Leinwand verwandeln, wird die Leinwand das verwandelte Dasein aller anderen Waren und nur als Resultat dieser Verwandlung aller anderen Waren in sie unmittelbar Vergegenständlichung der allgemeinen Arbeitszeit, d. h. Produkt der allseitigen Entäußerung, Aufhebung der individuellen Arbeiten. Verdoppeln die Waren so, um als Tauschwerte füreinander zu erscheinen, ihre Existenz, so verdoppelt die als allgemeines Äquivalent ausgeschlossene Ware ihren Verbrauchswert. Außer ihrem besonderen Gebrauchswert als besondere Ware, erhält sie einen allgemeinen Gebrauchswerth. Dieser ihr Gebrauchswert ist selbst Formbestimmtheit, d. h. geht aus der spezifischen Rolle hervor, die sie durch die allseitige Aktion der anderen Waren auf sie im Austauschprozeß spielt. Der Gebrauchswert jeder Ware als Gegenstand eines besonderen Bedürfnisses hat verschiedenen Wert in verschiedener Hand, zum Beispiel anderen Wert in der Hand dessen, der sie veräußert, als in der Hand dessen, der sie aneignet. Die als allgemeines Äquivalent ausgeschlossene Ware ist jetzt Gegenstand eines aus dem Austauschprozeß selbst hervorwachsenden allgemeinen Bedürfnisses und hat für jeden denselben Gebrauchswert, Träger des Tauschwerts zu sein, allgemeines Tauschmittel. So ist in der einen Ware der Widerspruch gelöst, den die Ware als solche einschließt, als besonderer Gebrauchswert zugleich allgemeines Äquivalent und daher Gebrauchswert für jeden, allgemeiner Gebrauchswert zu sein. Während also alle anderen Waren jetzt zunächst ihren Tauschwert als ideelle erst zu realisierende Gleichung mit der ausschließlichen Ware darstellen, erscheint bei dieser ausschließlichen Ware ihr Gebrauchswert, obgleich reell, in dem Prozeß selbst als bloßes Formdasein, das erst durch Verwandlung in wirkliche Gebrauchswerte zu realisieren ist. Ursprünglich stellte sich die Ware dar als Ware überhaupt, allgemeine Arbeitszeit vergegenständlicht in einem besonderen Gebrauchswert. Im Austauschprozeß beziehen sich alle Waren auf die ausschließliche Ware als Ware überhaupt, die Ware, Dasein der allgemeinen Arbeitszeit in einem besonderen Gebrauchswert. Als besondere Waren verhalten sie sich daher gegensätzlich zu einer besonderen Ware als der allgemeinen Ware.[1] Daß also die Warenbesitzer wechselseitig sich auf ihre Arbeiten als allgemeine gesellschaftliche Arbeit beziehen, stellt sich so dar, daß sie sich auf ihre Waren als Tauschwerte beziehen, die wechselseitige Beziehung der Waren aufeinander als Tauschwerte im Austauschprozeß als ihre allseitige Beziehung auf eine besondere Ware als adäquaten Ausdruck ihres Tauschwerts, was umgekehrt wieder erscheint als spezifische Beziehung dieser besonderen Ware zu allen anderen Waren und darum als bestimmter gleichsam naturwüchsig gesellschaftlicher Charakter eines Dinges. Die besondere Ware, die so das adäquate Dasein des Tauschwerts aller Waren darstellt, oder der Tauschwert der Waren als eine besondere, ausschließliche Ware, ist — Geld. Es ist eine Kristallisation des Tauschwerts der Waren, die sie im Austauschprozeß selbst bilden. Während daher die Waren innerhalb des Austauschprozesses als Gebrauchswerte füreinander werden, indem sie alle Formbestimmtheit abstreifen und sich aufeinander in ihrer unmittelbaren stofflichen Gestalt beziehen, müssen sie, um einander als Tauschwerte zu erscheinen, neue Formbestimmtheit annehmen, zur Geldbildung fortgehen. Das Geld ist nicht Symbol, so wenig wie das Dasein eines Gebrauchswerts als Ware Symbol ist. Daß ein gesell-

---

[1] Dieser Ausdruck findet sich bei Genovesi (Note zur 2. Aufl.).

schaftliches Produktionsverhältnis sich als ein außer den Individuen vorhandener Gegenstand und die bestimmten Beziehungen, die sie im Produktionsprozeß ihres gesellschaftlichen Lebens eingehen, sich als spezifische Eigenschaften eines Dinges darstellen, diese Verkehrung und nicht eingebildete, sondern prosaisch reelle Mystifikation charakterisiert alle gesellschaftlichen Formen der Tauschwert setzenden Arbeit. Im Geld erscheint sie nur frappanter als in der Ware.

Die notwendigen physischen Eigenschaften der besonderen Ware, worin sich das Geldsein aller Waren kristallisieren soll, soweit sie aus der Natur des Tauschwerts unmittelbar hervorgehen, sind beliebige Teilbarkeit, Gleichförmigkeit der Teile, und Unterschiedslosigkeit aller Exemplare dieser Ware. Als Materiatur der allgemeinen Arbeitszeit muß sie gleichartige Materiatur sein und fähig bloß quantitative Unterschiede darzustellen. Die andere notwendige Eigenschaft ist Dauerbarkeit ihres Gebrauchswerts, da sie innerhalb des Austauschprozesses ausdauern muß. Die edlen Metalle besitzen diese Eigenschaften in vorzüglichem Grade. Da das Geld nicht Produkt der Reflexion oder der Verabredung ist, sondern instinktartig im Austauschprozeß gebildet wird, haben sehr verschiedene, mehr oder minder unpassende Waren abwechselnd die Funktion des Geldes verrichtet. Die Notwendigkeit, auf einer gewissen Stufe der Entwicklung des Austauschprozesses, die Bestimmungen von Tauschwert und Gebrauchswert polarisch an die Waren zu verteilen, so daß eine Ware zum Beispiel als Tauschmittel figuriert, während die andere als Gebrauchswert veräußert wird, bringt es mit sich, daß überall die Ware oder auch mehrere Waren vom allgemeinsten Gebrauchswert zunächst zufällig die Rolle des Geldes spielen. Wenn nicht Gegenstand eines unmittelbar vorhandenen Bedürfnisses, sichert ihr Dasein als stofflich bedeutendster Bestandteil des Reichtums ihnen einen allgemeineren Charakter als den übrigen Gebrauchswerten.

Der unmittelbare Tauschhandel, die naturwüchsige Form des Austauschprozesses, stellt vielmehr die beginnende Umwandlung der Gebrauchswerte in Waren als die der Waren in Geld dar. Der Tauschwert erhält keine freie Gestalt, sondern ist noch unmittelbar an den Gebrauchswert gebunden. Es zeigt sich dies doppelt. Die Produktion selbst in ihrer ganzen Konstruktion ist gerichtet auf Gebrauchswert, nicht auf Tauschwert, und es ist daher nur durch ihren Überschuß über das Maß, worin sie für die Konsumtion erheischt sind, daß die Gebrauchswerte hier aufhören Gebrauchswerte zu sein und Mittel des Austausches werden, Ware. Andererseits werden sie Waren selbst nur innerhalb der Grenzen des unmittelbaren Gebrauchswerts, wenn auch polarisch verteilt, so daß die von den Warenbesitzern auszutauschenden Waren für beide Gebrauchswerte sein müssen, aber jede Gebrauchswert für ihren Nichtbesitzer. In der Tat erscheint der Austauschprozeß von Waren ursprünglich nicht im Schoß der naturwüchsigen Gemeinwesen,[1] sondern da, wo sie aufhören, an ihren Grenzen, den wenigen Punkten, wo sie in Kontakt mit anderen Gemeinwesen treten. Hier beginnt der Tauschhandel, und schlägt von da ins Innere des Gemeinwesens zurück, auf das er zersetzend wirkt. Die besonderen Gebrauchswerte, die im Tauschhandel zwischen verschiedenen Gemeinwesen Waren werden, wie Sklave, Vieh, Metalle, bilden daher meist das erste Geld innerhalb der Gemeinwesen selbst. Wir haben gesehen, wie sich der Tauschwert einer Ware in um so höherem Grade als Tauschwert darstellt, je länger die Reihe seiner Äquivalente oder je größer die Sphäre des Austausches für

---

[1] Aristoteles bemerkt dasselbe von der Privatfamilie aus dem ursprünglichen Gemeinwesen. Aber die ursprüngliche Form der Familie ist selbst Stammfamilie, aus deren historischer Analyse sich erst die Privatfamilie entwickelt. „ἐν μὲν οὖν τῇ πρώτῃ κοινωνίᾳ (τοῦτο δ'ἐστιν οἰκία) φανερὸν ὅτι οὐδέν ἐστιν ἔργον αὐτῆς (nämlich τῆς ἀλλαγῆς). (l. c.)

die Ware ist. Die allmähliche Erweiterung des Tauschhandels, Vermehrung der Austausche und Vervielfältigung der in den Tauschhandel kommenden Waren, entwickelt daher die Ware als Tauschwert, drängt zur Geldbildung und wirkt damit auflösend auf den unmittelbaren Tauschhandel. Die Ökonomen pflegen das Geld aus den äußeren Schwierigkeiten abzuleiten, worauf der erweiterte Tauschhandel stößt, vergessen aber dabei, daß diese Schwierigkeiten aus der Entwicklung des Tauschwerts und daher der gesellschaftlichen Arbeit als allgemeiner Arbeit entspringen. Zum Beispiel: Die Waren sind als Gebrauchswerte nicht beliebig teilbar, was sie als Tauschwerte sein sollen. Oder die Ware von A mag Gebrauchswert für B sein, während die Ware von B nicht Gebrauchswert für A ist. Oder die Warenbesitzer mögen ihre wechselseitig auszutauschenden unteilbaren Waren in ungleichen Wertproportionen bedürfen. In anderen Worten, unter dem Vorwand, den einfachen Tauschhandel zu betrachten, veranschaulichen sich die Ökonomen gewisse Seiten des Widerspruchs, den das Dasein der Ware als unmittelbare Einheit von Gebrauchswert und Tauschwert einhüllt. Andererseits halten sie dann konsequent am Tauschhandel als adäquater Form des Austauschprozesses der Waren fest, der nur mit gewissen technischen Unbequemlichkeiten verknüpft sei, wofür Geld ein pfiffig ausgedachtes Auskunftsmittel. Von diesem ganz flachen Standpunkt aus hat ein geistreicher englischer Ökonom. daher richtig behauptet, Geld sei ein bloß materielles Instrument, wie ein Schiff oder eine Dampfmaschine, aber nicht die Darstellung eines gesellschaftlichen Produktionsverhältnisses und folglich keine ökonomische Kategorie. Es werde daher nur mißbräuchlich in der politischen Ökonomie, die in der Tat nichts mit der Technologie gemein hat, abgehandelt.[1]

[1] „Money is, in fact, only the instrument for carrying on buying and selling (but, if you please, what do you understand

In der Warenwelt ist eine entwickelte Teilung der Arbeit vorausgesetzt, oder stellt sich vielmehr unmittelbar in der Mannigfaltigkeit der Gebrauchswerte dar, die sich als besondere Waren gegenübertreten und in denen ebenso mannigfaltige Arbeitsweisen stecken. Die Teilung der Arbeit, als Totalität aller besonderen produktiven Beschäftigungsweisen, ist die Gesamtgestalt der gesellschaftlichen Arbeit nach ihrer stofflichen Seite, als Gebrauchswerte produzierende Arbeit betrachtet. Als solche aber existiert sie, vom Standpunkt der Waren aus und innerhalb des Austauschprozesses nur in ihrem Resultat, in der Besonderung der Waren selbst.

Der Austausch der Waren ist der Prozeß, worin der gesellschaftliche Stoffwechsel, d. h. der Austausch der besonderen Produkte der Privatindividuen, zugleich Erzeugung bestimmter gesellschaftlicher Produktionsverhältnisse ist, welche die Individuen in diesem Stoffwechsel eingehen. Die prozessierenden Beziehungen der Waren aufeinander kristallisieren sich als unterschiedene Bestimmungen des allgemeinen Äquivalents und so ist der Austauschprozeß zugleich Bildungsprozeß des Geldes. Das Ganze dieses Prozesses, der sich als ein Verlauf verschiedener Prozesse darstellt, ist die **Zirkulation**.

---

by buying and selling?) and the consideration of it no more forms a part of the science of political economy, than the consideration of ships, or steam engines, or of any other instrument employed to facilitate the production and distribution of wealth." Th. Hodgskin: „Popular Political Economy etc." London 1827, p. 178, 179.

A. Historisches zur Analyse der Ware.

Die Analyse der Ware auf Arbeit in Doppelform, des Gebrauchswerts auf reale Arbeit oder zweckmäßig produktive Tätigkeit, des Tauschwerts auf Arbeitszeit oder gleiche gesellschaftliche Arbeit, ist das kritische Endergebnis der mehr als anderthalbhundertjährigen Forschungen der klassischen politischen Ökonomie, die in England mit William Petty, in Frankreich mit Boisguillebert[1] beginnt, in England mit Ricardo, in Frankreich mit Sismondi abschließt.

Petty löst den Gebrauchswert in Arbeit auf, ohne sich über die Naturbedingtheit ihrer schöpferischen Kraft zu täuschen. Die wirkliche Arbeit faßt er sofort in ihrer gesellschaftlichen Gesamtgestalt, als Teilung der Arbeit.[2] Diese Anschauung von der

---

[1] Eine vergleichende Arbeit über die Schriften und Charaktere Pettys und Boisguilleberts, abgesehen von dem Schlaglicht, das sie auf den sozialen Gegensatz Englands und Frankreichs am Ende des siebzehnten und Anfang des achtzehnten Jahrhunderts werfen würde, wäre die genetische Darstellung des nationalen Kontrastes zwischen englischer und französischer politischer Ökonomie. Derselbe Kontrast wiederholt sich abschließend in Ricardo und Sismondi.

[2] Petty hat die Teilung der Arbeit auch als Produktivkraft entwickelt, und zwar in großartigerer Anlage als Adam Smith. Siehe: „An essay concerning the multiplication of mankind etc." 3. edition 1686, p. 35—36. Er zeigt hier die Vorteile der Teilung der Arbeit für die Produktion nicht nur an der Fabrikation einer Taschenuhr, wie Adam Smith später an der Fabrikation einer Nadel tat, sondern zugleich durch Betrachtung einer Stadt und eines ganzen Landes unter dem Gesichtspunkt großer Fabrikanstalten. Der Spektator vom 26. November 1711 bezieht sich auf diese „illustration of the admirable Sir William Petty". Mac Culloch vermutet also fälschlich, daß der Spektator Petty mit einem vierzig Jahre jüngeren Schriftsteller verwechselt. Siehe: Mac Culloch: „The Litterature of Political Economy, a classified catalogue." London 1845, p. 105. Petty fühlt sich als Gründer einer neuen Wissenschaft. Seine Methode, sagt er, sei „nicht die herkömmliche". Statt eine Reihe komparativer und superlativer Worte und spekulativer Argumente zusammen zu flechten, habe er es unternommen, in terms of number,

Quelle des stofflichen Reichtums bleibt nicht, wie etwa bei seinem Zeitgenossen Hobbes, mehr oder minder unfruchtbar, sondern leitet ihn zur **politischen Arithmetik**, der ersten Form, worin die politische Ökonomie sich als selbständige Wissenschaft abscheidet.

weight or measure zu sprechen, sich einzig aus sinnlicher Erfahrung abgeleiteter Argumente zu bedienen, und nur solche Ursachen zu betrachten, as have visible foundations in nature. Der Betrachtung anderer überlasse er die Ursachen, die abhängen von den mutable minds, opinions, appetites and passions of particular men. (Political Arithmetic etc. London 1699. Preface.) Seine geniale Kühnheit zeigt sich zum Beispiel in dem Vorschlag, alle Einwohner und Mobilien Irlands und Hochschottlands nach dem Rest von Großbritannien zu transportieren. Damit würde Arbeitszeit gespart, die Produktivkraft der Arbeit vermehrt, und „der König und seine Untertanen reicher und stärker werden". (Pol. Arith. Ch. 4.) Oder in dem Kapitel seiner politischen Arithmetik, worin er zu einer Zeit, wo Holland eine stets noch vorwiegende Rolle als Handelsnation spielte und Frankreich herrschende Handelsmacht zu werden schien, Englands Beruf zur Eroberung des Weltmarkts beweist: „That the king of England's subjects have stock competent and convenient to drive the trade of the whole commercial world." (l. c. Ch. 10.) „That the impediments of Englands greatness are but contingent and removeable." p. 247 seq. Ein origineller Humor durchströmt alle seine Schriften. So zeigt er zum Beispiel nach, daß es mit natürlichen Dingen zugegangen sei, als Holland, damals ganz so das Musterland für englische Ökonomen, wie England es jetzt für kontinentale Ökonomen ist, den Weltmarkt eroberte „without such angelical wits and judgments, as some attribute to the Hollanders". (l. c. p. 175, 176.) Er verteidigt die Gewissensfreiheit als Bedingung des Handels, „weil die Armen fleißig seien und Arbeit und Industrie als Pflicht gegen Gott betrachten, solange man ihnen nur erlaube, zu denken, daß sie, die weniger Reichtum haben, mehr Witz und Verstand in göttlichen Dingen hätten, welches sie als spezielles Eigentum der Armen betrachten". Der Handel sei daher „nicht fixiert an irgend eine Art Religion, aber eher stets an den heterodoxen Teil des Ganzen". (l. c. p. 183—186.) Er bevorwortet eigene öffentliche Abgaben für Spitzbuben, weil es besser für das Publikum sei, sich selbst für die Spitzbuben zu besteuern, als sich von ihnen besteuern zu lassen. (l. c. p. 199.) Dagegen verwirft er die Steuern, die Reichtum von industrieller Hand übertragen auf solche, die „nichts tun als essen, trinken, singen, spielen, tanzen und Metaphysik betreiben". Pettys Schriften sind beinahe buchhändlerische Raritäten und nur in alten schlechten

Den Tauschwert jedoch nimmt er wie er im Austauschprozeß der Waren erscheint, als Geld, und das Geld selbst als existierende Ware, als Gold und Silber. In den Vorstellungen des Monetarsystems befangen, erklärt er die besondere Art realer Arbeit, wodurch Gold und Silber erworben wird, für Tauschwert setzende Arbeit. Er meint in der Tat, daß die bürgerliche Arbeit nicht unmittelbaren Gebrauchswert produzieren muß, sondern Ware, einen Gebrauchswert, der fähig ist durch seine Entäußerung im Austauschprozeß sich als Gold und Silber darzustellen, d. h. als Geld, d. h. als Tauschwert, d. h. als vergegenständlichte allgemeine Arbeit. Sein Beispiel zeigt indes schlagend, daß die Erkenntnis der Arbeit als Quelle des stofflichen Reichtums keineswegs die Verkennung der bestimmten gesellschaftlichen Form ausschließt, worin die Arbeit Quelle des Tauschwerts ist.

Boisguillebert seinerseits löst, wenn nicht bewußt, so tatsächlich den Tauschwert der Ware in Arbeitszeit auf, indem er den „wahren Wert" (la juste valeur) durch die richtige Proportion bestimmt, worin die Arbeitszeit der Individuen auf die besonderen Industriezweige verteilt wird, und die freie Konkurrenz als den gesellschaftlichen Prozeß darstellt, der diese richtige Pro-

---

Ausgaben zerstreut vorhanden, was um so wunderlicher, als William Petty nicht nur der Vater der englischen Nationalökonomie, sondern zugleich der Vorfahre von Henry Petty alias Marquis of Lansdowne, dem Nestor der englischen Whigs. Die Familie Lansdowne könnte indes kaum eine Gesamtausgabe von Pettys Werken veranstalten, ohne sie mit seiner Lebensgeschichte einzuleiten, und hier gilt, was von den meisten origines der großen Whigfamilien, the less said of them the better. Der denkkühne, aber grundfrivole Armeechirurgus, der ebenso geneigt war, unter Cromwells Ägide in Irland zu plündern, als von Karl II. den nötigen Baronettitel für den Plunder zu erkriechen, ist ein Ahnenbild kaum passend zu öffentlicher Schaustellung. Überdem sucht Petty in den meisten Schriften, die er bei Lebzeiten herausgab, zu beweisen, daß Englands Blütezeit unter Karl II. fällt, eine heterodoxe Ansicht dies für erbliche Exploiteurs der „glorious revolution".

portion schaffe. Gleichzeitig aber und im Kontrast zu Petty, kämpft er fanatisch an gegen das Geld, das durch seine Dazwischenkunft das natürliche Gleichgewicht oder die Harmonie des Warenaustausches störe und, ein phantastischer Moloch, allen natürlichen Reichtum zum Opfer verlange. Wenn nun einerseits diese Polemik gegen das Geld mit bestimmten historischen Umständen zusammenhängt, indem Boisguillebert die blindzerstörende Goldgier des Hofes eines Ludwig XIV., seiner Finanzpächter und seines Adels befehdet,[1] während Petty in der Goldgier den tatkräftigen Trieb feiert, der ein Volk zur industriellen Entwicklung und zur Eroberung des Weltmarkts stachelt, springt hier jedoch zugleich der tiefere prinzipielle Gegensatz hervor, der sich als beständiger Kontrast zwischen echt englischer und echt französischer[2] Ökonomie wiederholt. Boisguillebert sieht in der Tat nur auf den stofflichen Inhalt des Reichtums, den Gebrauchswert, den Genuß,[3] und betrachtet die bürgerliche Form der Arbeit, die Produktion der Gebrauchswerte als Waren und den Austauschprozeß der Waren als die naturgemäße gesellschaftliche Form, worin die

---

[1] Im Gegensatz zur „schwarzen Finanzkunst" der damaligen Zeit sagt Boisguillebert: „La science financière n'est que la connaissance approfondie des intérêts de l'agriculture et du commerce." Le Détail de la France, 1697. Ausgabe von Eugène Daire der Economistes financiers du XVIII. siècle. Paris 1843, vol. I, p. 251.

[2] Nicht romanischer Ökonomie, denn die Italiener in den beiden Schulen, der Neapolitanischen und der Mailändischen, wiederholen den Gegensatz von englischer und französischer Ökonomie, während die Spanier der früheren Epoche entweder bloß Merkantilisten sind, und modifizierte Merkantilisten wie Ustariz, oder wie Jovellanos (siehe seine Obras, Barcelona 1839/40) mit Adam Smith die „richtige Mitte" halten.

[3] „La véritable richesse ... jouissance entière, non seulement des besoins de la vie, mais même de tous les superflus et de tout, ce qui peut fair plaisir à la sensualité." Boisguillebert: „Dissertation sur la nature de la richesse" etc., l. c., p. 403. Während aber Petty ein frivoler, plünderungslustiger und charakterloser Abenteurer war, trat Boisguillebert, obgleich einer der Intendanten Ludwig XIV., mit ebensoviel Geist als Kühnheit für die unterdrückten Klassen auf.

individuelle Arbeit jenen Zweck erreiche. Wo ihm daher der spezifische Charakter des bürgerlichen Reichtums gegenübertritt, wie im Geld, glaubt er an Zwischendrängen usurpierender fremder Elemente und ereifert sich gegen die bürgerliche Arbeit in der einen Form, während er sie zugleich in der anderen Form utopistisch verklärt.[1] Boisguillebert liefert uns den Beweis, daß die Arbeitszeit als Maß der Wertgröße der Waren behandelt werden kann, obgleich die im Tauschwert der Waren vergegenständlichte und durch die Zeit gemessene Arbeit mit der unmittelbaren natürlichen Tätigkeit der Individuen verwechselt wird.

Die erste bewußte, beinahe trivial klare Analyse des Tauschwerts auf Arbeitszeit findet sich bei einem Manne der neuen Welt, wo die bürgerlichen Produktionsverhältnisse, gleichzeitig mit ihren Trägern importiert, rasch aufschossen in einem Boden, der seinen Mangel an historischer Tradition durch einen Überfluß von Humus aufwog. Der Mann ist Benjamin Franklin, der in seiner ersten Jugendarbeit, geschrieben 1719, zum Druck befördert 1721, das Grundgesetz der modernen politischen Ökonomie formulierte.[2] Er erklärt es für nötig, ein anderes Maß der Werte als die edeln Metalle zu suchen. Dies sei die Arbeit. „Durch Arbeit kann der Wert von Silber ebensogut gemessen werden wie der aller anderen Dinge. Unterstelle zum Beispiel ein Mann sei beschäftigt, Korn zu produzieren, während ein anderer Silber gräbt und raffiniert. Am Ende des Jahres oder nach irgend einer anderen bestimmten Zeitperiode, sind das volle Produkt von Korn und das von Silber natürliche Preise voneinander, und wenn das eine 20 Bushel, das andere 20 Unzen ist,

---

[1] Der französische Sozialismus in der Form Proudhon leidet an demselben nationalen Erbübel.

[2] Franklin, B.: „The works of etc." ed. by I. Sparks vol. II. Boston 1836: „A modest inquiry into the nature and necessity of a paper currency."

dann ist eine Unze Silber wert die zur Produktion eines Bushels Korn verwandte Arbeit. Wenn aber durch die Entdeckung von näheren, leichter zugänglichen ergiebigeren Minen ein Mann nun 40 Unzen Silber produzieren kann, so leicht wie früher 20, und dieselbe Arbeit wie früher erforderlich bleibt zur Produktion von 20 Bushel Korn, dann werden 2 Unzen Silber nicht mehr wert sein, als dieselbe Arbeit verwandt zur Produktion von einem Bushel Korn, und der Bushel, welcher früher 1 Unze galt, wird nun 2 gelten, caeteris paribus. So ist der Reichtum eines Landes zu schätzen durch die Arbeitsquantität, die seine Einwohner fähig sind, zu kaufen."[1] Die Arbeitszeit stellt sich sofort bei Franklin ökonomistisch einseitig als Maß der Werte dar. Die Verwandlung der wirklichen Produkte in Tauschwerte versteht sich von selbst und es handelt sich daher nur um Auffindung eines Maßes für ihre Wertgröße. „Da, sagt er, der Handel überhaupt nichts ist als der Austausch von Arbeit gegen Arbeit, wird der Wert aller Dinge am richtigsten geschätzt durch Arbeit."[2] Setzt man hier wirkliche Arbeit an die Stelle des Worts Arbeit, so entdeckt man sofort die Vermischung von Arbeit in der einen Form, mit Arbeit in der anderen Form. Da Handel zum Beispiel im Austausch von Schusterarbeit, Minenarbeit, Spinnarbeit, Malerarbeit u. s. w. besteht, wird der Wert von Stiefeln am richtigsten geschätzt in Malerarbeit? Franklin meinte umgekehrt, daß der Wert von Stiefeln, Minenprodukten, Gespinst, Gemälden u. s. w. bestimmt wird durch abstrakte Arbeit, die keine besondere Qualität besitzt und daher durch bloße Quantität meßbar ist.[3] Da er

[1] l. c. p. 265. „Thus the riches of a country are to be valued by the quantity of labour its inhabitants are able to purchase."

[2] „Trade in general being nothing else but the exchange of labour for labour, the value of all things is, as I have said before, most justly measured by labour." l. c. p. 267.

[3] l. c.: „Remarks and facts relative to the American paper money." 1764.

aber die im Tauschwert enthaltene Arbeit nicht als die abstrakt allgemeine, aus der allseitigen Entäußerung der individuellen Arbeiten entspringende gesellschaftliche Arbeit entwickelt, verkennt er notwendig Geld als die unmittelbare Existenzform dieser entäußerten Arbeit. Geld und Tauschwert setzende Arbeit stehen ihm daher in keinem inneren Zusammenhange, sondern Geld ist vielmehr zur technischen Bequemlichkeit in den Austausch äußerlich hereingebrachtes Instrument.[1] Franklins Analyse des Tauschwerts blieb ohne unmittelbaren Einfluß auf den allgemeinen Gang der Wissenschaft, weil er nur vereinzelte Fragen der politischen Ökonomie bei bestimmten praktischen Anlässen behandelte.

Der Gegensatz zwischen wirklicher nützlicher Arbeit und Tauschwert setzender Arbeit bewegte Europa während des achtzehnten Jahrhunderts in der Form des Problems: welche besondere Art wirklicher Arbeit die Quelle des bürgerlichen Reichtums sei? So war vorausgesetzt, daß nicht jede Arbeit, die sich in Gebrauchswerten verwirklicht oder Produkte liefert, deshalb schon unmittelbar Reichtum schafft. Den Physiokraten jedoch, wie ihren Gegnern, ist die brennende Streitfrage nicht sowohl, welche Arbeit den Wert, sondern welche den Mehrwert schaffe. Sie behandeln also das Problem in komplizierter Form, bevor sie es in seiner elementarischen Form gelöst hatten, wie der geschichtliche Gang aller Wissenschaften durch eine Masse Kreuz- und Querzüge erst zu ihren wirklichen Ausgangspunkten führt. Im Unterschied von anderen Baumeistern, zeichnet die Wissenschaft nicht nur Luftschlösser, sondern führt einzelne wohnliche Stockwerke des Gebäudes auf, bevor sie seinen Grundstein legt. Indem wir hier nicht länger bei den Physiokraten verweilen und über eine ganze Reihe italienischer Ökonomen hinweggehen, die in mehr oder minder treffenden Einfällen an die richtige Analyse der Ware

---

[1] Siehe „Papers on American politics": „Remarks and facts relative to the American paper money." 1764. (l. c.)

anstreifen,¹ wenden wir uns sofort zu dem ersten Briten, der das Gesamtsystem der bürgerlichen Ökonomie bearbeitet hat, zu Sir James Steuart.² Wie bei ihm die abstrakten Kategorien der politischen Ökonomie noch im Prozeß der Scheidung von ihrem stofflichen Inhalt und daher verfließend und schwankend erscheinen, so die des Tauschwerts. An einer Stelle bestimmt er den realen Wert durch die Arbeitszeit (what a workman can perform in a day), woneben aber konfuserweise Salair und Rohmaterial figurieren.³ An einer anderen Stelle tritt das Ringen mit dem stofflichen Inhalt noch schlagender hervor. Er nennt das in einer Ware enthaltene natürliche Material, z. B. Silber in einem silbernen Flechtwerk, ihren inneren Wert (intrinsic worth), während er die in ihr enthaltene Arbeitszeit ihren Gebrauchswert (useful value) nennt. „Der erste", sagt er, „ist etwas an sich selbst Reales . . . der Gebrauchswert dagegen muß geschätzt werden nach der Arbeit, die es gekostet hat, ihn zu produzieren. Die Arbeit verwandt in der Modifikation des Stoffes repräsentiert eine Portion von der Zeit eines Mannes rc."⁴ Was Steuart vor seinen Vorgängern und Nachfolgern auszeichnet, ist die scharfe Unterscheidung zwischen der spezifisch gesellschaftlichen Arbeit, die sich im Tausch-

---

¹ Siehe z. B. Galiani: „Della Moneta" vol. 3 in den Scrittori Classici italiani di Economia politica. (Herausgegeben von Custodi.) Parte moderna Milano 1803. „La fatica, sagt er, è l'unica che dà valore alla cosa." p. 75. Die Bezeichnung der Arbeit als fatica ist charakteristisch für den Südländer.

² Steuarts Werk: „An Inquiry into the principles of political economy, being an essay on the science of domestic policy in free nations" erschien zuerst 1767 in zwei Quartbänden zu London. zehn Jahre vor Adam Smiths „Wealth of nations". Ich zitiere nach der Dubliner Ausgabe von 1770.

³ Steuart, l. c. t. I. p. 181—83.

⁴ Steuart, l. c. t. I. p. 361—62. „Represents a portion of a man's time."

werth darstellt und der realen Arbeit, die Gebrauchswerte erzielt. Die Arbeit, sagt er, die durch ihre Entäußerung (alienation) ein allgemeines Äquivalent schafft (universal equivalent), nenne ich **Industrie**. Die Arbeit als Industrie unterscheidet er nicht nur von der realen Arbeit, sondern von anderen gesellschaftlichen Formen der Arbeit. Sie ist ihm die bürgerliche Form der Arbeit im Gegensatz zu ihren antiken und mittelalterlichen Formen. Namentlich interessiert ihn der Gegensatz von bürgerlicher und feudaler Arbeit, welche letztere er in der Phase ihres Unterganges sowohl in Schottland selbst, als auch auf seinen ausgebreiteten Reisen auf dem Kontinent beobachtet hatte. Steuart wußte natürlich sehr wohl, daß das Produkt auch in vorbürgerlichen Epochen die Form der Ware und die Ware die Form des Geldes erhält, aber er weist ausführlich nach, daß die Ware als elementarische Grundform des Reichtums und die Entäußerung als die herrschende Form der Aneignung nur der bürgerlichen Produktionsperiode angehören, also der Charakter der Tauschwert setzenden Arbeit spezifisch bürgerlich ist.[1]

Nachdem die besonderen Formen der realen Arbeit wie Agrikultur, Manufaktur, Schiffahrt, Handel u. s. w. der Reihe nach als wahre Quellen des Reichtums behauptet worden, proklamierte Adam Smith die Arbeit überhaupt, und zwar in ihrer gesellschaftlichen Gesamtgestalt, als **Teilung der Arbeit**, als die einzige Quelle des stofflichen Reichtums oder der Gebrauchswerte. Während er hier das Naturelement gänzlich übersieht, verfolgt es ihn in die Sphäre des nur gesellschaftlichen Reichtums, des

---

[1] Die patriarchalische unmittelbar auf Schöpfung von Gebrauchswerten für den Besitzer des Landes gerichtete Agrikultur erklärt er daher für einen „Mißbrauch", zwar nicht in Sparta oder Rom oder selbst in Athen, wohl aber in den industriellen Ländern des achtzehnten Jahrhunderts. Diese „abusive agriculture" sei kein „trad", sondern „bloßes Subsistenzmittel". Wie die bürgerliche Agrikultur das Land von überflüssigen Mäulern, säubere die bürgerliche Manufaktur die Fabrik von überflüssigen Händen.

Tauschwerts. Adam bestimmt allerdings den Wert der Ware durch die in ihr enthaltene Arbeitszeit, verlegt dann aber wieder die Wirklichkeit dieser Wertbestimmung in die präadamitischen Zeiten. In anderen Worten, was ihm wahr erscheint auf dem Standpunkt der einfachen Ware, wird ihm unklar, sobald an ihre Stelle die höheren und komplizierteren Formen von Kapital, Lohnarbeit, Grundrente u. s. w. treten. Dies drückt er so aus, daß der Wert der Waren durch die in ihnen enthaltene Arbeitszeit gemessen wurde in dem paradise lost des Bürgertums, wo die Menschen sich noch nicht als Kapitalisten, Lohnarbeiter, Grundeigentümer, Pächter, Wucherer u. s. w., sondern nur als einfache Warenproduzenten und Warenaustauscher gegenübertraten. Er verwechselt beständig die Bestimmung des Werts der Waren durch die in ihnen enthaltene Arbeitszeit mit der Bestimmung ihrer Werte durch den Wert der Arbeit, schwankt überall in der Detaildurchführung und versieht die objektive Gleichung, die der Gesellschaftsprozeß gewaltsam zwischen den ungleichen Arbeiten vollzieht, für die subjektive Gleichberechtigung der individuellen Arbeiten.[1] Den Übergang aus der wirklichen Arbeit in die Tauschwert setzende Arbeit, d. h. die bürgerliche Arbeit in ihrer Grundform, sucht er durch die Teilung der Arbeit zu bewerkstelligen. So richtig es nun ist, daß Privat-

---

[1] So zum Beispiel sagt Adam Smith: „Gleiche Quantitäten der Arbeit müssen zu allen Zeiten und an allen Orten für den, welcher arbeitet, einen gleichen Wert haben. In seinem normalen Zustand von Gesundheit, Kraft und Tätigkeit, und mit dem Durchschnittsgrad von Geschicklichkeit, die er besitzen mag, muß er immer die nämliche Portion seiner Ruhe, Freiheit und seines Glücks geben. Welches also immer die Quantität von Waren sei, die er als Belohnung seiner Arbeit erhält, der Preis, den er zahlt, ist immer derselbe. Dieser Preis kann zwar bald eine kleinere, bald eine größere Quantität dieser Waren kaufen, aber bloß, weil ihr Wert wechselt, nicht der Wert der Arbeit, der sie kauft. Die Arbeit allein wechselt also nie ihren eigenen Wert. Sie ist also der Realpreis der Waren ꝛc."

austausch Teilung der Arbeit, so falsch ist es, daß Teilung der Arbeit den Privataustausch voraussetzt. Unter den Peruanern zum Beispiel war die Arbeit außerordentlich geteilt, obgleich kein Privataustausch, kein Austausch der Produkte als Waren stattfand.

Im Gegensatz zu Adam Smith arbeitete David Ricardo die Bestimmung des Werts der Ware durch die Arbeitszeit rein heraus und zeigt, daß dies Gesetz auch die ihm scheinbar widersprechendsten bürgerlichen Produktionsverhältnisse beherrscht. Ricardos Untersuchungen beschränken sich ausschließlich auf die Wertgröße, und mit Bezug auf diese ahnt er wenigstens, daß die Verwirklichung des Gesetzes von bestimmten historischen Voraussetzungen abhängt. Er sagt nämlich, daß die Bestimmung der Wertgröße durch die Arbeitszeit nur für die Waren gelte, „die durch die Industie beliebig vermehrt werden können und deren Produktion durch uneingeschränkte Konkurrenz beherrscht wird".[1] Es heißt dies in der Tat nur, daß das Gesetz des Wertes zu seiner völligen Entwicklung die Gesellschaft der großen industriellen Produktion und der freien Konkurrenz, d. h. die moderne bürgerliche Gesellschaft voraussetze. Im übrigen betrachtet Ricardo die bürgerliche Form der Arbeit als die ewige Naturform der gesellschaftlichen Arbeit. Den Urfischer und den Urjäger läßt er sofort als Warenbesitzer Fisch und Wild austauschen, im Verhältnis der in diesen Tauschwerten vergegenständlichten Arbeitszeit. Bei dieser Gelegenheit fällt er in den Anachronismus, daß Urfischer und Urjäger zur Berechnung ihrer Arbeitsinstrumente die 1817 auf der Londoner Börse gangbaren Annuitätentabellen zu Rate ziehen. Die „Parallelogramme des Herrn Owen" scheinen die einzige Gesellschaftsform, die er außer der bürgerlichen kannte. Obgleich umfangen von diesem bürgerlichen Horizont, zerlegt Ricardo die bürgerliche Ökonomie, die in der

---

[1] Ricardo, David: „On the principles of political economy and taxation." 3. edition. London 1821, p. 3.

Tiefe ganz anders aussieht, als sie auf der Oberfläche scheint, mit solch theoretischer Schärfe, daß Lord Brougham von ihm sagen konnte: „Mr. Ricardo seemed as if he had dropped from an other planet." In direkter Polemik mit Ricardo betonte Sismondi sowohl den spezifisch gesellschaftlichen Charakter der Tauschwert setzenden Arbeit,[1] wie er es als „Charakter unseres ökonomischen Fortschritts" bezeichnet, die Wertgröße auf notwendige Arbeitszeit zu reduzieren, auf „das Verhältnis zwischen dem Bedürfnis der ganzen Gesellschaft und der Quantität Arbeit, die hinreicht, dies Bedürfnis zu befriedigen".[2] Sismondi ist nicht mehr befangen in Boisguilleberts Vorstellung, daß die Tauschwert setzende Arbeit durch das Geld verfälscht werde, aber wie Boisguillebert das Geld, denunziert er das große industrielle Kapital. Wenn in Ricardo die politische Ökonomie rücksichtslos ihre letzte Konsequenz zieht und damit abschließt, ergänzt Sismondi diesen Abschluß, indem er ihren Zweifel an sich selbst darstellt.

Da Ricardo als Vollender der klassischen politischen Ökonomie die Bestimmung des Tauschwerts durch die Arbeitszeit am reinsten formuliert und entwickelt hat, konzentriert sich auf ihn natürlich die von ökonomischer Seite erhobene Polemik. Wird dieser Polemik die großenteils läppische[3] Form abgestreift, so faßt sie sich zusammen in folgenden Punkten:

Erstens: Die Arbeit selbst hat Tauschwert und verschiedene Arbeiten haben verschiedenen Tauschwert. Es ist ein fehlerhafter

---

[1] Sismondi: „Etudes sur l'Economie politique", t. II. Bruxelles 1837. „C'est l'opposition entre la valeur usuelle et la valeur échangeable à laquelle le commerce a reduit toute chose." p. 161.

[2] Sismondi, l. c. p. 163—166 seq.

[3] Am läppischsten wohl in den Annotationen von J. B. Say zur französischen Übersetzung Ricardos von Constancio und am pedantisch anmaßlichsten in der neulich erschienenen „Theory of Exchange", London 1858, des Herrn Mac Leod.

Zirkel, Tauschwert zum Maß von Tauschwert zu machen, da der messende Tauschwert selbst wieder des Maßes bedarf. Dieser Einwand löst sich auf in das Problem: Die Arbeitszeit als immanentes Maß des Tauschwerts gegeben, auf dieser Grundlage den Arbeitslohn zu entwickeln. Die Lehre von der Lohnarbeit gibt die Antwort.

Zweitens: Wenn der Tauschwert eines Produkts gleich ist der in ihm enthaltenen Arbeitszeit, ist der Tauschwert eines Arbeitstages gleich seinem Produkt. Oder der Arbeitslohn muß dem Produkt der Arbeit gleich sein.[1] Nun ist das Gegenteil der Fall. Ergo. Dieser Einwand löst sich auf in das Problem: Wie führt Produktion auf Basis des durch bloße Arbeitszeit bestimmten Tauschwerts zum Resultat, daß der Tauschwert der Arbeit kleiner ist, als der Tauschwert ihres Produkts? Dies Problem lösen wir in der Betrachtung des Kapitals.

Drittens: Der Marktpreis der Waren fällt unter oder steigt über ihren Tauschwert mit dem wechselnden Verhältnis von Nachfrage und Zufuhr. Der Tauschwert der Waren ist daher durch das Verhältnis von Nachfrage und Zufuhr bestimmt und nicht durch die in ihnen enthaltene Arbeitszeit. In

---

[1] Dieser von bürgerlich-ökonomischer Seite gegen Ricardo beigebrachte Einwand ward später von sozialistischer Seite aufgegriffen. Die theoretische Richtigkeit der Formel vorausgesetzt, wurde die Praxis des Widerspruchs gegen die Theorie bezichtigt und die bürgerliche Gesellschaft angegangen, praktisch die vermeinte Konsequenz ihres theoretischen Prinzips zu ziehen. In dieser Weise wenigstens kehrten englische Sozialisten die Ricardosche Formel des Tauschwerts gegen die politische Ökonomie. Herrn Proudhon blieb es vorbehalten, nicht nur das Grundprinzip der alten als Prinzip einer neuen Gesellschaft, sondern zugleich sich als den Erfinder der Formel zu verkünden, worin Ricardo das Gesamtergebnis der klassischen englischen Ökonomie zusammengefaßt hat. Es ist bewiesen worden, daß selbst die utopistische Auslegung der Ricardoschen Formel in England bereits verschollen war, als Herr Proudhon sie jenseits des Kanals „entdeckte". (Vergl. meine Schrift: „Misère de la Philosophie" etc. Paris 1847, den Paragraph über la valeur constituée.)

der Tat wird in diesem sonderbaren Schlusse nur die Frage aufgeworfen, wie sich auf Grundlage des Tauschwerts ein von ihm verschiedener Marktpreis entwickelt oder richtiger, wie das Gesetz des Tauschwerts nur in seinem eigenen Gegenteil sich verwirklicht. Dies Problem wird gelöst in der Lehre von der Konkurrenz.

Viertens: Der letzte Widerspruch und der scheinbar schlagendste, wenn er nicht wie gewöhnlich in der Form wunderlicher Exempel vorgebracht wird: Wenn der Tauschwert nichts ist als die in einer Ware enthaltene Arbeitszeit, wie können Waren, die keine Arbeit enthalten, Tauschwert besitzen, oder in anderen Worten, woher der Tauschwert bloßer Naturkräfte? Dies Problem wird gelöst in der Lehre von der Grundrente.

Zweites Kapitel.
Das Geld oder die einfache Zirkulation.

In einer Parlamentsdebatte über Sir Roberts Peels Bankakte von 1844 und 1845 bemerkte Gladstone, die Liebe selbst habe nicht mehr Menschen zu Narren gemacht, als das Grübeln über das Wesen des Geldes. Er sprach von Briten zu Briten. Holländer dagegen, Leute, die Pettys Zweifel zum Trotz von jeher einen „himmlischen Witz" besaßen für die Geldspekulation, haben nie ihren Witz verloren in Spekulation über das Geld.

Die Hauptschwierigkeit in der Analyse des Geldes ist überwunden, sobald sein Ursprung aus der Ware selbst begriffen ist. Unter dieser Voraussetzung handelt es sich nur noch darum, seine eigentümlichen Formbestimmtheiten rein aufzufassen, was einigermaßen erschwert wird, weil alle bürgerlichen Verhältnisse vergoldet oder versilbert, als Geldverhältnisse erscheinen und die

Geldform daher einen unendlich mannigfaltigen Inhalt zu besitzen scheint, der ihr selbst fremd ist.

In der folgenden Untersuchung ist festzuhalten, daß es sich nur um die Formen des Geldes handelt, die unmittelbar aus dem Austausch der Waren herauswachsen, nicht aber um seine, einer höheren Stufe des Produktionsprozesses angehörige Formen, wie zum Beispiel Kreditfeld. Der Vereinfachung wegen ist Gold überall als die Geldware unterstellt.

1. Maß der Werte.

Der erste Prozeß der Zirkulation ist sozusagen theoretischer vorbereitender Prozeß für die wirkliche Zirkulation. Die Waren, die als Gebrauchswert existieren, schaffen sich zunächst die Form, worin sie einander ideell als Tauschwert erscheinen, als bestimmte Quanta vergegenständlichter **allgemeiner Arbeitszeit**. Der erste notwendige Akt dieses Prozesses ist, wie wir sahen, daß die Waren eine spezifische Ware, sage Gold, als unmittelbare Materiatur der allgemeinen Arbeitszeit oder allgemeines Äquivalent ausschließen. Kehren wir einen Augenblick zurück zur Form, in welcher die Waren Gold in Geld verwandeln.

1 Tonne Eisen = 2 Unzen Gold,
1 Quarter Weizen = 1 Unze Gold,
1 Zentner Moccakaffee = $1/4$ Unze Gold,
1 Zentner Pottasche = $1/2$ Unze Gold,
1 Tonne Brasilisches Holz = $1\,1/2$ Unzen Gold,
Y Ware = X Unze Gold.

In dieser Reihe von Gleichungen erscheinen Eisen, Weizen, Kaffee, Pottasche u. s. w. einander als Materiatur gleichförmiger Arbeit, nämlich in Gold materialisierter Arbeit, worin alle Besonderheit der in ihren verschiedenen Gebrauchswerten dargestellten wirklichen Arbeiten völlig ausgelöscht ist. Als Wert sind sie identisch,

Materiatur derselben Arbeit oder dieselbe Materiatur der Arbeit, Gold. Als gleichförmige Materiatur derselben Arbeit zeigen sie nur einen Unterschied, quantitativen, oder erscheinen als verschiedene Wertgrößen, weil in ihren Gebrauchswerten ungleiche Arbeitszeit enthalten ist. Als diese einzelnen Waren verhalten sie sich zugleich als Vergegenständlichung der allgemeinen Arbeitszeit zu einander, indem sie sich zu der allgemeinen Arbeitszeit selbst als einer ausgeschlossenen Ware, Gold, verhalten. Dieselbe prozessierende Beziehung, wodurch sie sich füreinander als Tauschwerte darstellen, stellt die im Gold enthaltene Arbeitszeit als die allgemeine Arbeitszeit dar, wovon ein gegebenes Quantum sich in verschiedenen Quantis Eisen, Weizen, Kaffee 2c., kurz in den Gebrauchswerten aller Waren ausdrückt oder sich unmittelbar in der unendlichen Reihe der Warenäquivalente entfaltet. Indem die Waren allseitig ihre Tauschwerte in Gold ausdrücken, drückt Gold unmittelbar seinen Tauschwert in allen Waren aus. Indem die Waren sich selbst füreinander die Form des Tauschwerts geben, geben sie dem Gold die Form des allgemeinen Äquivalents oder Geldes.

Weil alle Waren ihre Tauschwerte in Gold messen, in dem Verhältnis, worin bestimmte Quantität Gold und bestimmte Quantität Ware gleichviel Arbeitszeit enthalten, wird das Gold zum Maß der Werte, und zunächst ist es nur durch diese Bestimmung als Maß der Werte, als welches sein eigener Wert sich unmittelbar in dem Gesamtumkreis der Warenäquivalente mißt, daß es allgemeines Äquivalent oder Geld wird. Andererseits drückt sich nun der Tauschwert aller Waren in Gold aus. Ein qualitatives und ein quantitatives Moment sind in diesem Ausdruck zu unterscheiden. Der Tauschwert der Ware ist vorhanden als Materiatur derselben gleichförmigen Arbeitszeit; die Wertgröße der Ware ist erschöpfend dargestellt, denn in dem Verhältnis, worin die Waren dem Gold gleichgesetzt sind, sind sie einander gleichgesetzt. Einerseits erscheint der **allgemeine Charakter** der in ihnen enthaltenen Arbeitszeit, andererseits die Quantität derselben in ihrem goldenen Äquivalent. Der Tauschwert der Waren, so als allgemeine Äquivalenz und zugleich als Grad dieser Äquivalenz in einer spezifischen Ware, oder in einer einzigen Gleichung der Waren mit einer spezifischen Ware ausdrückt, ist **Preis**. Der Preis ist die verwandelte Form, worin der Tauschwert der Waren innerhalb des Zirkulationsprozesses erscheint.

Durch denselben Prozeß also, wodurch die Waren ihre Werte als Goldpreise darstellen, stellen sie das Gold als Maß der Werte und daher als Geld dar. Wenn sie allseitig ihre Werte in Silber oder Weizen oder Kupfer mäßen und daher als Silber-, Weizen- oder Kupferpreise darstellten, würden Silber, Weizen, Kupfer Maß der Werte und damit allgemeines Äquivalent. Um in der Zirkulation als Preise zu erscheinen, sind die Waren der Zirkulation als Tauschwerte vorausgesetzt. Maß der Werte wird das Gold nur, weil alle Waren ihren Tauschwert in ihm schätzen. Die Allseitigkeit dieser prozessierenden Beziehung, woraus allein sein Charakter als Maß entspringt, setzt aber voraus, daß jede einzelne Ware sich in Gold mißt im Verhältnis der in beiden enthaltenen Arbeitszeit, daß also das wirkliche Maß zwischen Ware und Gold die Arbeit selbst ist, oder Ware und Gold durch den unmittelbaren Tauschhandel einander als Tauschwerte gleichgesetzt werden. Wie diese Gleichsetzung praktisch vor sich geht, kann nicht in der Sphäre der einfachen Zirkulation erörtert werden. So viel leuchtet indes ein, daß in Gold und Silber produzierenden Ländern bestimmte Arbeitszeit sich unmittelbar einem bestimmten Quantum Gold und Silber einverleibt, während in Ländern, die kein Gold und Silber produzieren, dasselbe Resultat auf einem Umweg erreicht wird, durch direkten oder indirekten Austausch der Landeswaren,

b. h. einer bestimmten Portion der nationalen Durchschnittsarbeit, gegen bestimmtes Quantum der in Gold und Silber materialisierten Arbeitszeit der Minen besitzenden Länder. Um als Maß der Werte dienen zu können, muß Gold der Möglichkeit nach ein veränderlicher Wert sein, weil es nur als Materiatur der Arbeitszeit zum Äquivalent anderer Waren werden kann, dieselbe Arbeitszeit aber mit dem Wechsel der Produktivkräfte der realen Arbeit in ungleichen Volumen derselben Gebrauchswerte sich verwirklicht. Wie bei der Darstellung des Tauschwertes jeder Ware im Gebrauchswert einer anderen Ware ist bei der Schätzung aller Waren in Gold nur vorausgesetzt, daß das Gold in einem gegebenen Moment ein gegebenes Quantum Arbeitszeit darstellt. In Bezug auf seinen Wertwechsel gilt das früher entwickelte Gesetz der Tauschwerte. Bleibt der Tauschwert der Waren unverändert, so ist ein allgemeines Steigen ihrer Goldpreise nur möglich, wenn der Tauschwert des Goldes fällt. Bleibt der Tauschwert des Goldes unverändert, so ist ein allgemeines Steigen der Goldpreise nur möglich, wenn die Tauschwerte aller Waren steigen. Umgekehrt im Falle eines allgemeinen Sinkens der Warenpreise. Fällt oder steigt der Wert einer Unze Gold infolge eines Wechsels der zu ihrer Produktion erheischten Arbeitszeit, so fällt oder steigt er gleichmäßig für alle anderen Waren, stellt also nach wie vor allen gegenüber Arbeitszeit von gegebener Größe dar. Dieselben Tauschwerte schätzen sich nun in größeren oder kleineren Goldquantis als zuvor, aber sie schätzen sich im Verhältnis zu ihren Wertgrößen, bewahren also dasselbe Wertverhältnis zu einander. Das Verhältnis von $2:4:8$ bleibt dasselbe als $1:2:4$ oder $4:8:16$. Die veränderte Goldquantität, worin sich die Tauschwerte schätzen mit wechselndem Goldwert, verhindert ebensowenig die Funktion des Goldes als Maß der Werte, wie der 15 mal kleinere Wert des Silbers gegen Gold es verhindert, das letztere aus dieser Funktion zu verdrängen. Weil die Arbeitszeit das Maß zwischen Gold und Ware ist und das Gold nur Maß der Werte wird, sofern alle Waren sich in ihm messen, ist es bloßer Schein des Zirkulationsprozesses, als ob das Geld die Waren kommensurabel mache.[1] Es ist vielmehr nur die Kommensurabilität der Waren als vergegenständlichte Arbeitszeit, die das Gold zu Geld macht.

Die reale Gestalt, worin die Waren in den Austauschprozeß eintreten, ist die ihrer Gebrauchswerte. Wirkliches allgemeines Äquivalent sollen sie erst werden durch ihre Entäußerung. Ihre Preisbestimmung ist ihre nur ideelle Verwandlung in das allgemeine Äquivalent, eine Gleichung mit dem Golde, die noch zu realisieren bleibt. Weil aber die Waren in ihren Preisen nur ideell in Gold oder in nur vorgestelltes Gold verwandelt sind, ihr Geldsein von ihrem reellen Sein noch nicht wirklich getrennt ist, ist das Gold nur noch in ideelles Geld verwandelt, nur noch Maß der Werte, und bestimmte Goldquanta funktionieren in der Tat nur noch als Namen für bestimmte

---

[1] Aristoteles sieht zwar ein, daß der Tauschwert der Waren den Warenpreisen vorausgesetzt ist: „ὅτι .. ἡ ἀλλαγὴ ἦν πρὶν τὸ νόμισμα εἶναι, δῆλον· διαφέρει γὰρ οὐδὲν ἢ εἰ κλῖναι πέντε ἀντὶ οἰκίας, ἢ ὅσου αἱ πέντε κλῖναι." Andererseits da die Waren erst im Preise die Form des Tauschwerts füreinander besitzen, läßt er sie kommensurabel werden durch das Geld. „Διὸ δεῖ πάντα τετιμῆσθαι· οὕτω γὰρ ἀεὶ ἔσται ἀλλαγή, εἰ δὲ τοῦτο, κοινωνία. Τὸ δὴ νόμισμα ὥσπερ μέτρον σύμμετρα ποιῆσαν ἰσάζει, οὔτε γὰρ ἂν μὴ οὔσης ἀλλαγῆς κοινωνία ἦν, οὔτ' ἀλλαγὴ ἰσότητος μὴ οὔσης, οὔτ' ἰσότης, μὴ οὔσης συμμετρίας." Er verhehlt sich nicht, daß diese verschiedenen vom Gelde gemessenen Dinge durchaus inkommensurable Größen sind. Was er sucht, ist die Einheit der Waren als Tauschwerte, die er als antiker Grieche nicht finden konnte. Er hilft sich aus der Verlegenheit, indem er das an und für sich Inkommensurable durch das Geld kommensurabel werden läßt, soweit es für das praktische Bedürfnis nötig ist. „Τῇ μὲν οὖν ἀληθείᾳ ἀδύνατον τὰ τοσοῦτον διαφέροντα σύμμετρα γενέσθαι, πρὸς δὲ τὴν χρείαν ἐνδέχεται ἱκανῶς." (Arist. Ethic. Nicom. l. 5 c. 8, edit. Bekkeri. Oxonii 1837.)

Quanta Arbeitszeit. Von der bestimmten Weise, worin die Waren für einander ihren eigenen Tauschwert darstellen, hängt jedesmal die Formbestimmtheit ab, worin das Gold sich als Geld kristallisiert.

Die Waren treten sich jetzt als Doppelexistenzen gegenüber, wirklich als Gebrauchswerte, ideell als Tauschwerte. Die Doppelform der Arbeit, die in ihnen enthalten ist, stellen sie jetzt für einander dar, indem die besondere reale Arbeit als ihr Gebrauchswert wirklich da ist, während die allgemeine abstrakte Arbeitszeit in ihrem Preise ein vorgestelltes Dasein erhält, worin sie gleichmäßige und nur quantitativ verschiedene Materiatur derselben Wertsubstanz sind.

Der Unterschied von Tauschwert und Preis erscheint einerseits als ein nur nomineller, wie Adam Smith sagt, daß die Arbeit der Realpreis, das Geld der Nominalpreis der Waren ist. Statt 1 Quarter Weizen in 30 Arbeitstagen zu schätzen, wird es jetzt geschätzt in 1 Unze Gold, wenn eine Unze Gold das Produkt von 30 Arbeitstagen ist. Andererseits ist der Unterschied sowenig bloßer Namensunterschied, daß in ihm vielmehr alle Ungewitter, die der Ware im wirklichen Zirkulationsprozeß drohen, konzentriert sind. 30 Arbeitstage sind im Quarter Weizen enthalten und er ist daher nicht erst in Arbeitszeit darzustellen. Aber Gold ist vom Weizen verschiedene Ware, und nur in der Zirkulation kann sich bewähren, ob der Quarter Weizen wirklich zur Unze Gold wird, wie in seinem Preise antizipiert ist. Es hängt dies davon ab, ob oder ob nicht er sich als Gebrauchswert, ob oder ob nicht das in ihm enthaltene Quantum Arbeitszeit sich als das von der Gesellschaft zur Produktion eines Quarters Weizen notwendig erheischte Quantum Arbeitszeit bewährt. Die Ware als solche ist Tauschwert, sie hat einen Preis. In diesem Unterschied von Tauschwert und Preis erscheint es, daß die in der Ware enthaltene besondere individuelle Arbeit erst durch den Prozeß der Entäußerung als ihr Gegenteil, individualitätslose, abstrakt allgemeine und nur in dieser Form gesellschaftliche Arbeit, d. h. Geld dargestellt werden muß. Es erscheint zufällig, ob sie dieser Darstellung fähig ist oder nicht. Obgleich daher im Preise der Tauschwert der Ware nur ideell von ihr unterschiedene Existenz erhält und das Doppeldasein der in ihr enthaltenen Arbeit nur noch als verschiedene Ausdrucksweise existiert, andererseits daher die Materiatur der allgemeinen Arbeitszeit, das Gold, nur noch als vorgestelltes Wertmaß der wirklichen Ware gegenüber tritt, ist im Dasein des Tauschwerts als Preis oder des Goldes als Wertmaß die Notwendigkeit der Entäußerung der Ware gegen klingendes Gold, die Möglichkeit ihrer Nichtveräußerung, kurz der ganze Widerspruch latent enthalten, der daraus hervorgeht, daß das Produkt Ware ist, oder daß die besondere Arbeit des Privatindividuums, um gesellschaftliche Wirkung zu haben, sich als ihr unmittelbares Gegenteil als abstrakt allgemeine Arbeit darstellen muß. Die Utopisten, die die Ware wollen, aber nicht das Geld, auf Privataustausch beruhende Produktion ohne die notwendigen Bedingungen dieser Produktion, sind daher konsequent, wenn sie das Geld nicht erst in seiner greifbaren Form, sondern schon in der gasartigen und hirngewebten Form als Maß der Werte „vernichten". Im unsichtbaren Maß der Werte lauert das harte Geld.

Den Prozeß vorausgesetzt, wodurch das Gold zum Maß der Werte und der Tauschwert zum Preis geworden ist, sind alle Waren in ihren Preisen nur noch vorgestellte Goldquanta von verschiedener Größe. Als solche verschiedene Quanta desselben Dinges, des Goldes, gleichen, vergleichen und messen sie sich untereinander und so entwickelt sich technisch die Notwendigkeit, sie auf ein bestimmtes Quantum Gold als Maßeinheit zu beziehen, eine Maßeinheit, die dadurch zum Maßstab fortentwickelt wird, daß sie sich in aliquote Teile und diese sich ihrerseits wieder in aliquote Teile abteilen.¹ Goldquanta als solche aber messen sich durch Gewicht. Der Maßstab findet sich also schon fertig vor in den allgemeinen Gewichtsmaßen der Metalle, die bei aller metallischen Zirkulation daher auch ursprünglich als Maßstab der Preise dienen. Indem die Waren sich nicht mehr als durch die Arbeitszeit zu messende Tauschwerte, sondern als in Gold gemessene gleichnamige Größen aufeinander beziehen, verwandelt sich das Gold aus dem Maß der Werte in den Maßstab der Preise. Die Vergleichung der Warenpreise unter sich als verschiedene Goldquanta kristallisiert sich so in den Figurationen, die in ein gedachtes Goldquantum eingeschrieben werden und es als Maßstab von aliquoten Teilen darstellen. Das Gold als Maß der Werte und als Maßstab der Preise besitzt ganz verschiedene Formbestimmtheit und die Verwechslung der einen mit der anderen hat die tollsten Theorien hervorgerufen. Maß der Werte ist das Gold als vergegenständlichte Arbeitszeit, Maßstab der Preise ist es als ein bestimmtes Metallgewicht. Maß der Werte wird das Gold, indem es als Tauschwert auf die Waren als Tauschwert bezogen ist, im Maßstab der Preise dient ein bestimmtes Quantum Gold anderen Quantis Gold als Einheit. Wertmaß ist das Gold, weil sein Wert veränderlich ist, Maßstab der Preise, weil es als unveränderliche Gewichteinheit fixiert wird. Hier, wie in allen Maßbestimmungen gleichnamiger

---

¹ Die Sonderbarkeit, daß die Unze Gold in England als Maßeinheit des Geldes in nicht aliquote Teile abgeteilt ist, erklärt sich wie folgt: our coinage was originally adapted to the employment of silver only — hence an ounce of silver can always be divided into a certain adequate number of pieces of coin; but, as gold was introduced at a later period into a coinage adapted only to silver, an ounce of gold cannot be coined into an adequate number of pieces. Maclaren: „History of the currency", p. 16. London 1858.

Größen wird Festigkeit und Bestimmtheit der Maßverhältnisse entscheidend. Die Notwendigkeit, ein Quantum Gold als Maßeinheit und aliquote Teile als Unterabteilungen dieser Einheit festzusetzen, hat die Vorstellung erzeugt, als ob ein bestimmtes Goldquantum, das natürlich veränderlichen Wert hat, in ein fixes Wertverhältnis zu den Tauschwerten der Waren gesetzt würde, wobei nur übersehen ward, daß die Tauschwerte der Waren in Preise, in Goldquanta verwandelt sind, bevor sich das Gold als Maßstab der Preise entwickelt. Wie auch der Goldwert wechsle, verschiedene Goldquanta stellen gegeneinander stets dasselbe Wertverhältnis dar. Fiele der Goldwert um 1000 Prozent, so würden nach wie vor 12 Unzen Gold einen 12mal größeren Wert besitzen als eine Unze Gold, und in den Preisen handelt es sich nur um das Verhältnis verschiedener Goldquanta zueinander. Da andererseits eine Unze Gold mit dem Fallen oder Steigen ihres Wertes keineswegs ihr Gewicht verändert, verändert sich ebensowenig das ihrer aliquoten Teile, und so tut das Gold als fixer Maßstab der Preise stets denselben Dienst, wie immer sein Wert wechsle.[1]

Ein historischer Prozeß, den wir später aus der Natur der metallischen Zirkulation erklären werden, brachte es mit sich, daß

---

[1] „Money may continually vary in value, and yet be as good a measure of value as if it remained perfectly stationary. Suppose, for instance, it is reduced in value. ... Before the reduction, a guinea would purchase three bushels of wheat or 6 day's labour; subsequently it would purchase only 2 bushels of wheat, or 4 day's labour. In both cases, the relations of wheat and labour to money being given, their mutual relations can be inferred; in other words, we can ascertain that a hushel of wheat is worth 2 day's labour. This, which is all that measuring value implies, is as readily done after the reduction as before. The excellence of a thing as a measure of value is altogether independent of its own variableness in value." (p. 11. Bailey: „Money and its vicissitudes." London 1837.)

derselbe Gewichtsname für ein stets wechselndes und abnehmendes Gewicht edler Metalle in ihrer Funktion als Maßstab der Preise beibehalten wurde. So bezeichnet das englische Pfund weniger als ein Drittel seines ursprünglichen Gewichts, das schottische Pfund vor der Union nur noch $^{1}/_{36}$, der französische Livre $^{1}/_{74}$, der spanische Maravedi weniger als $^{1}/_{1000}$, der portugiesische Re eine noch viel kleinere Proportion. So schieden sich historisch die Geldnamen der Metallgewichte von ihren allgemeinen Gewichtsnamen.[1] Da die Bestimmung der Maßeinheit, ihrer aliquoten Teile und deren Namen einerseits rein konventionell ist, andererseits innerhalb der Zirkulation den Charakter der Allgemeinheit und Notwendigkeit besitzen soll, mußte sie gesetzliche Bestimmung werden. Die rein formelle Operation fiel also den Regierungen anheim.[2] Das

---

[1] „Le monete lequali oggi sono ideali sono le piu antiche d'ogni nazione, e tutte furono un tempo reali (letzteres in dieser Ausdehnung unrichtig), e perchè erano reali con esse si contava." Galiani: „Della Moneta", l. c. p. 153.

[2] Der romantische A. Müller sagt: „Nach unserer Vorstellung hat jeder unabhängige Souverän das Recht, das Metallgeld zu ernennen, ihm einen gesellschaftlichen Nominalwert, Rang, Stand und Titel beizulegen. (p. 276 Band II. A. H. Müller: „Die Elemente der Staatskunst." Berlin 1809.) Was den Titel angeht, hat der Herr Hofrat recht; er vergißt nur den Gehalt. Wie konfus seine „Vorstellungen" waren, zeigt sich zum Beispiel in folgender Stelle: „Jeder Mann sieht ein, wieviel auf die wahre Bestimmung des Münzpreises ankommt, vorzüglich in einem Lande wie England, wo die Regierung mit großartiger Liberalität unentgeltlich münzt (Herr Müller scheint zu glauben, daß das englische Regierungspersonal die Münzkosten aus eigener Privattasche bestreitet), wo sie keinen Schlagschatz nimmt u. s. w., und also, wenn diese den Münzpreis des Goldes beträchtlich höher ansetzte als den Marktpreis, wenn sie anstatt 1 Unze Goldes jetzt mit 3 £ 17 s. 10$^{1}/_{2}$ d. zu zahlen, 3 £ 19 s. als den Münzpreis einer Unze Goldes ansetzte, alles Geld nach der Münze strömen, das dort erhaltene Silber auf dem Markte gegen das hier wohlfeilere Gold umgesetzt, und so aufs neue der Münze zugebracht und das Münzwesen in Unordnung geraten würde." (p. 280, 281 l. c.) Um die Ordnung auf der englischen Münze zu erhalten, versetzte Müller sich in „Unordnung". Während Schilling und Pence bloß Namen, durch Silber- und Kupfer-

bestimmte Metall, das als Material des Geldes diente, war gesellschaftlich gegeben. In verschiedenen Ländern ist der gesetzliche Maßstab der Preise natürlich verschieden. In England zum Beispiel wird die Unze als Metallgewicht eingeteilt in Pennyweights, Grains und Carats Troy, aber die Unze Gold als Maßeinheit des Geldes in 3⅞ Sovereigns, der Sovereign in 20 Schillinge, der Schilling in 12 Pence, so daß 100 Pfund 22karätiges Gold (1200 Unzen) = 4672 Sovereigns und 10 Schilling. In dem Weltmarkt jedoch, worin die Landesgrenzen verschwinden, verschwinden diese nationalen Charaktere der Geldmaße wieder und weichen den allgemeinen Gewichtsmaßen der Metalle.

Der Preis einer Ware oder das Goldquantum, worin sie ideell verwandelt ist, drückt sich jetzt also aus in den Geldnamen des Goldmaßstabs. Statt also zu sagen der Quarter Weizen ist gleich einer Unze Gold, würde man in England sagen, er ist gleich 3 £ 17 s. 10½ d. Alle Preise drücken sich so gleichnamig aus. Die eigentümliche Form, die die Waren ihrem Tauschwert geben, ist verwandelt in Geldnamen, worin sie einander sagen, was sie wert sind. Das Geld seinerseits wird zum Rechengeld.[1]

Die Verwandlung der Ware in Rechengeld im Kopfe, auf dem Papier, in der Sprache, geht jedesmal vor sich, sobald irgend

---

marken repräsentierte Namen bestimmter Teile einer Unze Gold sind, bildet er sich ein, die Unze Gold sei geschätzt in Gold, Silber und Kupfer, und beglückt so die Engländer mit einem dreifachen standard of value. Silber als Geldmaß neben dem Gold wurde zwar erst formell abgeschafft im Jahre 1816 durch 56 George III. c. 68. Gesetzlich war es der Sache nach schon abgeschafft 1734 durch 14 George II. c. 42, und noch viel früher durch die Praxis. Es waren zwei Umstände, die A. Müller speziell zu einer sogenannten höhern Auffassung der politischen Ökonomie befähigten. Einerseits seine ausgebreitete Unbekanntschaft mit ökonomischen Tatsachen, andererseits sein bloß dilettantisches Schwärmereiverhältnis zur Philosophie.

[1] „Ἀνάχαρσις, πυνθανομένῳ τινός, πρὸς τί οἱ Ἕλληνες χρῶνται τῷ ἀργυρίῳ, εἶπε πρὸς τὸ ἀριθμεῖν." (Athen. Deipn. l. IV, 49, v. 2. ed. Schweighäuser 1802.)

eine Art des Reichtums unter dem Gesichtspunkt des Tauschwerts fixiert wird.¹ Zu dieser Verwandlung ist das Material des Goldes nötig, aber nur als vorgestelltes. Um den Wert von 1000 Ballen Baumwolle in einer bestimmten Anzahl von Unzen Gold zu schätzen und diese Anzahl Unzen selbst wieder in den Rechennamen der Unze, in £, s., d. auszudrücken, wird kein Atom wirklichen Goldes gebraucht. So zirkulierte in Schottland vor dem Bankakt Sir Robert Peels von 1845 keine Unze Gold, obgleich die Unze Gold und zwar ausgedrückt als englischer Rechenmaßstab in 3 £ 17 s. 10½ d. zum gesetzlichen Maß der Preise diente. So dient Silber als Maß der Preise in dem Warenaustausch zwischen Sibirien und China, obgleich der Handel in der Tat bloßer Tauschhandel ist. Für das Geld als Rechengeld ist es daher auch gleichgiltig, ob oder ob nicht, sei es seine Maßeinheit selbst, seien es ihre Abschnitte, wirklich gemünzt sind. In England, zur Zeit Wilhelm des Eroberers, existierten 1 £, damals 1 Pfund reines Silber, und der Schilling, ¹/₂₀ eines Pfundes, nur als Rechengeld, während der Penny, ¹/₂₄₀ Pfund Silber, die größte existierende Silbermünze war. Umgekehrt existieren im heutigen England keine Schillinge und Pence, obgleich sie gesetzliche Rechennamen für bestimmte Teile einer Unze Goldes sind. Das Geld als Rechengeld mag überhaupt nur ideal existieren, während das wirklich existierende Geld nach ganz anderem Maßstab gemünzt ist. So bestand in vielen englischen Kolonien in Nordamerika das zirkulierende Geld bis tief ins achtzehnte Jahrhundert aus spanischen und portugiesischen Münzen, während das Rechengeld überall dasselbe war wie in England.²

¹ G. Garnier, einer der älteren französischen Übersetzer Adam Smiths, hatte den sonderbaren Einfall, eine Proportion festzusetzen zwischen dem Gebrauch von Rechengeld und dem Gebrauch von wirklichem Geld. Die Proportion ist 10 zu 1. (Garnier, G.: „Histoire de la Monnaie depuis les temps de la plus haute antiquité etc." t. I. p. 78.)

² Der Akt von Maryland von 1723, wodurch Tabak zur legalen Münze gemacht, sein Wert aber auf englisches Goldgeld reduziert wurde,

Weil das Gold als Maßstab der Preise in denselben Rechennamen erscheint, wie die Warenpreise, also zum Beispiel eine Unze Gold ebensowohl wie eine Tonne Eisen in 3 £ 17 s. 10½ d. ausgedrückt wird, hat man diese seine Rechennamen seinen Münzpreis genannt. Die wunderliche Vorstellung entstand daher, als ob das Gold in seinem eigenen Material geschätzt werde, und im Unterschied von allen anderen Waren von Staatswegen einen **fixen Preis** erhalte. Man versah die Fixierung von Rechennamen für bestimmte Goldgewichte für Fixierung des Werts dieser Gewichte.[1] Das Gold, wo es als Element der Preisbestimmung und daher als Rechengeld dient, hat nicht nur keinen **fixen**, sondern überhaupt **keinen Preis**. Um einen Preis zu haben, das heißt in einer spezifischen Ware sich als **allgemeines Äquivalent** auszudrücken, müßte diese andere Ware dieselbe ausschließliche Rolle im Zirkulationsprozeß spielen, wie das Gold. Zwei alle anderen Waren ausschließende Waren schließen sich aber wechselseitig aus. Wo daher Silber und Gold gesetzlich als Geld, das heißt als Wertmaß nebeneinander bestehen, ist stets der vergebliche Versuch gemacht worden, sie **als eine und dieselbe Materie** zu behandeln. Unterstellt man, daß dieselbe Arbeitszeit sich unveränderlich in derselben Proportion von Silber und Gold vergegenständlicht, so unterstellt man in der Tat, daß Silber und Gold dieselbe Materie, und Silber, das minder wertvolle Metall, ein unveränderlicher Bruchteil

---

nämlich 1 Penny per Pfund Tabak, erinnert an die leges barbarorum, worin umgekehrt bestimmte Geldsummen wieder Ochsen, Kühen u. s. w. gleichgesetzt werden. In diesem Fall waren weder Gold noch Silber, sondern der Ochs und die Kuh das wirkliche Material des Rechengeldes.

[1] So lesen wir zum Beispiel in den Familiar words des Herrn David Urquhart: „The value of gold is to be measured by itself; how can any substance be the measure of its own worth in other things? The worth of gold is to be established by its own weight, under a false denomination of that weight — and an ounce is to be worth so many pounds and fractions of pounds. This is falsifying a measure, not establishing a standard."

Gold ist. Von der Regierung Edwards III. bis zur Zeit von Georg II. verläuft sich die Geschichte des englischen Geldwesens in eine fortlaufende Reihe von Störungen, hervorgehend aus der Kollision zwischen der gesetzlichen Festsetzung des Wertverhältnisses von Gold und Silber und ihren wirklichen Wertschwankungen. Bald war Gold zu hoch geschätzt, bald Silber. Das zu niedrig geschätzte Metall wurde der Zirkulation entzogen, umgeschmolzen und exportiert. Das Wertverhältnis beider Metalle wurde dann wieder gesetzlich verändert, aber der neue Nominalwert trat bald mit dem wirklichen Wertverhältnis in denselben Konflikt, wie der alte. In unserer eigenen Zeit hat der sehr schwache und vorübergehende Fall im Werte des Goldes gegen Silber, infolge der indisch-chinesischen Silbernachfrage, dasselbe Phänomen auf der größten Stufenleiter in Frankreich erzeugt, Ausfuhr des Silbers und seine Vertreibung aus der Zirkulation durch Gold. Während der Jahre 1855, 1856, 1857 betrug der Überschuß der Goldeinfuhr in Frankreich über die Goldausfuhr aus Frankreich 41 580 000 £, während der Überschuß der Silberausfuhr über die Silbereinfuhr 14 704 000 £ betrug. In der Tat in Ländern wie in Frankreich, wo beide Metalle gesetzlich Wertmaße sind, und beide in Zahlung angenommen werden müssen, jeder aber beliebig in dem einen oder anderen zahlen kann, trägt das im Wert steigende Metall ein Agio und mißt wie jede andere Ware seinen Preis in dem überschätzten Metall, während letzteres allein als Wertmaß dient. Alle geschichtliche Erfahrung in diesem Gebiet reduziert sich einfach darauf, daß, wo gesetzlich zwei Waren die Funktion des Wertmaßes versehen, faktisch immer nur eine als solches den Platz behauptet.[1]

---

[1] „Geld als Maß des Handels sollte wie jedes andere Maß so ständig als möglich gehalten werden. Dies ist unmöglich, wenn euer Geld aus zwei Metallen besteht, deren Wertverhältnis beständig wechselt." (John Locke: „Some Considerations on the Lowering of Interest etc." 1691; p. 65 in seinen Works, 7. ed. London 1768, vol. III.)

B. Theorien von der Maßeinheit des Geldes.

Der Umstand, daß die Waren als Preise nur ideell in Gold, das Gold daher nur ideell in Geld verwandelt ist, veranlaßte die Lehre von der idealen Maßeinheit des Geldes. Weil bei der Preisbestimmung nur vorgestelltes Gold oder Silber, Gold und Silber nur als Rechengeld funktionieren, wurde behauptet, die Namen, Pfund, Schilling, Pence, Taler, Frank u. s. w. statt Gewichtteile von Gold oder Silber oder irgendwie vergegenständlichte Arbeit zu bezeichnen, bezeichneten vielmehr ideale Wertatome. Stiege also zum Beispiel der Wert einer Unze Silber, so enthielte sie mehr solcher Atome und müßte daher in mehr Schillingen berechnet und gemünzt werden. Diese Doktrin, wieder geltend gemacht während der letzten Handelskrise in England und sogar parlamentarisch vertreten in zwei Sonderberichten, die dem Bericht des 1858 sitzenden Bankkomites angehängt sind, datiert vom Ende des siebzehnten Jahrhunderts.

Zur Zeit von Wilhelms III. Regierungsantritt betrug der englische Münzpreis einer Unze Silber 5 s. 2 d. oder $^1/_{62}$ Unze Silber wurde Penny, 12 dieser Pence wurden Schilling genannt. Diesem Maßstab gemäß wurde ein Silbergewicht von zum Beispiel 6 Unzen Silber, gemünzt in 31 Stücken mit dem Namen Schilling. Der Marktpreis der Unze Silber stieg aber über ihren Münzpreis, von 5 s. 2 d. auf 6 s. 3 d., oder um eine Unze Rohsilber zu kaufen, mußten 6 s. 3 d. aufgewogen werden. Wie könnte der Marktpreis einer Unze Silber über ihren Münzpreis steigen, wenn der Münzpreis bloß Rechennamen für aliquote Teile einer Unze Silber? Das Rätsel löste sich einfach. Von den 5 600 000 £ Silbergeld, das damals zirkulierte, waren vier Millionen verschliffen, gekippt und gewippt. Es zeigte sich bei einer Probe, daß 57 000 £ in Silber, die 220 000 Unzen wiegen sollten, nur 141 000 Unzen wogen. Die

Münze prägte immer nach demselben Maßstab, aber die wirklich zirkulierenden leichten Schillinge stellten kleinere aliquote Teile der Unze dar, als ihr Name vorgab. Eine größere Quantität dieser kleiner gewordenen Schillinge mußte folglich auf dem Markt für die Unze Rohsilber gezahlt werden. Als infolge der so entstandenen Störung eine allgemeine Ummünzung beschlossen wurde, behauptete Lowndes, der Secretary to the treasury, der Wert der Unze Silber sei gestiegen, sie müsse daher künftig in 6 s. 3 d. statt wie bisher in 5 s. 2 d. gemünzt werden. Er behauptete also in der Tat, daß weil der Wert der Unze gestiegen, der Wert ihrer aliquoten Teile gefallen sei. Seine falsche Theorie war aber nur Beschönigung eines richtigen praktischen Zwecks. Die Staatsschulden waren in leichten Schillingen kontrahiert, sollten sie in schweren zurückgezahlt werden? Statt zu sagen, zahlt 4 Unzen Silber zurück, wo ihr dem Namen nach 5 Unzen, in Wirklichkeit aber nur 4 Unzen erhalten habt, sagte er umgekehrt, zahlt dem Namen nach 5 Unzen zurück, reduziert sie aber dem Metallgehalt nach auf 4 Unzen und nennt Schilling, was ihr bisher ⁴/₆ Schilling nanntet. Lowndes hielt sich also tatsächlich am Metallgehalt, während er in der Theorie am Rechennamen festhielt. Seine Gegner, die bloß am Rechennamen festhielten und daher einen um 25 bis 30 Prozent zu leichten Schilling identisch mit einem vollwichtigen Schilling erklärten, behaupteten umgekehrt nur am Metallgehalt festzuhalten.

John Locke, der die neue Bourgeoisie in allen Formen vertrat, die Industriellen gegen die Arbeiterklassen und die Paupers, die Kommerziellen gegen die altmodischen Wucherer, die Finanzaristokraten gegen die Staatsschuldner, und in einem eigenen Werke sogar den bürgerlichen Verstand als menschlichen Normalverstand nachwies, nahm auch den Handschuh gegen Lowndes auf. John Locke siegte und Geld geborgt zu 10 oder 14 Schillingen die Guinee wurde zurückgezahlt in Guineen von

20 Schilling.[1] Sir James Steuart faßt die ganze Transaktion ironisch so zusammen: „Die Regierung gewann bedeutend auf Steuern, die Gläubiger auf Kapital und Zinsen, und die Nation, die allein Gepreßte, war kreuzfidel, weil ihr Standard (der Maßstab ihres eigenen Werts) nicht herabgesetzt worden war."[2] Steuart meinte, bei weiterer kommerzieller Entwicklung werde die Nation sich schlauer zeigen. Er irrte. Ungefähr 120 Jahre später wiederholte sich dasselbe Quidproquo.

[1] Locke sagt u. a.: „Nennt eine Krone, was früher eine halbe Krone hieß. Der Wert bleibt bestimmt durch den Metallgehalt. Wenn ihr $^1/_{20}$ Silbergewicht von einer Münze abschlagen könnt, ohne ihren Wert zu verringern, so könnt ihr ebensogut $^{19}/_{20}$ von ihrem Silbergewicht abschlagen. Nach dieser Theorie müßte ein farthing, wenn er Krone genannt wird, so viel von Gewürz, Seide oder anderen Waren kaufen, als ein Kronstück, das sechzigmal so viel Silber enthält. Alles, was ihr tun könnt, ist einer geringeren Quantität Silber den Stempel und den Namen einer höheren Quantität geben. Es ist aber Silber, nicht Namen, die Schulden zahlen und Waren kaufen. Wenn euer Erhöhen des Geldwerts nichts heißt als den aliquoten Teilen eines Silberstücks nach Belieben Namen geben, zum Beispiel den achten Teil einer Unze Silber Penny nennen, so könnt ihr in der Tat Geld so hoch ansetzen als es euch beliebt." Locke antwortete Lowndes zugleich, daß das Steigen des Marktpreises über den Münzpreis nicht vom „Steigen des Silberwerts, sondern vom Leichterwerden der Silbermünze" herrühre. 77 gekippte und gewippte Schillinge wögen keinen Deut mehr als 62 vollwichtige. Endlich hob er mit Recht hervor, daß, abgesehen von der Entsilberung der zirkulierenden Münze, der Marktpreis des Rohsilbers in England einigermaßen über den Münzpreis steigen könne, weil die Ausfuhr von Rohsilber erlaubt, die von Silbermünze verboten sei. (Siehe l. c. p. 54—116 passim.) Locke hütete sich ungemein, den brennenden Punkt der Staatsschulden zu berühren, wie er ebenso vorsichtig vermied, auf die delikate ökonomische Frage einzugehen. Letztere war diese: Wechselkurs sowohl wie das Verhältnis von Rohsilber zur Silbermünze bewiesen, daß das zirkulierende Geld bei weitem nicht im Verhältnis zu seiner wirklichen Entsilberung depreziiert war. Wir kommen auf diese Frage in allgemeiner Form im Abschnitt vom Zirkulationsmittel zurück. Nicholas Barbon in „a discourse concerning coining the new money lighter, in answer to Mr. Lockes considerations etc. London 1696" versuchte vergebens Locke auf schwieriges Terrain zu locken.

[2] Steuart, l. c. t. II. p. 154.

Es war in der Ordnung, daß Bischof Berkeley, der Vertreter eines mystischen Idealismus in der englischen Philosophie, der Lehre von der idealen Maßeinheit des Geldes eine theoretische Wendung gab, was der praktische „secretary to the treasury" versäumt hatte. Er fragt: „Sind die Namen Livre, Pfund Sterling, Krone u. s. w. nicht zu betrachten als bloße Verhältnisnamen? (nämlich Verhältnis des abstrakten Werts als solchen). Sind Gold, Silber oder Papier mehr als bloße Billette oder Marken zur Berechnung, Protokollierung und Überwachung davon? (des Wertverhältnisses). Ist die Macht, die Industrie anderer (gesellschaftliche Arbeit) zu kommandieren, nicht Reichtum? Und ist Geld in der Tat etwas anderes als Marke oder Zeichen für Übertragung oder Registrierung solcher Macht und ist es von großer Wichtigkeit, woraus das Material dieser Marken besteht?"[1] Hier findet sich Verwechslung einerseits zwischen Maß der Werte und Maßstab der Preise, andererseits zwischen Gold oder Silber als Maß und als Zirkulationsmittel. Weil die edlen Metalle im Akt der Zirkulation durch Marken ersetzt werden können, schließt Berkeley, daß diese Marken ihrerseits nichts, nämlich den abstrakten Wertbegriff vorstellen.

So völlig entwickelt ist die Lehre von der idealen Maßeinheit des Geldes bei Sir James Steuart, daß seine Nachfolger — bewußtlose Nachfolger, indem sie ihn nicht kennen — weder eine neue Sprachwendung noch selbst ein neues Beispiel finden. „Rechengeld, sagt er, ist nichts als ein willkürlicher Maßstab von gleichen Teilen, erfunden um den relativen Wert verkäuflicher Dinge zu messen. Rechengeld ist ganz verschieden von

---

[1] The Querist l. c. Die „Queries on Money" sind übrigens geistreich. Unter anderem bemerkt Berkeley mit Recht, daß gerade die Entwicklung der nordamerikanischen Kolonien „make it plain as day light, that gold and silver are not so necessary for the wealth of a nation, as the vulgar of all ranks imagine".

Münzgeld (money coin), welches Preis ist,[1] und es könnte existieren, obgleich es keine Substanz in der Welt gäbe, die ein proportionelles Äquivalent für alle Waren wäre. Rechengeld verrichtet denselben Dienst für den Wert der Dinge wie Grade, Minuten, Sekunden u. s. w. für Winkel oder Maßstäbe für geographische Karten u. s. w. In allen diesen Erfindungen wird immer dieselbe Denomination als Einheit angenommen. Wie die Nützlichkeit aller solcher Verrichtungen einfach beschränkt ist auf die Anzeige von Proportion, so die der Geldeinheit. Sie kann daher keine unveränderlich bestimmte Proportion zu irgend einem Teil des Werts haben, das heißt sie kann nicht fixiert sein an irgend ein bestimmtes Quantum von Gold, Silber oder irgendeiner anderen Ware. Ist die Einheit einmal gegeben, so kann man durch Multiplikation zum größten Wert aufsteigen. Da der Wert der Waren abhängt von einem allgemeinen Zusammenfluß auf sie einwirkender Umstände und von den Grillen der Menschen, sollte ihr Wert nur als in ihrer wechselseitigen Beziehung wechselnd betrachtet werden. Was immer die Vergewisserung des Proportionswechsels vermittelst eines allgemeinen bestimmten und unveränderlichen Maßstabes stört und verwirrt, muß schädlich auf den Handel einwirken. Geld ist ein nur **idealer Maßstab von gleichen Teilen**. Wenn gefragt wird, was die Maßeinheit des Werts eines Teiles sein solle, antworte ich durch die andere Frage: Was ist die Normalgröße eines Grades, einer Minute, einer Sekunde? Sie besitzen keine, aber sobald ein Teil bestimmt ist, muß der Natur eines Maßstabs gemäß der ganze Rest verhältnismäßig nachfolgen. Beispiele dieses idealen Geldes sind das Bankgeld von Amsterdam und das Angolageld der afrikanischen Küste."[2]

---

[1] Preis meint hier reales Äquivalent, wie bei den englischen ökonomischen Schriftstellern des siebzehnten Jahrhunderts.

[2] Steuart, l. c. t. II. p. 154, 299.

Steuart hält sich einfach an der Erscheinung des Geldes in der Zirkulation als Maßstab der Preise und als Rechengeld. Sind verschiedene Waren respektive zu 15 s., 20 s., 36 s. im Preiskourant notiert, so interessiert mich in der Tat für die Vergleichung ihrer Wertgröße weder der silberne Gehalt noch der Name des Schillings. Die Zahlenverhältnisse 15, 20, 36 sagen nun alles und die Zahl 1 ist die einzige Maßeinheit geworden. Rein abstrakter Ausdruck von Proportion ist überhaupt nur die abstrakte Zahlenproportion selbst. Um konsequent zu sein, mußte Steuart daher nicht nur Gold und Silber, sondern auch ihre legalen Taufnamen fahren lassen. Da er die Verwandlung des Maßes der Werte in Maßstab der Preise nicht versteht, glaubt er natürlich das bestimmte Quantum Gold, das als Maßeinheit dient, sei als Maß nicht auf andere Goldquanta, sondern auf Werte als solche bezogen. Weil die Waren durch Verwandlung ihrer Tauschwerte in Preise als gleichnamige Größen erscheinen, leugnet er die Qualität des Maßes, die sie gleichnamig macht, und weil in dieser Vergleichung verschiedener Goldquanta die Größe des als Maßeinheit dienenden Goldquantums konventionell, leugnet er, daß sie überhaupt festgesetzt werden muß. Statt $^1/_{360}$ Teil eines Kreises Grad zu nennen, mag er $^1/_{180}$ Teil Grad nennen; der rechte Winkel würde dann gemessen durch 45 statt durch 90 Grade, spitze und stumpfe Winkel entsprechend. Nichtsdestoweniger bliebe das Winkelmaß nach wie vor erstens eine qualitativ bestimmte mathematische Figur, der Kreis, und zweitens ein quantitativ bestimmter Kreisabschnitt. Was Steuarts ökonomische Beispiele betrifft, so schlägt er sich mit dem einen und beweist nichts mit dem anderen. Das Bankgeld von Amsterdam war in der Tat nur Rechenname für spanische Dublonen, die ihr vollwichtiges Fett durch träges Lagern im Bankkeller bewahrten, während die betriebsame Kourantmünze in harter Reibung mit der Außenwelt abgemagert war. Was aber die afrikanischen

Idealisten betrifft, müssen wir sie ihrem Schicksal überlassen, bis kritische Reisebeschreiber Näheres über sie melden.[1] Als annähernd ideales Geld im Sinne Steuarts könnte der französische Assignat bezeichnet werden: „Nationaleigentum. Assignat von 100 Franks." Zwar war hier der Gebrauchswert spezifiziert, den der Assignat vorstellen sollte, nämlich der konfiszierte Grund und Boden, aber die quantitative Bestimmung der Maßeinheit war vergessen und „Frank" daher ein sinnloses Wort. Wieviel oder wenig Land ein Assignatenfrank vorstellte, hing nämlich vom Resultat der öffentlichen Versteigerungen ab. In der Praxis jedoch zirkulierte der Assignatenfrank als Wertzeichen für Silbergeld und an diesem Silbermaßstab maß sich daher seine Depreziation.

Die Epoche der Suspension der Barzahlungen der Bank von England war kaum fruchtbarer in Schlachtbulletins als in Geldtheorien. Die Depreziation der Banknoten und das Steigen des Marktpreises über den Münzpreis des Goldes riefen auf Seiten einiger Verteidiger der Bank wieder die Doktrin von dem idealen Geldmaß wach. Den klassisch konfusen Ausdruck für die konfuse Ansicht fand Lord Castlereagh, indem er die Maßeinheit des Geldes bezeichnete als „a sense of value in reference to currency as compared with commodities". Als die Umstände einige Jahre nach dem Pariser Frieden die Wiederaufnahme der Barzahlungen erlaubten, erhob sich in kaum veränderter Form dieselbe Frage, die Lowndes unter Wilhelm III. angeregt hatte. Eine enorme Staatsschuld und eine während

---

[1] Bei Gelegenheit der jüngsten Handelskrise pries man in England von gewisser Seite das afrikanische Idealgeld emphatisch, nachdem sein Wohnsitz diesmal von der Küste weg ins Herz der Berberei gerückt war. Man leitete die Freiheit der Berbern von Handels- und Industriekrisen aus der idealen Maßeinheit ihrer Bars ab. War es nicht einfacher zu sagen, daß Handel und Industrie die conditio sine qua non für Handels- und Industriekrisen sind?

mehr als 20 Jahren aufgesummte Masse von Privatschulden, festen Obligationen u. s. w., waren in depreziierten Banknoten kontrahiert. Sollten sie zurückgezahlt werden in Banknoten, wovon 4672 £ 10 s. nicht dem Namen, sondern der Sache nach 100 Pfund 22karätiges Gold vorstellten? Thomas Attwood, ein Bankier von Birmingham, trat auf als Lowndes redivivus. Nominell sollten die Gläubiger so viel Schillinge zurückerhalten, als nominell kontrahiert war, aber wenn $1/78$ Unze Gold etwa nach dem alten Münzfuß Schilling hieß, sollte nun sage $1/90$ Unze Schilling getauft werden. Attwoods Anhänger sind bekannt als die Birminghamer Schule der „little Shillingmen". Der Zank über das ideale Geldmaß, der 1819 begann, dauerte 1845 immer noch fort zwischen Sir Robert Peel und Attwood, dessen eigene Weisheit, soweit sie sich auf die Funktion des Geldes als Maß bezieht, in dem folgenden Zitat erschöpfend zusammengefaßt ist: „Sir Robert Peel in seiner Polemik mit der Birminghamer Handelskammer fragt: Was wird eure Pfundnote repräsentieren? Was ist ein Pfund? ... Was dann umgekehrt ist zu verstehen unter der gegenwärtigen Maßeinheit des Wertes? ... 3 £ 17 s. $10^{1}/_{2}$ d. bedeuten sie eine Unze Gold oder ihren Wert? Wenn die Unze selbst, warum nicht die Dinge bei ihrem Namen benennen und statt £, s., d. nicht vielmehr sagen, Unze, Penny-Weight und Gran? Dann kehren wir zum System des unmittelbaren Tauschhandels zurück.... Oder bedeuten sie den Wert? Wenn eine Unze $= 3$ £ 17 s. $10^{1}/_{2}$ d., warum war sie zu verschiedenen Zeiten bald 5 £ 4 s., bald 3 £ 17 s. 9 d. wert? ... Der Ausdruck Pfund (£) hat Beziehung auf den Wert, aber nicht auf den Wert fixiert in einem unveränderlichen Gewichtteil Gold. Das Pfund ist eine ideale Einheit.... Arbeit ist die Substanz, worin sich die Produktionskosten auflösen, und sie erteilt dem Gold seinen relativen Wert wie dem Eisen. Welcher besondere Rechenname daher immer gebraucht werde, um die Tages- oder Wochenarbeit eines Mannes zu bezeichnen, solcher Name drückt den Wert der produzierten Ware aus."[1]

In den letzten Worten zerrinnt die nebelhafte Vorstellung vom idealen Geldmaß und bricht ihr eigentlicher Gedankeninhalt durch. Die Rechennamen des Goldes, £, s. u. f. w. sollen Namen für bestimmte Quanta Arbeitszeit sein. Da die Arbeitszeit Substanz und immanentes Maß der Werte ist, würden jene Namen so in der Tat Wertproportion selbst vorstellen. In anderen Worten, die Arbeitszeit wird als wahre Maßeinheit des Geldes behauptet. Damit treten wir aus der Birminghamer Schule heraus, bemerken aber noch im Vorbeigehen, daß die Doktrin vom idealen Geldmaß neue Wichtigkeit erhielt in der Streitfrage über Konvertibilität oder Nichtkonvertibilität der Banknoten. Wenn Papier seine Denomination von Gold oder Silber erhält, bleibt die Konvertibilität der Note, d. h. ihre Umtauschbarkeit in Gold oder Silber, ökonomisches Gesetz, was immer das juristische Gesetz sein mag. So wäre ein preußischer Papiertaler, obgleich gesetzlich inkonvertibel, sofort depreziiert, wenn er im gewöhnlichen Verkehr weniger als ein Silbertaler gälte, also nicht praktisch konvertibel wäre. Die konsequenten Vertreter des inkonvertiblen Papiergeldes in England flüchteten daher zum idealen Geldmaß. Wenn die Rechennamen des Geldes, £, s. u. f. w. Namen für eine bestimmte Summe Wertatome sind, deren eine Ware bald mehr bald weniger im Austausch mit anderen Waren einsaugt oder abgibt, ist eine englische 5 Pfund-Note zum Beispiel ebenso unabhängig von ihrem Verhältnis zu Gold, wie von dem zu Eisen und Baumwolle. Da ihr Titel aufgehört hätte, sie bestimmtem Quantum von Gold oder irgend einer anderen Ware theoretisch gleich zu setzen, wäre die Forderung ihrer Konvertibilität, das

---

[1] The Currency Question, the Gemini Letters. London 1844, p. 260—272 passim.

heißt ihrer praktischen Gleichung mit bestimmtem Quantum eines spezifizierten Dinges durch ihren Begriff selbst ausgeschlossen.

Die Lehre von der Arbeitszeit als unmittelbarer Maßeinheit des Geldes ist zuerst systematisch entwickelt worden von John Gray.[1] Er läßt eine nationale Zentralbank vermittelst ihrer Zweigbanken die Arbeitszeit vergewissern, die in der Produktion der verschiedenen Waren verbraucht wird. Im Austausch für die Ware erhält der Produzent ein offizielles Zertifikat des Werts, b. h. einen Empfangschein für so viel Arbeitszeit als seine Ware enthält,[2] und diese Banknoten von 1 Arbeitswoche, 1 Arbeitstag, 1 Arbeitsstunde u. s. w. dienen zugleich als Anweisung auf ein Äquivalent in allen anderen in den Bankdocks gelagerten Waren.[3] Das ist das Grundprinzip, sorgfältig durchgeführt im Detail und überall angelehnt an vorhandene englische Einrich=

---

[1] John Gray: „The Social System. A Treatise on the Principle of Exchange. Edinburgh 1831." Vergl. von demselben Schriftsteller: „Lectures on the nature and use of money. Edinburgh 1848." Nach der Februar=Revolution sandte Gray der französischen provisorischen Regierung eine Denkschrift zu, worin er sie belehrt, daß Frankreich nicht einer „organisation of labour" bedürfe, sondern einer „organisation of exchange", deren Plan völlig ausgearbeitet vorliege in dem von ihm ausgeheckten Geldsystem. Der brave John ahnte nicht, daß sechzehn Jahre nach Erscheinen des „Social System" ein Patent auf dieselbe Entdeckung ausgelöst worden war von dem erfindungsreichen Proudhon.

[2] Gray: „The Social System etc." p. 63. „Money should be merely a receipt, an evidence that the holder of it has either contributed certain value to the national stock of wealth, or that he has acquired a right to the same value from some one who has contributed to it."

[3] „An estimated value being previously put upon produce, let it be lodged in a bank, and drawn out again, whenever it is required, merely stipulating, bi common consent, that he who lodges any kind of property in the proposed National Bank, may take out of it an equal value of whatever it may contain, instead of being obliged to draw out the self same thing that he put in." l. c. p. 68.

tungen. Unter diesem System, sagt Gray, „wäre es zu allen Zeiten ebenso leicht gemacht für Geld zu verkaufen, als es nun ist mit Geld zu kaufen; die Produktion würde die gleichförmige nie versiegende Quelle der Nachfrage sein."[1] Die edlen Metalle würden ihr „Privilegium" gegen andere Waren verlieren und „den ihnen gebührenden Platz im Markt einnehmen neben Butter und Eiern und Tuch und Kaliko, und ihr Wert würde uns nicht mehr interessieren als der der Diamanten."[2] „Sollen wir unser eingebildetes Maß der Werte beibehalten, Gold, und so die Produktivkräfte des Landes fesseln, oder sollen wir uns zum natürlichen Maß der Werte wenden, zur Arbeit, und die Produktivkräfte des Landes freisetzen?"[3]

Da die Arbeitszeit das immanente Maß der Werte ist, warum neben ihr ein anderes äußerliches Maß? Warum entwickelt sich der Tauschwert zum Preis? Warum schätzen alle Waren ihren Wert in einer ausschließlichen Ware, die so in das abäquate Dasein des Tauschwerts verwandelt wird, in Geld? Dies war das Problem, das Gray zu lösen hatte. Statt es zu lösen, bildet er sich ein, die Waren könnten sich unmittelbar aufeinander als Produkte der gesellschaftlichen Arbeit beziehen. Sie können sich aber nur aufeinander beziehen als das was sie sind. Die Waren sind unmittelbar Produkte vereinzelter unabhängiger Privatarbeiten, die sich durch ihre Entäußerung im Prozeß des Privataustausches als allgemeine gesellschaftliche Arbeit bestätigen müssen, oder die Arbeit auf Grundlage der Warenproduktion wird erst gesellschaftliche Arbeit durch die allseitige Entäußerung der individuellen Arbeiten. Unterstellt Gray aber die in den Waren enthaltene Arbeitszeit als unmittelbar gesellschaftliche, so unterstellt er sie als gemeinschaftliche Arbeitszeit

---

[1] l. c. p. 16.
[2] Gray: „Lectures on money etc." p. 182.
[3] l. c. p. 169.

oder als Arbeitszeit direkt assoziierter Individuen. So könnte in der Tat eine spezifische Ware, wie Gold und Silber, den anderen Waren nicht als Inkarnation der allgemeinen Arbeit gegenüber treten, der Tauschwert würde nicht zum Preis, aber der Gebrauchswert würde auch nicht zum Tauschwert, das Produkt würde nicht zur Ware und so wäre die Grundlage der bürgerlichen Produktion selbst aufgehoben. Das ist aber keineswegs Grays Meinung. Die Produkte sollen als Waren produziert, aber nicht als Waren ausgetauscht werden. Gray überträgt einer Nationalbank die Ausführung dieses frommen Wunsches. Einerseits macht die Gesellschaft in der Form der Bank die Individuen unabhängig von den Bedingungen des Privataustausches und andererseits läßt sie dieselben fortproduzieren auf der Grundlage des Privataustausches. Die innere Konsequenz indes treibt Gray eine bürgerliche Produktionsbedingung nach der anderen wegzuleugnen, obgleich er bloß das aus dem Warenaustausch hervorgehende Geld „reformieren" will. So verwandelt er Kapital in Nationalkapital,[1] das Grundeigentum in Nationaleigentum,[2] und wenn seiner Bank auf die Finger gesehen wird, findet sich, daß sie nicht bloß mit der einen Hand Waren empfängt und mit der anderen Zertifikate gelieferter Arbeit ausgibt, sondern die Produktion selbst reguliert. In seiner letzten Schrift „Lectures on money", worin Gray ängstlich sein Arbeitsgeld als rein bürgerliche Reform darzustellen sucht, verwickelt er sich in noch schreienderen Widersinn.

Jede Ware ist unmittelbar Geld. Dies war Grays Theorie, abgeleitet aus seiner unvollständigen und daher falschen Analyse

---

[1] „The business of every country ought to be conducted on a national capital." (John Gray: „The social system etc." p. 171.)

[2] „The land to be transformed into national property." (l. c. p. 298.)

der Ware. Die „organische" Konstruktion von „Arbeitsgeld" und „Nationalbank" und „Warendocks" ist nur Traumgebild, worin das Dogma als weltbeherrschendes Gesetz vorgegaukelt wird. Das Dogma, daß die Ware unmittelbar Geld oder die in ihr enthaltene Sonderarbeit des Privatindividuums unmittelbar gesellschaftliche Arbeit ist, wird natürlich nicht dadurch wahr, daß eine Bank an es glaubt und ihm gemäß operiert. Der Bankerott würde in solchem Falle vielmehr die Rolle der praktischen Kritik übernehmen. Was bei Gray versteckt und namentlich ihm selbst verheimlicht bleibt, nämlich daß das Arbeitsgeld eine ökonomisch klingende Phrase ist für den frommen Wunsch, das Geld, mit dem Geld den Tauschwert, mit dem Tauschwert die Ware, und mit der Ware die bürgerliche Form der Produktion loszuwerden, wird geradezu herausgesagt von einigen englischen Sozialisten, die teils vor, teils nach Gray schrieben.[1] Herrn Proudhon aber und seiner Schule blieb es vorbehalten, die Degradation des Geldes und die Himmelfahrt der Ware ernsthaft als Kern des Sozialismus zu predigen und damit den Sozialismus in ein elementares Mißverständnis über den notwendigen Zusammenhang zwischen Ware und Geld aufzulösen.[2]

2. Zirkulationsmittel.

Nachdem die Ware im Prozeß der Preisgebung ihre zirkulationsfähige Form und das Gold seinen Geldcharakter erhalten hat, wird die Zirkulation die Widersprüche, die der Austauschprozeß der Waren einschloß, zugleich darstellen und lösen. Der wirk-

---

[1] Siehe zum Beispiel W. Thompson: „An Inquiry into the distribution of wealth etc." London 1827. Bray: „Labours wrongs and labours remedy." Leeds 1839.
[2] Als Kompendium dieser melodramatischen Geldtheorie kann betrachtet werden: Alfred Darimont: „De la Reforme des banques." Paris 1856.

liche Austausch der Waren, das heißt der gesellschaftliche Stoffwechsel, geht vor in einem Formwechsel, worin sich die Doppelnatur der Ware als Gebrauchswert und Tauschwert entfaltet, ihr eigener Formwechsel sich aber zugleich in bestimmten Formen des Geldes kristallisiert. Die Darstellung dieses Formwechsels ist die Darstellung der Zirkulation. Wie wir sahen, daß die Ware nur entwickelter Tauschwert ist, wenn eine Welt von Waren und damit tatsächlich entwickelte Teilung der Arbeit vorausgesetzt wird, so setzt die Zirkulation allseitige Austauschakte und den beständigen Fluß ihrer Erneuerung voraus. Die zweite Voraussetzung ist, daß die Waren als **preisbestimmte** Waren in den Austauschprozeß eingehen oder innerhalb desselben als Doppelexistenzen füreinander erscheinen, reell als Gebrauchswerte, ideell — im Preise — als Tauschwerte.

In den belebtesten Straßen Londons drängt sich Magazin an Magazin, hinter deren hohlen Glasaugen alle Reichtümer der Welt prangen, indische Shawls, amerikanische Revolver, chinesisches Porzellan, Pariser Korsetten, russische Pelzwerke und tropische Spezereien, aber alle diese weltlustigen Dinge tragen an der Stirne fatale weißliche Papiermarken, worin arabische Ziffern mit den lakonischen Charakteren £, s., d. eingegraben sind. Dies ist das Bild der in der Zirkulation erscheinenden Ware.

a. Die Metamorphose der Waren.

Bei näherer Betrachtung zeigt der Zirkulationsprozeß zwei verschiedene Formen von Kreisläufen. Nennen wir die Ware W, das Gold G, so können wir diese beiden Formen ausdrücken als:

$$W - G - W.$$
$$G - W - G.$$

In diesem Abschnitt beschäftigt uns ausschließlich die erste Form, oder die unmittelbare Form der Warenzirkulation.

Der Kreislauf W — G — W zerlegt sich in die Bewegung W — G, Austauschen von Ware gegen Geld oder Verkaufen; in die entgegengesetzte Bewegung G — W, Austauschen von Geld gegen Ware oder Kaufen, und in die Einheit beider Bewegungen W — G — W, Austauschen von Ware gegen Geld, um Geld gegen Ware umzutauschen, oder Verkaufen um zu Kaufen. Als Resultat aber, worin der Prozeß selbst erlischt, ergibt sich W — W, Austausch von Ware gegen Ware, der wirkliche Stoffwechsel.

W — G — W, wenn man vom Extrem der ersten Ware ausgeht, stellt ihre Verwandlung in Gold und ihre Rückverwandlung aus Gold in Ware dar, oder eine Bewegung, worin die Ware zuerst als besonderer Gebrauchswert existiert, dann diese Existenz abstreift, eine von allem Zusammenhang mit ihrem naturwüchsigen Dasein losgelöste Existenz als Tauschwert oder allgemeines Äquivalent gewinnt, diese wieder abstreift und schließlich als wirklicher Gebrauchswert für einzelne Bedürfnisse zurückbleibt. In dieser letzten Form fällt sie aus der Zirkulation in die Konsumtion. Das Ganze der Zirkulation W — G — W ist daher zunächst die Gesamtreihe der Metamorphosen, welche jede einzelne Ware durchläuft, um unmittelbarer Gebrauchswert für ihren Inhaber zu werden. Die erste Metamorphose vollzieht sich in der ersten Hälfte der Zirkulation W — G, die zweite in der anderen Hälfte G — W, und die ganze Zirkulation bildet das curriculum vitae der Ware. Aber die Zirkulation W — G — W ist nur die Gesamtmetamorphose einer einzelnen Ware, indem sie zugleich Summe von bestimmten einseitigen Metamorphosen anderer Waren ist, denn jede Metamorphose der ersten Ware ist ihre Verwandlung in eine andere Ware, also Verwandlung der anderen Ware in sie, also doppelseitige Verwandlung, die sich in demselben Stadium der Zirkulation vollzieht. Wir haben zunächst jeden der beiden Austauschprozesse, worin die Zirkulation W — G — W zerfällt, isoliert zu betrachten.

W — G oder Verkauf: W, die Ware, tritt in den Zirkulationsprozeß nicht nur als besonderer Gebrauchswert, zum Beispiel als Tonne Eisen, sondern als Gebrauchswert von bestimmtem Preise, sage von 3 £ 17 s. 10½ d., oder einer Unze Gold. Dieser Preis, während er einerseits der Exponent des im Eisen enthaltenen Quantums Arbeitszeit, d. h. seiner Wertgröße ist, drückt zugleich den frommen Wunsch des Eisens aus, Gold zu werden, d. h. der in ihm selbst enthaltenen Arbeitszeit die Gestalt der allgemeinen gesellschaftlichen Arbeitszeit zu geben. Gelingt diese Transsubstantiation nicht, so hört die Tonne Eisen auf, nicht nur Ware, sondern Produkt zu sein, denn sie ist nur Ware, weil Nicht-Gebrauchswert für ihren Besitzer, oder seine Arbeit ist nur wirkliche Arbeit als nützliche Arbeit für andere, und sie ist nur nützlich für ihn als abstrakt allgemeine Arbeit. Es ist daher die Aufgabe des Eisens oder seines Besitzers, den Punkt in der Warenwelt aufzufinden, wo Eisen Gold anzieht. Diese Schwierigkeit, der salto mortale der Ware, ist aber überwunden, wenn der Verkauf, wie hier in der Analyse der einfachen Zirkulation unterstellt wird, wirklich vorgeht. Indem die Tonne Eisen durch ihre Veräußerung, d. h. ihr Übergehen aus der Hand, wo sie Nicht-Gebrauchswert, in die Hand, worin sie Gebrauchswert ist, sich als Gebrauchswert verwirklicht, realisiert sie zugleich ihren Preis und wird aus nur vorgestelltem Gold wirkliches Gold. An die Stelle des Namens Unze Gold oder 3 £ 17 s. 10½ d. ist nun eine Unze wirklichen Goldes getreten, aber die Tonne Eisen hat den Platz geräumt. Durch den Verkauf W — G wird nicht nur die Ware, die in ihrem Preise ideell in Gold verwandelt war, reell in Gold verwandelt, sondern durch denselben Prozeß wird das Gold, das als Maß der Werte nur ideelles Geld war und in der Tat nur als Geldnamen der Waren selbst figurierte, in wirkliches Geld verwandelt.¹ Wie es ideell allgemeines Äquivalent wurde, weil alle Waren ihre Werte in ihm maßen, wird es jetzt als Produkt der allseitigen Veräußerung der Waren gegen es, und der Verkauf W — G ist der Prozeß dieser allgemeinen Veräußerung, die absolut veräußerliche Ware, reelles Geld. Gold wird aber nur im Verkauf reell Geld, weil die Tauschwerte der Waren in den Preisen schon ideell Gold waren.

Im Verkauf W — G, ebenso wie im Kauf G — W, stehen sich zwei Waren gegenüber, Einheiten von Tauschwert und Gebrauchswert, aber an der Ware existiert ihr Tauschwert nur ideell als Preis, während am Gold, obgleich es selbst ein wirklicher Gebrauchswert ist, sein Gebrauchswert nur als Träger des Tauschwerts existiert und daher nur als formaler, auf kein wirkliches individuelles Bedürfnis bezogener Gebrauchswert. Der Gegensatz von Gebrauchswert und Tauschwert verteilt sich also polarisch an die beiden Extreme von W — G, so daß die Ware dem Gold gegenüber Gebrauchswert ist, der seinen ideellen Tauschwert, den Preis, erst im Gold realisieren muß, während das Gold der Ware gegenüber Tauschwert ist, der seinen formalen Gebrauchswert erst in der Waren materialisiert. Nur durch diese Verdoppelung der Ware in Ware und Gold, und durch die wieder doppelte und entgegengesetzte Beziehung, worin jedes Extrem ideell ist, was sein Gegenteil reell ist, und reell ist, was sein Gegenteil ideell ist, also nur durch Darstellung der Waren als doppelseitig polarischer Gegensätze lösen sich die in ihrem Austauschprozeß enthaltenen Widersprüche.

---

¹ „Di due sorte è la moneta, ideale e reale; e a dui diversi usi è adoperata, a valutare le cose e a comperarle. Per valutare è buona la moneta ideale, cosi come la reale e forse anche piu. L'altro uso della moneta è di comperare quelle cose istesse, ch'ella apprezza ... i prezzi e i contratti si valutano in moneta ideale e si eseguiscono in moneta reale." Galiani, l. c. p. 112 sq.

Wir haben bisher W — G als Verkauf betrachtet, Verwandlung von Ware in Geld. Stellen wir uns aber auf die Seite des anderen Extrems, so erscheint derselbe Prozeß vielmehr als G — W, als Kauf, als Verwandlung von Geld in Ware. Verkauf ist notwendig zugleich sein Gegenteil, Kauf, das eine, wenn man den Prozeß von der einen, und das andere, wenn man ihn von der anderen Seite ansieht. Oder in der Wirklichkeit unterscheidet sich der Prozeß nur, weil in W — G die Initiative vom Extrem der Ware oder des Verkäufers, in G — W vom Extrem des Geldes oder des Käufers ausgeht. Indem wir also die erste Metamorphose der Ware, ihre Verwandlung in Geld als Resultat des Durchlaufens des ersten Zirkulationsstadiums W — G darstellen, unterstellen wir gleichzeitig, daß eine andere Ware sich schon in Geld verwandelt hat, sich also schon im zweiten Zirkulationsstadium G — W befindet. So geraten wir in einen fehlerhaften Zirkel der Voraussetzungen. Die Zirkulation selbst ist dieser fehlerhafte Zirkel. Betrachten wir G in W — G nicht schon als Metamorphose einer anderen Ware, so nehmen wir den Austauschakt aus dem Zirkulationsprozeß heraus. Außerhalb desselben verschwindet aber die Form W — G, und es stehen sich nur noch zwei verschiedene W, sage Eisen und Gold gegenüber, deren Austausch kein besonderer Akt der Zirkulation, sondern des unmittelbaren Tauschhandels ist. Gold ist Ware wie jede andere Ware an der Quelle seiner Produktion. Sein relativer Wert und der des Eisens, oder jeder anderen Ware, stellt sich hier dar in den Quantitäten, worin sie sich wechselseitig austauschen. Aber im Zirkulationsprozeß ist diese Operation vorausgesetzt, in den Warenpreisen ist sein eigener Wert bereits gegeben. Es kann daher nichts irriger sein, als die Vorstellung, daß innerhalb des Zirkulationsprozesses Gold und Ware in das Verhältnis des unmittelbaren Tauschhandels treten und daher ihr relativer Wert durch ihren Austausch als einfache Waren ermittelt wird. Wenn es so scheint, als ob im Zirkulationsprozeß Gold als bloße Ware gegen Waren ausgetauscht werde, entspringt der Schein einfach daher, daß in den Preisen bestimmte Quantität Ware schon bestimmtem Quantum Gold gleichgesetzt, d. h. auf das Gold schon als Geld, allgemeines Äquivalent, bezogen und daher unmittelbar mit ihm austauschbar ist. Soweit sich der Preis einer Ware im Gold realisiert, tauscht sie sich gegen es als Ware aus, als besondere Materiatur der Arbeitszeit, aber soweit es ihr Preis ist, der sich in ihm realisiert, tauscht sie sich gegen es aus als Geld und nicht als Ware, d. h. gegen es als allgemeine Materiatur der Arbeitszeit. In beiden Beziehungen aber wird das Quantum Gold, wogegen sich die Ware innerhalb des Zirkulationsprozesses austauscht, nicht durch den Austausch bestimmt, sondern der Austausch durch den Preis der Ware, d. h. ihren in Gold geschätzten Tauschwert.[1]

Innerhalb des Zirkulationsprozesses erscheint das Gold in jeder Hand als Resultat des Verkaufs W — G. Da aber W — G, der Verkauf, zugleich G — W, der Kauf, ist, zeigt sich, daß während W, die Ware, wovon der Prozeß ausgeht, ihre erste Metamorphose, die andere Ware, die als Extrem G gegenübersteht, ihre zweite Metamorphose vollzieht und daher die zweite Hälfte der Zirkulation durchläuft, während die erste Ware sich noch in der ersten Hälfte ihres Kursus befindet.

Als Resultat des ersten Prozesses der Zirkulation, des Verkaufs, ergibt sich der Ausgangspunkt des zweiten, das Geld. An die Stelle der Ware in ihrer ersten Form ist ihr goldenes

---

[1] Es verhindert dies natürlich nicht, daß der Marktpreis der Waren über oder unter ihrem Wert stehen kann. Diese Rücksicht jedoch ist der einfachen Zirkulation fremd und gehört einer ganz anderen später zu betrachtenden Sphäre an, wo wir das Verhältnis von Wert und Marktpreis untersuchen werden.

Äquivalent getreten. Dies Resultat kann zunächst einen Ruhepunkt bilden, da die Ware in dieser zweiten Form eigene ausharrende Existenz besitzt. Die Ware, in der Hand ihres Inhabers kein Gebrauchswert, ist jetzt in stets brauchbarer, weil stets austauschbarer Form vorhanden und es hängt von Umständen ab, wann und an welchem Punkte auf der Oberfläche der Warenwelt sie wieder in Zirkulation tritt. Ihre Goldverpuppung bildet einen selbständigen Abschnitt in ihrem Leben, worin sie kürzer oder länger verweilen kann. Während im Tauschhandel der Austausch eines besonderen Gebrauchswerts unmittelbar an den Austausch eines anderen besonderen Gebrauchswerts gebunden ist, erscheint der allgemeine Charakter der Tauschwert setzenden Arbeit in der Trennung und dem gleichgiltigen Auseinanderfallen der Akte des Kaufs und Verkaufs.

G — W, der Kauf, ist die umgekehrte Bewegung von W — G und zugleich die zweite oder Schlußmetamorphose der Ware. Als Gold oder in ihrem Dasein als allgemeines Äquivalent ist die Ware unmittelbar darstellbar in den Gebrauchswerten aller anderen Waren, die in ihren Preisen alle das Gold zugleich als ihr Jenseits anstreben, zugleich aber die Note anzeigen, worin es erklingen muß, damit ihre Leiber, die Gebrauchswerte, auf Seite des Geldes, ihre Seele, der Tauschwert, aber in das Gold selbst springt. Das allgemeine Produkt der Veräußerung der Waren ist die absolut veräußerliche Ware. Es existiert keine qualitative, sondern nur noch eine quantitative Schranke für die Verwandlung des Goldes in Ware, die Schranke seiner eigenen Quantität oder Wertgröße. „Es ist alles zu haben für bar Geld." Während die Ware in der Bewegung W — G durch Entäußerung als Gebrauchswert ihren eigenen Preis und den Gebrauchswert des fremden Geldes realisiert, realisiert sie in der Bewegung G — W durch ihre Entäußerung als Tauschwert ihren eigenen Gebrauchswert und den Preis der anderen Ware. Wenn die Ware durch Realisierung ihres Preises zugleich das Gold in wirkliches Geld, verwandelt sie durch ihre Rückverwandlung das Gold in ihr eigenes bloß verschwindendes Geldbasein. Da die Warenzirkulation entwickelte Teilung der Arbeit voraussetzt, also Vielseitigkeit der Bedürfnisse des einzelnen in umgekehrtem Verhältnis zur Einseitigkeit seines Produkts, wird der Kauf $G-W$ sich bald in einer Gleichung mit einem Warenäquivalent darstellen, bald zersplittern in eine jetzt durch den Kreis der Bedürfnisse des Käufers und die Größe seiner Geldsumme umschriebene Reihe von Warenäquivalenten. — Wie der Verkauf zugleich Kauf, so ist der Kauf zugleich Verkauf, $G-W$ zugleich $W-G$, aber die Initiative gehört hier dem Gold oder dem Käufer.

Kehren wir nun zur Gesamtzirkulation $W-G-W$ zurück, so zeigt sich, daß in ihr eine Ware die Gesamtreihe ihrer Metamorphosen durchläuft. Gleichzeitig aber während sie die erste Hälfte der Zirkulation beginnt und die erste Metamorphose vollzieht, tritt eine zweite Ware in die zweite Hälfte der Zirkulation, vollzieht ihre zweite Metamorphose und fällt aus der Zirkulation heraus, und umgekehrt tritt die erste Ware in die zweite Hälfte der Zirkulation, vollzieht ihre zweite Metamorphose und fällt aus der Zirkulation heraus, während eine dritte Ware in die Zirkulation eintritt, die erste Hälfte ihres Kursus durchmacht und die erste Metamorphose vollzieht. Die Gesamtzirkulation $W-G-W$ als Gesamtmetamorphose einer Ware ist also stets zugleich das Ende der Gesamtmetamorphose einer zweiten und der Beginn der Gesamtmetamorphose einer dritten Ware, also eine Reihe ohne Anfang und Ende. Bezeichnen wir zur Verdeutlichung, um die Waren zu unterscheiden, W in beiden Extremen verschieden, z. B. als $W'-G-W''$. In der Tat das erste Glied $W'-G$ unterstellt G als Resultat eines anderen $W-G$, ist also selbst nur das letzte Glied von

W — G — W', während das zweite Glied G — W'' in seinem Resultat W'' — G ist, also selbst sich darstellt als erstes Glied von W'' — G — W''' u. s. w. Ferner zeigt es sich, daß das letzte Glied G — W, obgleich G Resultat nur eines Verkaufs ist, sich darstellen kann als G — W' + G — W'' + G — W''' + ꝛc., sich also in eine Masse Käufe, d. h. eine Masse Verkäufe, d. h. eine Masse erster Glieder von neuen Gesamtmetamorphosen von Waren zersplittern kann. Wenn also die Gesamtmetamorphose einer einzelnen Ware sich nicht nur als Glied einer anfangs= und endlosen Metamorphosenkette, sondern vieler solcher Ketten darstellt, stellt sich der Zirkulationsprozeß der Warenwelt, da jede einzelne Ware die Zirkulation W — G — W durchläuft, als ein unendlich verschlungenes Kettengewirr dieser an unendlich verschiedenen Punkten stets endenden und stets neu beginnenden Bewegung dar. Jeder einzelne Verkauf oder Kauf besteht aber zugleich als ein gleichgültiger und isolierter Akt, dessen ergänzender Akt zeitlich und räumlich von ihm getrennt sein kann, und sich daher nicht als Fortsetzung unmittelbar an ihn anzuschließen braucht. Indem jeder besondere Zirkulationsprozeß W — G oder G — W als Verwandlung einer Ware in Gebrauchswert und der anderen Ware in Geld, als erstes und zweites Stadium der Zirkulation, nach zwei Seiten hin einen selbständigen Ruhe= punkt bildet, andererseits aber alle Waren in der ihnen gemein= schaftlichen Gestalt des allgemeinen Äquivalents, des Goldes, ihre zweite Metamorphose beginnen und sich an den Ausgangs= punkt der zweiten Zirkulationshälfte stellen, reiht sich in der wirklichen Zirkulation ein beliebiges G — W an ein beliebiges W — G, das zweite Kapitel im Lebenslauf einer Ware an das erste Kapitel im Lebenslauf der anderen. A z. B. verkauft Eisen für 2 £, vollzieht also W — G oder die erste Metamor= phose der Ware Eisen, verschiebt aber den Kauf für spätere Zeit. Gleichzeitig kauft B, der 14 Tage früher 2 Quarter

Weizen für 6 £ verkauft hatte, mit denselben 6 £ Rock und Hose von Moses und Sohn, vollzieht also G — W oder die zweite Metamorphose der Ware Weizen. Diese beiden Akte G — W und W — G erscheinen hier nur als Glieder einer Kette, weil in G, im Gold, eine Ware aussieht wie die andere und im Gold nicht wiederzuerkennen ist, ob es metamorphosiertes Eisen oder metamorphosierter Weizen. Im wirklichen Zirkulationsprozeß stellt sich also W — G — W dar als unendlich zufälliges Nebeneinander und Nacheinander buntgewürfelter Glieder verschiedener Gesamtmetamorphosen. Der wirkliche Zirkulationsprozeß erscheint also nicht als Gesamtmetamorphose der Ware, nicht als ihre Bewegung durch entgegengesetzte Phasen, sondern als bloßes Aggregat vieler zufällig nebeneinander laufender oder einander folgender Käufe und Verkäufe. Die Formbestimmtheit des Prozesses ist so ausgelöscht, und um so vollständiger als jeder einzelne Zirkulationsakt, z. B. der Verkauf, zugleich sein Gegenteil, der Kauf, ist und umgekehrt. Andererseits ist der Zirkulationsprozeß die Bewegung der Metamorphosen der Warenwelt und muß sie daher auch in seiner Gesamtbewegung widerspiegeln. Wie er sie reflektiert, betrachten wir im folgenden Abschnitt. Hier mag nur noch bemerkt werden, daß in W — G — W die beiden Extreme W nicht in derselben Formbeziehung zu G stehen. Das erste W verhält sich als besondere Ware zum Geld als der allgemeinen Ware, während Geld als die allgemeine Ware sich zum zweiten W als einzelner Ware verhält. W — G — W kann daher abstrakt logisch auf die Schlußform B — A — E reduziert werden, worin die Besonderheit das erste Extrem, die Allgemeinheit die zusammenschließende Mitte und die Einzelheit das letzte Extrem bildet.

Die Warenbesitzer traten in den Zirkulationsprozeß einfach als Hüter von Waren. Innerhalb desselben treten sie sich in der gegensätzlichen Form von Käufer und Verkäufer gegenüber, der eine personifizierter Zuckerhut, der andere personifiziertes Gold.

Wie nun der Zuckerhut Gold wird, wird der Verkäufer Käufer. Diese bestimmten sozialen Charaktere entspringen also keineswegs aus der menschlichen Individualität überhaupt, sondern aus den Austauschverhältnissen von Menschen, die ihre Produkte in der bestimmten Form der Ware produzieren. Es sind so wenig rein individuelle Verhältnisse, die sich im Verhältnis des Käufers und Verkäufers ausdrücken, daß beide nur in diese Beziehung treten, soweit ihre individuelle Arbeit verneint, nämlich als Arbeit keines Individuums Geld wird. So albern es daher ist, diese ökonomisch bürgerlichen Charaktere von Käufer und Verkäufer als ewige gesellschaftliche Formen der menschlichen Individualität aufzufassen, ebenso verkehrt ist es, sie als Aufhebung der Individualität zu beträuen.[1] Sie sind notwendige Darstellung der Individualität auf Grundlage einer bestimmten Stufe des gesellschaftlichen Produktionsprozesses. Im Gegensatz

---

[1] Wie tief selbst die ganz oberflächliche Form des Antagonismus, der sich in Kauf und Verkauf darstellt, schöne Seelen verwundet, zeigt der folgende Auszug aus Herrn Isaak Pereires: „Leçons sur l'industrie et les finances." Paris 1832. Daß derselbe Isaak der als Erfinder und Diktator des „Crédit mobilier" berüchtigte Pariser Börsenwolf ist, zeigt zugleich, was es mit der sentimentalen Kritik der Ökonomie auf sich hat. Herr Pereire, damals ein Apostel St. Simons, sagt: „C'est parceque tous les individus sont isolés, séparés les uns des autres, soit dans leurs travaux, soit pour la consommation, qu'il y a échange entre eux des produits de leur industrie respective. De la necessité de l'échange est derivée la necessité de determiner la valeur relative des objets. Les idées de la valeur et de l'échange sont donc intimement liées, et toutes deux dans leur forme actuelle expriment l'individualisme et l'antagonisme. . . . Il n'y a lieu à fixer la valeur des produits que parcequ'il y a vente et achat, en d'autres termes, antagonisme entre les divers membres de la société. Il n'y a lieu à s'occuper du prix, de valeur que là où il y avait vente et achat, c'est à dire, où chaque individu était obligé de lutter, pour se procurer les objets nécessaires à l'entretien de son existence." (l. c. p. 2, 3 passim.)

von Käufer und Verkäufer drückt sich zudem die antagonistische Natur der bürgerlichen Produktion noch so oberflächlich und formell aus, daß dieser Gegensatz auch vorbürgerlichen Gesellschaftsformen angehört, indem er bloß erheischt, daß die Individuen sich aufeinander als Inhaber von Waren beziehen.

Betrachten wir nun das Resultat von W — G — W, so sinkt es zusammen in den Stoffwechsel W — W. Ware ist gegen Ware, Gebrauchswert gegen Gebrauchswert ausgetauscht worden und die Geldwerdung der Ware, oder die Ware als Geld, dient nur zur Vermittlung dieses Stoffwechsels. Das Geld erscheint so als bloßes Tauschmittel der Waren, aber nicht als Tauschmittel überhaupt, sondern durch den Zirkulationsprozeß charakterisiertes Tauschmittel, d. h. Zirkulationsmittel.[1]

Daraus, daß der Zirkulationsprozeß der Waren erlischt in W — W und daher bloß durch Geld vermittelter Tauschhandel zu sein scheint, oder daß überhaupt W — G — W nicht nur in zwei isolierte Prozesse zerfällt, sondern zugleich ihre bewegte Einheit darstellt, schließen wollen, daß nur die Einheit und nicht die Trennung zwischen Kauf und Verkauf existiert, ist eine Manier des Denkens, deren Kritik in die Logik und nicht in die Ökonomie gehört. Wie die Trennung im Austauschprozeß von Kauf und Verkauf lokal-urwüchsige, angestammt fromme, gemütlich alberne Schranken des gesellschaftlichen Stoffwechsels sprengt, ist sie zugleich die allgemeine Form der Zerreißung seiner zusammengehörigen Momente und ihrer Festsetzung gegeneinander, mit einem Wort, die allgemeine Möglichkeit der Handelskrisen, jedoch nur weil der Gegensatz von Ware und Geld die abstrakte und allgemeine Form aller in der bürgerlichen Arbeit enthaltenen

---

[1] „L'argent n'est que le moyen et l'acheminement, au lieu que les denrées utiles à la vie sont la fin et le but." Boisguillebert: „Le Détail de la France", 1697, in Eugène Daires: „Economistes financiers du XVIIIième siècle" vol. I. Paris 1843, p. 210.

Gegensätze ist. Geldzirkulation kann daher stattfinden ohne Krisen, aber Krisen können nicht stattfinden ohne Geldzirkulation. Dies heißt jedoch nur, daß da, wo die auf Privataustausch beruhende Arbeit noch nicht einmal zur Geldbildung fortgegangen ist, sie natürlich noch weniger Phänomene hervorbringen kann, welche die volle Entwicklung des bürgerlichen Produktionsprozesses voraussetzen. Man kann daher die Tiefe der Kritik messen, die durch Abschaffung des „Privilegiums" der edlen Metalle und durch ein sogenanntes „rationelles Geldsystem" die „Mißstände" der bürgerlichen Produktion beseitigen will. Als Probe ökonomistischer Apologetik andererseits mag eine Wendung hinreichen, die als außerordentlich scharfsinnig verschrien ist. James Mill, der Vater des bekannten englischen Ökonomen John Stuart Mill, sagt: „Es kann nie einen Mangel an Käufern für alle Waren geben. Wer immer eine Ware zum Verkauf darbietet, verlangt eine Ware im Austausch dafür zu erhalten, und ist daher Käufer durch das bloße Faktum, daß er Verkäufer ist. Käufer und Verkäufer aller Waren zusammengenommen, müssen sich daher durch eine metaphysische Notwendigkeit das Gleichgewicht halten. Wenn daher mehr Verkäufer als Käufer von einer Ware da sind, muß es mehr Käufer als Verkäufer von einer anderen Ware geben."[1] Mill stellt das Gleichgewicht dadurch

---

[1] November 1807 erschien in England eine Schrift von William Spence unter dem Titel: „Britain independent of commerce", deren Prinzip William Cobbet in seinem „Political register" unter der drastischeren Form „Perish commerce" weiter ausführte. Dagegen veröffentlichte James Mill 1808 seine „Defence of commerce", worin sich das im Text aus seinen „Elements of political economy" entlehnte Argument schon findet. In seiner Polemik mit Sismondi und Malthus über die Handelskrisen eignete sich J. B. Say den artigen Fund an, und da es unmöglich wäre zu sagen, mit welchem neuen Einfall dieser komische „prince de la science" die politische Ökonomie bereichert hätte — sein Verdienst bestand vielmehr in der Unparteilichkeit, womit er seine Zeitgenossen Malthus, Sismondi und Ricardo gleichmäßig mißverstand —

her, daß er den Zirkulationsprozeß in unmittelbaren Tauschhandel verwandelt, in den unmittelbaren Tauschhandel aber wieder die dem Zirkulationsprozeß entlehnten Figuren von Käufer und Verkäufer hineinschmuggelt. In seiner Sprachverwirrung zu reden, giebt es in solchen Momenten, wo alle Waren unverkaufbar sind, wie zum Beispiel zu London und Hamburg während bestimmter Momente der Handelskrise 1857/58, in der Tat mehr Käufer als Verkäufer von einer Ware, dem Geld, und mehr Verkäufer als Käufer von allem anderen Geld, den Waren. Das metaphysische Gleichgewicht der Käufe und Verkäufe beschränkt sich darauf, daß jeder Kauf ein Verkauf und jeder Verkauf ein Kauf ist, was kein sonderlicher Trost für die Warenhüter, die es nicht zum Verkauf, also auch nicht zum Kauf bringen.[1]

Die Trennung zwischen Verkauf und Kauf macht mit dem eigentlichen Handel eine Masse Scheintransaktionen vor dem definitiven Austausch zwischen Warenproduzenten und Waren-

---

haben seine kontinentalen Bewunderer ihn als Heber jenes Schatzes vom metaphysischen Gleichgewicht der Käufe und Verkäufe ausposaunt.

[1] Die Manier, worin die Oekonomen die verschiedenen Formbestimmungen der Ware darstellen, mag man aus folgenden Beispielen ersehen:

„With money in possession, we have but one exchange to make, in order to secure the object of desire, while with other surplus products we have two, the first of which (procuring the money) is infinitely more difficult than the second." Opdyke, G.: „A treatise on political economy." New York 1851, p. 277—278.

„The superior saleableness of money is the exact effect or natural consequence of the less saleableness of commodities." (Corbet, Th.: „An inquiry into the causes and modes of the wealth of individuals etc." London 1841, p. 117.) „Money has the quality of being always exchangeable for what it measures." Bosanquet: „Metallic, Paper and Credit Currency etc." London 1842, p. 100.

„Money can always buy other commodities, whereas other commodities can not always buy money." Tooke, Th.: „An Inquiry into the Currency Principle." 2. ed. London 1844, p. 10.

Konsumenten möglich. Sie befähigt so eine Masse Parasiten sich in den Produktionsprozeß einzudrängen und die Scheidung auszubeuten. Dies heißt aber wieder nur, daß mit dem Geld als der allgemeinen Form der bürgerlichen Arbeit die **Möglichkeit** der Entwicklung ihrer Widersprüche gegeben ist.

b. Der Umlauf des Geldes.

Die wirkliche Zirkulation stellt sich zunächst dar als eine Masse zufällig neben einander laufender Käufe und Verkäufe. Im Kauf wie im Verkauf stehen sich Ware und Geld stets in derselben Beziehung gegenüber, der Verkäufer auf Seite der Ware, der Käufer auf Seite des Geldes. Geld als Zirkulationsmittel erscheint daher stets als Kaufmittel, womit seine unterschiedenen Bestimmungen in den entgegengesetzten Phasen der Warenmetamorphose unerkenntlich geworden sind.

Das Geld geht in demselben Akt in die Hand des Verkäufers über, worin die Ware in die Hand des Käufers übergeht. Ware und Geld laufen also in entgegengesetzter Richtung, und dieser Stellenwechsel, worin die Ware auf die eine, und das Geld auf die andere Seite tritt, vollzieht sich gleichzeitig an unbestimmt vielen Punkten auf der ganzen Oberfläche der bürgerlichen Gesellschaft. Der erste Schritt aber, den die Ware in die Zirkulation tut, ist zugleich ihr letzter Schritt.[1] Ob sie aus der Stelle rückt, weil Gold von ihr (W — G), oder weil sie vom Gold angezogen wird (G — W), mit dem einen Ruck, dem einen Stellenwechsel, fällt sie aus der Zirkulation in die Konsumtion. Die Zirkulation ist fortwährende Bewegung von Waren, aber von stets anderen Waren, und jede Ware bewegt sich nur einmal. Jede Ware beginnt die zweite Hälfte ihrer Zirkulation

---

[1] Dieselbe Ware kann mehrmals gekauft und wieder verkauft werden. Sie zirkuliert dann nicht als bloße Ware, sondern in einer Bestimmung, die auf dem Standpunkt der einfachen Zirkulation, des einfachen Gegensatzes von Ware und Geld, nicht vorhanden ist.

nicht als dieselbe Ware, sondern als eine andere Ware, als Gold. Die Bewegung der metamorphosierten Ware ist also die Bewegung des Goldes. Dasselbe Stück Geld oder das identische Goldindividuum, das im Akt W — G einmal die Stelle gewechselt hat mit einer Ware, erscheint umgekehrt wieder als Ausgangspunkt von G — W und wechselt so die Stelle zum zweiten Male mit einer anderen Ware. Wie es aus der Hand des Käufers B in die Hand des Verkäufers A, geht es nun aus der Hand des Käufer gewordenen A in die Hand von C über. Die Formbewegung einer Ware, ihre Verwandlung in Geld und ihre Rückverwandlung aus Geld, oder die Bewegung der Gesamtmetamorphose der Ware stellt sich also dar als die äußerliche Bewegung desselben Geldstücks, das zweimal die Stellen mit zwei verschiedenen Waren wechselt. So zersplittert und zufällig Käufe und Verkäufe nebeneinander fallen, stets steht in der wirklichen Zirkulation einem Käufer ein Verkäufer gegenüber und das Geld, das an die Stelle der verkauften Ware rückt, muß, bevor es in die Hand des Käufers kam, schon einmal die Stelle mit einer anderen Ware gewechselt haben. Andererseits geht es früher oder später wieder aus der Hand des Käufer gewordenen Verkäufers in die eines neuen Verkäufers über, und in dieser öfteren Wiederholung seines Stellenwechsels drückt es die Verkettung der Metamorphosen der Waren aus. Dieselben Geldstücke rücken also, stets in entgegengesetzter Richtung zu den bewegten Waren, das eine häufiger, das andere minder häufig, von einer Stelle der Zirkulation zur anderen, und beschreiben daher einen längeren oder kürzeren Zirkulationsbogen. Diese verschiedenen Bewegungen desselben Geldstücks können nur in der Zeit aufeinander folgen, wie umgekehrt die Vielheit und Zersplitterung der Käufe und Verkäufe in dem gleichzeitigen, räumlich nebeneinander laufenden einmaligen Stellenwechsel von Waren und Geld erscheint.

Die Warenzirkulation W — G — W in ihrer einfachen Form, vollzieht sich im Übergang des Geldes aus der Hand des Käufers in die des Verkäufers und aus der Hand des Käufer gewordenen Verkäufers in die eines neuen Verkäufers. Damit ist die Metamorphose der Ware beendet und folglich die Bewegung des Geldes, soweit sie ihr Ausdruck. Da aber stets neue Gebrauchswerte als Waren produziert und daher stets von neuem in die Zirkulation geworfen werden müssen, wiederholt und erneuert sich W — G — W von Seiten derselben Warenbesitzer. Das Geld, das sie als Käufer ausgegeben, kehrt in ihre Hand zurück, sobald sie von neuem als Verkäufer von Waren erscheinen. Die beständige Erneuerung der Warenzirkulation spiegelt sich so darin ab, daß das Geld nicht nur beständig rouliert aus einer Hand in die andere, über die ganze Oberfläche der bürgerlichen Gesellschaft, sondern zugleich eine Summe verschiedener kleiner Kreisläufe beschreibt, ausgehend von unendlich verschiedenen Punkten und zurückkehrend zu denselben Punkten, um von neuem dieselbe Bewegung zu wiederholen.

Wenn der Formwechsel der Waren als bloßer Stellenwechsel des Geldes erscheint und die Kontinuität der Zirkulationsbewegung ganz auf Seite des Geldes fällt, indem die Ware immer nur einen Schritt in entgegengesetzter Richtung mit dem Geld, das Geld aber stets den zweiten Schritt für die Ware tut und B sagt, wo die Ware A gesagt hat, so scheint die ganze Bewegung vom Geld auszugehen, obgleich die Ware beim Verkauf das Geld aus seiner Stelle zieht, also ebensowohl das Geld zirkuliert, wie sie vom Geld im Kauf zirkuliert wird. Daß das Geld ihr ferner stets in derselben Beziehung als Kaufmittel gegenüber tritt, als solches die Waren aber nur bewegt durch Realisieren ihres Preises, erscheint die ganze Bewegung der Zirkulation so, daß Geld den Platz mit den Waren wechselt, indem es ihre Preise realisiert, sei es in gleichzeitig nebeneinander vorgehenden, besonderen Zirkulationsakten, sei es successiv, indem dasselbe Geldstück verschiedene Warenpreise der Reihe nach realisiert. Betrachten wir z. B. W — G — W' — G — W'' — G — W''' 2c., ohne Rücksicht auf die qualitativen Momente, die im wirklichen Zirkulationsprozeß unerkenntlich werden, so zeigt sich nur dieselbe monotone Operation. G, nachdem es den Preis von W realisiert hat, realisiert der Reihe nach die Preise von W'—W'' u. s. w., und die Waren W' — W'' — W''' u. s. w. treten stets an die Stelle, die das Geld verläßt. Das Geld scheint also die Waren zu zirkulieren, indem es ihre Preise realisiert. In dieser Funktion des Realisierens der Preise zirkuliert es selbst beständig, indem es bald bloß eine Stelle wechselt, bald einen Zirkulationsbogen durchläuft, bald einen kleinen Kreis beschreibt, wo Ausgangspunkt und Punkt der Rückkehr zusammenfallen. Als Zirkulationsmittel hat es seine eigene Zirkulation. Die Formbewegung der prozessierenden Waren erscheint daher als seine eigene den Austausch der an sich bewegungslosen Waren vermittelnde Bewegung. Die Bewegung des Zirkulationsprozesses der Waren stellt sich also dar in der Bewegung des Goldes als Zirkulationsmittel — im Geldumlauf.

Wie die Warenbesitzer die Produkte ihrer Privatarbeiten als Produkte gesellschaftlicher Arbeit darstellten, indem sie ein Ding, Gold, in unmittelbares Dasein der allgemeinen Arbeitszeit und darum in Geld verwandelten, so tritt ihnen jetzt ihre eigene allseitige Bewegung, wodurch sie den Stoffwechsel ihrer Arbeiten vermitteln, als eigentümliche Bewegung eines Dinges gegenüber, als Umlauf des Goldes. Die gesellschaftliche Bewegung selbst ist für die Warenbesitzer einerseits äußerliche Notwendigkeit, andererseits bloß formeller vermittelnder Prozeß, der jedes Individuum befähigt, für den Gebrauchswert, den es in die Zirkulation wirft, andere Gebrauchswerte von demselben Wertumfang aus ihr herauszuziehen. Der Gebrauchswert der Ware beginnt mit ihrem Herausfallen aus der Zirkulation, während der Gebrauchswert des Geldes als Zirkulationsmittel sein Zirkulieren selbst ist. Die Bewegung der Ware in der Zirkulation ist nur ein verschwindendes Moment, während rastloses Umhertreiben in ihr zur Funktion des Geldes wird. Diese seine eigentümliche Funktion innerhalb des Zirkulationsprozesses giebt dem Geld als Zirkulationsmittel neue Formbestimmtheit, die nun näher zu entwickeln ist.

Zunächst leuchtet ein, daß der Geldumlauf eine unendlich zersplitterte Bewegung ist, da sich in ihm die unendliche Zersplitterung des Zirkulationsprozesses in Käufe und Verkäufe und das gleichgiltige Auseinanderfallen der sich ergänzenden Phasen der Warenmetamorphose widerspiegeln. In den kleinen Kreisläufen des Geldes, wo Ausgangspunkt und Punkt der Rückkehr zusammenfallen, zeigt sich zwar sich zurückbiegende Bewegung, wirkliche Kreisbewegung, aber einmal sind ebensoviele Ausgangspunkte da wie Waren, und schon durch ihre unbestimmte Vielheit entziehen sich diese Kreisläufe aller Kontrolle, Messung und Berechnung. Ebensowenig ist die Zeit bestimmt zwischen der Entfernung und der Rückkehr zum Ausgangspunkt. Auch ist es gleichgiltig, ob ein solcher Kreislauf in einem gegebenen Fall beschrieben wird oder nicht. Kein ökonomisches Faktum ist allgemeiner bekannt, als daß einer Geld mit der einen Hand ausgeben kann, ohne daß er es mit der anderen wieder einnimmt. Geld geht von unendlich verschiedenen Punkten aus und kehrt an unendlich verschiedenen Punkten zurück, aber das Zusammenfallen von Ausgangspunkt und Rückkehrpunkt ist zufällig, weil in der Bewegung W — G — W die Rückverwandlung des Käufers in Verkäufer nicht notwendig bedingt ist. Noch weniger aber stellt der Geldumlauf eine Bewegung dar, die von einem Zentrum nach allen Punkten der Peripherie ausstrahlt, und von allen Punkten der Peripherie nach demselben Zentrum zurückkehrt. Der sogenannte Zirkellauf des Geldes, wie er als Bild vorschwebt, beschränkt sich darauf, daß auf allen Punkten sein Erscheinen und sein Verschwinden, sein rastloser Stellenwechsel gesehen wird. In einer höheren vermittelten Form der Geldzirkulation, z. B. der Banknotenzirkulation, werden wir finden, daß die Bedingungen der Ausgabe des Geldes die Bedingungen seiner Rückströmung einschließen. Für die einfache Geldzirkulation ist es dagegen zufällig, daß derselbe Käufer wieder Verkäufer wird. Wo sich wirkliche Zirkelbewegungen konstant in ihr zeigen, sind sie bloße Widerspiegelung tieferer Produktionsprozesse. Zum Beispiel der Fabrikant nimmt am Freitag Geld von seinem Bankier, zahlt es am Samstag seinen Arbeitern aus, diese zahlen den größten Teil desselben gleich weg an Krämer u. s. w. und letztere bringen es am Montag zum Bankier zurück.

Wir haben gesehen, daß das Geld in den räumlich bunt nebeneinander fallenden Käufen und Verkäufen eine gegebene Masse von Preisen gleichzeitig realisiert und nur einmal die Stelle mit den Waren wechselt. Andererseits aber, soweit in seiner Bewegung die Bewegung der Gesamtmetamorphosen der Waren und die Verkettung dieser Metamorphosen erscheint, realisiert dasselbe Geldstück die Preise verschiedener Waren und vollzieht so eine größere oder geringere Anzahl von Umläufen. Nehmen wir also den Zirkulationsprozeß eines Landes in einem gegebenen Zeitabschnitt, einem Tag zum Beispiel, so wird die zur Realisation der Preise und daher zur Zirkulation der Waren erheischte Goldmasse bestimmt sein durch das doppelte Moment einerseits der Gesamtsumme dieser Preise, andererseits der Durchschnittsanzahl der Umläufe derselben Goldstücke. Diese Anzahl der Umläufe oder die Geschwindigkeit des Geldumlaufs ist ihrerseits wieder bestimmt oder drückt nur aus die Durchschnittsgeschwindigkeit, worin die Waren die verschiedenen Phasen ihrer Metamorphose durchlaufen, worin diese Metamorphosen sich als Kette fortsetzen und worin die Waren, die ihre Metamorphosen durchlaufen haben, durch neue Waren im Zirkulationsprozeß ersetzt werden. Während also in der Preisgebung der Tauschwert aller Waren ideell in ein Goldquantum von derselben Wertgröße verwandelt und in den beiden isolierten Zirkulationsakten G — W und W — G dieselbe Wertsumme doppelt vorhanden war, auf der einen Seite in Ware, auf der anderen in Gold, ist das Dasein des Goldes als Zirkulationsmittel bestimmt nicht durch seine isolierte Beziehung auf die einzelnen ruhenden Waren, sondern durch sein bewegtes Dasein in der prozessierenden Warenwelt; durch seine Funktion, in seinem Stellenwechsel den Formwechsel der Waren, also durch die Geschwindigkeit seines Stellenwechsels die Geschwindigkeit ihres Formwechsels darzustellen. Sein wirkliches Vorhandensein im Zirkulationsprozeß, d. h. die wirkliche Masse Gold, die zirkuliert, ist also nun bestimmt durch sein funktionierendes Dasein im Gesamtprozeß selbst.

Die Voraussetzung der Geldzirkulation ist die Warenzirkulation, und zwar zirkuliert das Geld Waren, die Preise haben, d. h. ideell schon bestimmten Goldquantitäten gleichgesetzt sind. In der Preisbestimmung der Waren selbst ist die Wertgröße des als Maßeinheit dienenden Goldquantums oder der Wert des Goldes als gegeben vorausgesetzt. Unter dieser Voraussetzung also ist das für die Zirkulation erheischte Quantum Gold zunächst bestimmt durch die Gesamtsumme der zu realisierenden Warenpreise. Diese Gesamtsumme selbst aber ist bestimmt 1. durch den Preisgrad, die relative Höhe oder Niedrigkeit der in Gold geschätzten Tauschwerte der Waren und 2. durch die Masse der zu bestimmten Preisen zirkulierenden Waren, also durch die Masse der Käufe und Verkäufe zu gegebenen Preisen.[1] Kostet ein Quarter

---

[1] Die Masse des Geldes ist gleichgültig „pourvu qu'il y en ait assez pour maintenir les prix contractés par les denrées." Boisguillebert, l. c. p. 210. „Wenn die Zirkulation von Waren von

Weizen 60 s., so ist noch einmal so viel Gold nötig, um es zu zirkulieren oder seinen Preis zu realisieren, als wenn er nur 30 s. kostet. Zur Zirkulation von 500 Quarter zu 60 s. ist noch einmal so viel Gold nötig, als zur Zirkulation von 250 Quarter zu demselben Preis. Endlich zur Zirkulation von 10 Quarter zu 100 s. ist nur halb soviel Gold nöthig, als zur Zirkulation von 40 Quarter zu 50 s. Es folgt daher, daß die zur Zirkulation erheischte Quantität von Gold fallen kann, trotz dem Steigen der Preise, wenn die Masse der zirkulierten Waren in größerem Verhältnis abnimmt, als die Gesamtsumme der Preise wächst, und daß umgekehrt die Masse der Zirkulationsmittel steigen kann, wenn die Masse der zirkulierten Waren fällt, aber ihre Preissumme in größerem Verhältnis steigt. Schöne englische Detailuntersuchungen haben so zum Beispiel nachgewiesen, daß in England in den ersten Stadien einer Getreideteuerung die Masse des zirkulierenden Geldes zunimmt, weil die Preissumme der verminderten Getreidemasse größer ist als die Preissumme der größeren Getreidemasse war, zugleich aber die Zirkulation der übrigen Warenmasse zu ihren alten Preisen für einige Zeit ungestört fortdauert. In einem späteren Stadium der Getreideteuerung fällt dagegen die Masse des zirkulierenden Geldes, entweder weil neben dem Getreide weniger Waren zu den alten Preisen oder ebensoviel Waren zu niedrigeren Preisen verkauft werden.

Die Quantität des zirkulierenden Geldes ist aber wie wir sahen nicht nur durch die Gesamtsumme der zu realisierenden

---

400 Millionen Pfund Sterling eine Masse Gold von 40 Millionen erheischt und diese Proportion von $^1/_{10}$ das adäquate Niveau war, dann, wenn der Wert der zirkulierenden Waren aus natürlichen Gründen zu 450 Millionen steigt, müßte die Goldmasse, um auf ihrem Niveau zu bleiben, zu 45 Millionen wachsen." W. Blake: „Observations on the effects produced by the expenditure of Government etc." London 1823, p. 42.

Warenpreise bestimmt, sondern zugleich durch die Geschwindigkeit, womit das Geld umläuft oder in einem gegebenen Zeitabschnitt das Geschäft dieser Realisation vollbringt. Wenn derselbe Sovereign an demselben Tage 10 Käufe macht, jedesmal von Ware zum Preis eines Sovereign, also 10mal die Hände wechselt, vollbringt er exakt dasselbe Geschäft wie 10 Sovereigns, deren jeder in einem Tag nur einmal umläuft.[1] Geschwindigkeit im Umlauf des Goldes kann also seine Quantität ersetzen oder das Dasein des Goldes im Zirkulationsprozeß ist nicht nur durch sein Dasein als Äquivalent neben der Ware, sondern auch durch sein Dasein innerhalb der Bewegung der Warenmetamorphose bestimmt. Die Geschwindigkeit des Geldumlaufs ersetzt jedoch seine Quantität nur zu einem bestimmten Grad, da unendlich zersplitterte Käufe und Verkäufe in jedem gegebenen Zeitpunkt räumlich nebeneinander fallen.

Steigen die Gesamtpreise der zirkulierenden Waren, aber in kleinerem Verhältnis als die Geschwindigkeit des Geldumlaufs wächst, so wird die Masse der Zirkulationsmittel fallen. Nimmt umgekehrt die Geschwindigkeit der Zirkulation ab in größerem Verhältnis als der Gesamtpreis der zirkulierenden Warenmasse fällt, so wird die Masse der Zirkulationsmittel steigen. Wachsende Quantität der Zirkulationsmittel mit allgemein fallenden Preisen, abnehmende Quantität der Zirkulationsmittel mit allgemein steigen= den Preisen ist eins der best konstatierten Phänomene in der Ge= schichte der Warenpreise. Die Ursachen aber, die Steigen im Grad der Preise und gleichzeitig noch höheres Steigen im Grad der Umlaufsgeschwindigkeit des Geldes hervorbringen, sowie die umgekehrte Bewegung, fallen außerhalb der Betrachtung der ein= fachen Zirkulation. Beispielsweise kann angeführt werden, daß

---

[1] „È la velocità del giro del danaro, non la quantità dei metalli che fa apparir molto a poco il danaro." Galiani, l. c. p. 99.

unter anderem in Epochen vorherrschenden Kredits die Geschwindigkeit des Geldumlaufs schneller wächst, als die Preise der Waren, während mit abnehmendem Kredit die Preise der Waren langsamer fallen, als die Geschwindigkeit der Zirkulation. Der oberflächliche und formelle Charakter der einfachen Geldzirkulation zeigt sich eben darin, daß alle die Anzahl der Zirkulationsmittel bestimmenden Momente, wie Masse der zirkulierenden Waren, Preise, Steigen oder Fallen der Preise, Anzahl gleichzeitiger Käufe und Verkäufe, Geschwindigkeit des Geldumlaufs, abhängen von dem Prozeß der Metamorphose der Warenwelt, der wieder abhängt vom Gesamtcharakter der Produktionsweise, Populationsmenge, Verhältnis von Stadt und Land, Entwicklung der Transportmittel, von größerer oder geringerer Teilung der Arbeit, Kredit u. s. w., kurz von Umständen, die alle außerhalb der einfachen Geldzirkulation liegen und sich in ihr nur abspiegeln.

Die Geschwindigkeit der Zirkulation vorausgesetzt, ist die Masse der Zirkulationsmittel also einfach bestimmt durch die Preise der Waren. Preise sind also nicht hoch oder niedrig, weil mehr oder weniger Geld umläuft, sondern es läuft mehr oder weniger Geld um, weil die Preise hoch oder niedrig sind. Es ist dies eins der wichtigsten ökonomischen Gesetze, dessen Nachweisung im Detail durch die Geschichte der Warenpreise vielleicht das einzige Verdienst der Nach=Ricardoschen englischen Ökonomie bildet. Zeigt nun die Erfahrung, daß das Niveau der metallischen Zirkulation oder die Masse des zirkulierenden Goldes oder Silbers in einem bestimmten Lande zwar temporären Ebbungen und Flutungen ausgesetzt ist und manchmal sehr heftigen Ebbungen und Flutungen,[1] im ganzen aber für längere Zeitperioden sich

---

[1] Ein Beispiel vom außerordentlichen Fallen der metallischen Zirkulation unter ihr Durchschnittsniveau bot England im Jahre 1858, wie man aus folgendem Auszug aus dem „London Economist" sehen wird: „From the nature of the case (nämlich dem zersplitterten Charakter

gleichbleibt, und die Abweichungen vom Durchschnittsniveau nur zu schwachen Oscillationen fortgehen, so erklärt sich dies Phänomen einfach aus der gegensätzlichen Natur der Umstände, die die Masse des zirkulierenden Geldes bestimmen. Ihre gleichzeitige Modifikation paralysiert ihre Wirkung und läßt alles beim Alten.

Das Gesetz, daß bei gegebener Umlaufsgeschwindigkeit des Geldes und gegebener Preissumme der Waren die Quantität des zirkulierenden Mediums bestimmt ist, läßt sich auch so ausdrücken, daß, wenn die Tauschwerte der Waren und die Durchschnittsgeschwindigkeit ihrer Metamorphosen gegeben sind, die Quantität des zirkulierenden Goldes von seinem eigenen Wert abhängt. Nähme daher der Wert des Goldes, d. h. die zu seiner Produktion erheischte Arbeitszeit, zu oder ab, so würden die Warenpreise in umgekehrtem Verhältnisse steigen oder fallen, und diesem allgemeinen Steigen oder Fallen der Preise würde bei gleichbleibender Umlaufsgeschwindigkeit eine größere oder geringere Masse des Goldes entsprechen, das zur Zirkulation derselben Warenmasse erheischt wäre. Derselbe Wechsel fände statt, wenn das alte Wertmaß durch ein wertvolleres oder wertloseres Metall verdrängt würde. So bedurfte Holland, als es aus zarter Rücksicht auf die Staatsgläubiger und aus Furcht vor den Wirkungen der kalifornischen und australischen Entdeckungen das Goldgeld durch

---

der einfachen Zirkulation) very exact data cannot be procured as to the amount of cash that is fluctuating in the market, and in the hands of the not banking classes. But, perhaps, the activity or the inactivity of the Mints of the great commercial nations is one of the most likely indications in the variations of that amount. Much will be manufactured when much is wanted; and little when little is wanted.... At the English Mint the coinage was in 1855: 9245000 £, 1856: 6476000 £, 1857: 5293855 £. During 1858 the Mint had scarcely anything to do" Economist July 10. 1858. Gleichzeitig aber lagen im Bankkeller ungefähr 18 Millionen Pfund Sterling Gold.

Silbergeld ersetzte, 14 bis 15mal mehr Silber als früher Gold, um dieselbe Warenmasse zu zirkulieren.

Aus der Abhängigkeit des zirkulierenden Goldquantums von der wechselnden Summe der Warenpreise und von der wechselnden Zirkulationsgeschwindigkeit folgt, daß die Masse der metallischen Zirkulationsmittel der Kontraktion und Expansion fähig sein muß, kurz daß dem Bedürfnis des Zirkulationsprozesses entsprechend, das Gold bald als Zirkulationsmittel in den Prozeß eintreten, bald wieder aus ihm ausscheiden muß. Wie der Zirkulationsprozeß selbst diese Bedingungen verwirklicht, werden wir später sehen.

c. Die Münze. Das Wertzeichen.

Das Gold in seiner Funktion als Zirkulationsmittel erhält eine eigene Fasson, es wird Münze. Damit sein Umlauf nicht durch technische Schwierigkeiten aufgehalten werde, wird es dem Maßstab des Rechengeldes entsprechend gemünzt. Goldstücke, deren Gepräge und Figur anzeigt, daß sie die in den Rechennamen des Geldes, £, s. u. f. w. vorgestellten Gewichtsteile Gold enthalten, sind Münzen. Wie die Bestimmung des Münzpreises, so fällt das technische Geschäft der Münzung dem Staat anheim. Wie als Rechengeld, so erhält das Geld als Münze lokalen und politischen Charakter, spricht verschiedene Landessprachen und trägt verschiedene Nationaluniform. Die Sphäre, worin das Geld als Münze umläuft, scheidet sich daher als innere, durch die Grenzen eines Gemeinwesens umschriebene Warenzirkulation von der allgemeinen Zirkulation der Warenwelt ab.

Indes Gold im Barrenzustande und Gold als Münze unterscheiden sich nicht mehr als sein Münzname und sein Gewichtsname. Was in dem letzten Fall Namensunterschied, erscheint jetzt als bloßer Unterschied der Figur. Die Goldmünze kann in den Schmelztiegel geworfen und damit wieder in Gold sans phrase verwandelt werden, wie umgekehrt der Goldbarren nur auf die Münze geschickt zu werden braucht, um die Münzform zu erhalten. Die Verwandlung und Rückverwandlung aus der einen Figur in die andere erscheint als rein technische Operation.

Für 100 Pfunde oder 1200 Unzen troy 22karätiges Gold erhält man von der englischen Münze 4672½ £ oder Goldsovereigns und legt man diese Sovereigns auf die eine Seite der Wagschale, 100 Pfund Barrengold auf die andere, so wiegen sie gleich schwer, und so ist der Beweis geliefert, daß der Sovereign nichts anderes ist, als das mit diesem Namen im englischen Münzpreis angezeigte Gewichtteil Gold, mit eigener Figur und eigenem Stempel. Die 4672½ Goldsovereigns werden von verschiedenen Punkten in Zirkulation geworfen, und von ihr ergriffen vollziehen sie an einem Tage eine bestimmte Anzahl von Umläufen, der eine Sovereign mehr, der andere weniger. Wäre die Durchschnittszahl der täglichen Umläufe von je einer Unze 10, so würden die 1200 Unzen Gold eine Gesamtsumme von Warenpreisen zum Belauf von 12000 Unzen oder 46725 Sovereigns realisiren. Man mag eine Unze Gold drehen und wenden wie man will, sie wird nie 10 Unzen Gold wiegen. Hier im Zirkulationsprozeß wiegt aber in der Tat 1 Unze 10 Unzen. Das Dasein der Münze innerhalb des Zirkulationsprozesses ist gleich dem in ihr enthaltenen Goldquantum multipliziert mit der Zahl ihrer Umläufe. Außer ihrem wirklichen Dasein als einzelnes Goldstück von bestimmtem Gewicht erhält die Münze also ein aus ihrer Funktion entspringendes ideelles Dasein. Indes der Sovereign mag einmal oder zehnmal umlaufen, in jedem einzelnen Kauf oder Verkauf wirkt er nur als einzelner Sovereign. Es ist wie mit einem General, der am Schlachttag durch rechtzeitiges Erscheinen an 10 verschiedenen Punkten 10 Generäle ersetzt, aber doch auf jedem Punkte derselbe identische

General ist. Die Idealisierung des Zirkulationsmittels, die im Geldumlauf aus dem Ersetzen von Quantität durch Geschwindigkeit entspringt, betrifft nur das funktionelle Dasein der Münze innerhalb des Zirkulationsprozesses, ergreift aber nicht das Dasein des einzelnen Geldstücks.

Der Geldumlauf jedoch ist äußere Bewegung, und der Sovereign, obgleich er non olet, treibt sich in gemischter Gesellschaft um. In der Friktion mit allen Sorten von Händen, Beuteln, Taschen, Börsen, Katzen, Säckeln, Kisten und Kasten, reibt sich die Münze auf, läßt hier ein Goldatom hängen, dort ein anderes und verliert so durch die Abschleifung im Weltlauf mehr und mehr von ihrem inneren Gehalt. Indem sie benutzt wird, wird sie abgenutzt. Halten wir den Sovereign in einem Momente fest, wo sein naturwüchsig gediegener Charakter nur noch schwach angegriffen scheint. „Ein Bäcker, der heute einen nagelneuen Sovereign frisch von der Bank erhält und ihn morgen an den Müller wegzahlt, zahlt nicht denselben wahrhaften (veritable) Sovereign; er ist leichter als zur Zeit, wo er ihn erhielt."[1] „Es ist klar, daß die Münze durch die Natur der Dinge selbst stets Stück für Stück in Depreziation fallen muß, in Folge der bloßen Wirkung der gewöhnlichen und unvermeidlichen Abschleifung. Es ist eine physische Unmöglichkeit, zu irgend einer Zeit selbst für einen einzigen Tag leichte Münzen ganz von der Zirkulation auszuschließen."[2] Jacob schätzt, daß von den 380 Millionen Pfund Sterling, die 1809 in Europa existirten, 1829, also in einem Zeitraum von 20 Jahren, 19 Millionen Pfund Sterling

---

[1] Dodd: „Curiosities of industry etc." London 1854.
[2] „The currency question reviewed etc. by a banker." Edinburgh 1845, p. 69 etc. „Si un écu un peu usé etait reputé valoir quelque chose de moins qu'un écu tout neuf, la circulation se trouverait continuellement arrêtée, et il n'y aurait pas un seul payement qui ne fut matière à contestation." G. Garnier, l. c. t. I. p. 24.

durch Abschleifen völlig verschwunden waren.¹ Wie also die Ware beim ersten Schritt, den sie in die Zirkulation hinein tut, aus ihr herausfällt, so stellt die Münze nach ein paar Schritten in der Zirkulation mehr Metallgehalt vor, als sie hat. Je länger die Münze umläuft bei gleichbleibender Zirkulationsgeschwindigkeit, oder je lebhafter ihre Zirkulation in demselben Zeitraum wird, um so mehr löst sich ihr Dasein als Münze von ihrem goldenen oder silbernen Dasein ab. Was übrig bleibt, ist magni nominis umbra. Der Leib der Münze ist nur noch ein Schatten. Während sie ursprünglich durch den Prozeß schwerer, wird sie jetzt leichter durch ihn, fährt aber fort, in jedem einzelnen Kauf oder Verkauf als das ursprüngliche Goldquantum zu gelten. Der Sovereign fährt fort, als Schein=Sovereign, als Schein=Gold, die Funktion des legitimen Goldstücks zu vollziehen. Während andere Wesen durch Reibung mit der Außenwelt ihren Idealismus einbüßen, wird die Münze durch die Praxis idealisiert, in bloßes Scheindasein ihres goldenen oder silbernen Leibes verwandelt. Diese zweite, durch den Zirkulationsprozeß selbst bewirkte Idealisierung des Metallgeldes, oder die Scheidung zwischen seinem Nominalgehalt und seinem Realgehalt, wird teils von Regierungen, teils von Privatabenteurern in Münzfälschungen buntester Art ausgebeutet. Die ganze Geschichte des Münzwesens vom Anfang des Mittelalters bis tief ins achtzehnte Jahrhundert löst sich auf in die Geschichte dieser doppelseitigen und antagonistischen Fälschungen, und Custodis vielbändige Sammlung der italienischen Ökonomen dreht sich zum großen Teil um diesen Punkt.

Das Scheindasein des Goldes innerhalb seiner Funktion tritt jedoch in Konflikt mit seinem wirklichen Dasein. Eine Goldmünze hat mehr, die andere weniger von ihrem Metallgehalt im

---

¹ Jacob, W.: „An inquiry into the production and consumption of the precious metals." London 1831, vol. II, ch. XXVI.

Umlauf eingebüßt und der eine Sovereign ist daher jetzt in der Tat mehr wert, als der andere. Da sie aber in ihrem funktionellen Dasein als Münze gleichviel gelten, der Sovereign, der ¹/₄ Unze ist, nicht mehr als der Sovereign, der ¹/₄ Unze scheint, werden die vollwichtigen Sovereigns teilweise in den Händen gewissenloser Besitzer chirurgischen Operationen unterworfen, und künstlich an ihnen vollbracht, was der Umlauf selbst natürlich an ihren leichten Brüdern vollzog. Sie werden gekippt und gewippt und ihr überflüssiges Goldfett wandert in den Schmelztiegel. Wenn 4672¹/₂ Goldsovereigns auf eine Wagschale gelegt, durchschnittlich nur noch 800 Unzen wiegen, statt 1200, werden sie, auf den Goldmarkt gebracht, nur noch 800 Unzen Gold kaufen oder der Marktpreis des Goldes stiege über seinen Münzpreis. Jedes Geldstück, auch wenn vollwichtig, gälte in seiner Münzform weniger als in seiner Barrenform. Die vollwichtigen Sovereigns würden rückverwandelt in ihre Barrenform, worin mehr Gold mehr Wert hat als wieder Gold. Sobald dies Fallen unter den Metallgehalt die hinreichende Anzahl Sovereigns ergriffen hätte, um anhaltendes Steigen des Marktpreises des Goldes über seinen Münzpreis zu bewirken, würden die Rechennamen der Münze dieselben bleiben, aber künftig ein geringeres Quantum Gold anzeigen. In anderen Worten, der Maßstab des Geldes würde sich ändern und das Gold künftig diesem neuen Maßstab entsprechend gemünzt werden. Durch seine Idealisierung als Zirkulationsmittel hätte das Gold rückschlagend die gesetzlich festgesetzten Verhältnisse, worin es Maßstab der Preise war, verändert. Dieselbe Revolution würde sich nach einem gewissen Zeitraum wiederholen und so wäre das Gold sowohl in seiner Funktion als Maßstab der Preise, wie als Zirkulationsmittel, einem beständigen Wechsel unterworfen, so daß der Wechsel in der einen Form den in der anderen hervorbrächte und umgekehrt. Dies erklärt das früher erwähnte Phänomen, daß in der Geschichte aller modernen Völker derselbe Geldname einem sich stets vermindernden Metallgehalt verblieb. Der Widerspruch zwischen dem Gold als Münze und dem Gold als Maßstab der Preise wird ebenso zum Widerspruch zwischen dem Gold als Münze und dem Gold als allgemeinem Äquivalent, als welches es nicht nur innerhalb der Landesgrenzen, sondern auf dem Weltmarkt zirkuliert. Als Maß der Werte war Gold stets vollwichtig, weil es nur als ideelles Gold diente. Als Äquivalent in dem isolierten Akt W — G fällt es aus seinem bewegten Dasein sofort in sein ruhendes zurück, aber als Münze tritt seine natürliche Substanz in fortwährenden Konflikt mit seiner Funktion. Vollständig ist die Verwandlung des Goldsovereigns in Scheingold nicht zu vermeiden, aber die Gesetzgebung sucht seine Festsetzung als Münze zu verhindern, indem er auf einem gewissen Grad von Substanzmangel abgesetzt wird. Nach englischem Gesetz zum Beispiel ist ein Sovereign, der mehr als 0,747 Gran Gewicht verloren hat, kein legaler Sovereign mehr. Die Bank von England, die zwischen 1844 und 1848 allein 48 Millionen Goldsovereigns gewogen hat, besitzt in der Goldwage des Herrn Cotton eine Maschine, die nicht nur den Unterschied von $\frac{1}{100}$tel Gran zwischen zwei Sovereigns herausfühlt, sondern wie ein verständiges Wesen den untergewichtigen fortschnellt auf ein Brett, wo er unter eine andere Maschine gerät, die ihn mit orientalischer Grausamkeit zersägt.

Indes könnte die Goldmünze unter diesen Bedingungen überhaupt nicht zirkulieren, würde ihr Umlauf nicht auf bestimmte Kreise der Zirkulation beschränkt, innerhalb deren Grenzen sie sich weniger schnell abnutzt. Sofern eine Goldmünze in der Zirkulation als $\frac{1}{4}$ Unze gilt, während sie nur noch $\frac{1}{5}$ Unze wiegt, ist sie in der Tat zum bloßen Zeichen oder Symbol für $\frac{1}{20}$ Unze Gold geworden, und so wird alle Goldmünze durch den Zirkulationsprozeß selbst mehr oder minder in ein bloßes Zeichen oder Symbol ihrer Substanz verwandelt. Aber kein Ding kann sein eigenes Symbol sein. Gemalte Trauben sind nicht das Symbol wirklicher Trauben, sondern Scheintrauben. Noch minder aber kann ein leichter Sovereign das Symbol eines vollwichtigen sein, so wenig wie ein abgemagertes Pferd Symbol eines fetten Pferdes sein kann. Da also Gold zum Symbol seiner selbst wird, aber nicht als Symbol seiner selbst bienen kann, erhält es in den Kreisen der Zirkulation, worin es sich am schnellsten abnutzt, d. h. in den Kreisen, wo Käufe und Verkäufe in den kleinsten Proportionen beständig erneuert werden, ein von seinem Goldbasein getrenntes symbolisches, silbernes oder kupfernes Dasein. Obgleich nicht dieselben Goldstücke, würde stets eine bestimmte Proportion des gesammten Goldgeldes sich in diesen Kreisen als Münze umtreiben. In dieser Proportion wird das Gold durch silberne oder kupferne Marken ersetzt. Während also nur eine spezifische Ware als Maß der Werte und darum als Geld innerhalb eines Landes funktionieren kann, können verschiedene Waren neben dem Geld als Münze dienen. Diese subsidiären Zirkulationsmittel, silberne oder kupferne Marken zum Beispiel, repräsentieren innerhalb der Zirkulation bestimmte Fraktionen der Goldmünze. Ihr eigener Silber- oder Kupfergehalt ist daher nicht bestimmt durch das Wertverhältnis zwischen Silber und Kupfer zu Gold, sondern wird durch das Gesetz willkürlich festgesetzt. Sie bürfen nur in den Quantitäten ausgegeben werden, worin die von ihnen repräsentierten biminutiven Fraktionen der Goldmünze, sei es zum Auswechseln höherer Goldmünzen, sei es zum Realisieren entsprechend kleiner Warenpreise, beständig umlaufen würden. Innerhalb der Detail-Zirkulation der Waren werden Silbermarken und Kupfermarken wieder besonderen Kreisen angehören. Der Natur der Sache nach steht ihre Umlaufsgeschwindigkeit in umgekehrtem Verhältnis zum Preise, ben sie in jedem einzelnen Kauf und Verkauf realisieren, oder zur Größe der Fraktion der Goldmünze, die sie vorstellen. Erwägt man den ungeheuren Umfang des kleinen täglichen Verkehrs in einem Lande wie England, so zeigt das relativ unbedeutende Verhältnis der Gesamtquantität der zirkulierenden subsidiären Münzen die Geschwindigkeit und Beständigkeit ihres Umlaufs. Aus einem vor kurzem ausgegebenen parlamentarischen Bericht ersehen wir zum Beispiel, daß 1857 die englische Münze Gold zum Belauf von 4 859 000 £ münzte, Silber zum Nominalwert von 733 000 £ und einem Metallwert von 363 000 £. Der Gesamtbetrag des in den zehn am 31. Dezember 1857 abgelaufenen Jahren gemünzten Goldes war 55 239 000 £ und nur 2 434 000 £ in Silber. Die Kupfermünze belief sich 1857 auf nur 6720 £ Nominalwert mit einem Kupferwert von 3492 £, wovon 3136 £ in Pence, 2464 in Halfpence und 1120 in Farthings. Der Gesamtwert der in den letzten zehn Jahren geprägten Kupfermünze war 141 477 £ Nominalwert mit einem Metallwert von 73 503 £. Wie die Goldmünze verhindert wird, sich in ihrer Funktion als Münze festzusetzen durch gesetzliche Bestimmung des Metallverlustes, der sie demonetisiert, so werden umgekehrt die Silber- und Kupfermarken verhindert, aus ihren Zirkulationssphären in die Zirkulationssphäre der Goldmünze überzugehen und sich als Geld festzusetzen, indem der Preisgrad bestimmt wird, den sie gesetzlich realisieren. So zum Beispiel braucht Kupfer in England nur zum Belauf von 6 Pence, Silber nur zum Belauf von 40 s. in Zahlung angenommen zu werden. Würden Silber- und Kupfermarken in größeren Quantitäten ausgegeben, als die Bedürfnisse ihrer Zirkulationssphären erheischen, so würden die Warenpreise nicht dadurch steigen, sondern Akkumulation dieser Marken bei den Detailverkäufern stattfinden, die schließlich gezwungen wären, sie als Metall zu verkaufen. So hatten sich 1798 englische Kupfermünzen, von Privatleuten ausgegeben, zum Betrag von 20 350 £

bei Krämern akkumuliert, die sie vergeblich wieder in Umlauf zu setzen suchten und schließlich als Ware auf den Kupfermarkt werfen mußten.[1]

Die Silber- und Kupfermarken, die die Goldmünze in bestimmten Sphären der inneren Zirkulation repräsentieren, besitzen einen gesetzlich bestimmten Silber- und Kupfergehalt, aber von der Zirkulation ergriffen, schleifen sie ab wie die Goldmünze, und idealisieren sich, der Geschwindigkeit und Beständigkeit ihres Umlaufs entsprechend, noch rascher zu bloßen Schattenleibern. Sollte nun wieder eine Grenzlinie der Entmetallung gezogen werden, auf der Silber- und Kupfermarken ihren Münzcharakter einbüßten, so müßten sie innerhalb bestimmter Kreise ihrer eigenen Zirkulationssphäre selbst wieder durch anderes symbolisches Geld, sage Eisen und Blei, ersetzt werden und diese Darstellung von symbolischem Geld durch anderes symbolisches Geld wäre ein Prozeß ohne Ende. In allen Ländern entwickelter Zirkulation zwingt daher die Notwendigkeit des Geldumlaufs selbst den Münzcharakter der Silber- und Kupfermarken von jedem Grad ihres Metallverlustes unabhängig zu machen. Es erscheint damit, was in der Natur der Sache lag, daß sie Symbole der Goldmünze sind, nicht weil sie aus Silber oder Kupfer gemachte Symbole sind, nicht weil sie einen Wert haben, sondern soweit sie keinen haben.

Relativ wertlose Dinge, wie Papier, können also als Symbole des Goldgeldes funktionieren. Das Bestehen der subsidiären Münze aus Metallmarken, Silber, Kupfer u. s. w., rührt großenteils daher, daß in den meisten Ländern die minder wertvollen Metalle als Geld zirkulierten, wie Silber in England, Kupfer in der altrömischen Republik, in Schweden, Schottland u. s. w., bevor der Zirkulationsprozeß sie zur Scheidemünze degradierte und edleres

---

[1] David Buchanan: „Observations on the subjects treated of in Doctor Smith's Inquiry on the wealth of nations etc." Edinburgh 1814, p. 3.

Metall an ihre Stelle gesetzt hatte. Es liegt übrigens in der Natur der Sache, daß das aus der metallischen Zirkulation unmittelbar hervorwachsende Geldsymbol zunächst selbst wieder ein Metall ist. Wie die Portion Gold, die stets als Scheidemünze zirkulieren müßte, durch Metallmarken ersetzt wird, kann die Portion Gold, die stets von der Sphäre der inneren Zirkulation als Münze absorbiert wird, also beständig umlaufen muß, durch wertlose Marken ersetzt werden. Das Niveau, worunter die Masse der umlaufenden Münze nie sinkt, ist in jedem Lande erfahrungsmäßig gegeben. Die ursprünglich unscheinbare Differenz zwischen dem Nominalgehalt und dem Metallgehalt der Metallmünze kann also bis zur absoluten Scheidung fortgehen. Der Münzname des Geldes löst sich ab von seiner Substanz und existiert außer ihr in wertlosen Papierzetteln. Wie der Tauschwert der Waren durch ihren Austauschprozeß sich in Goldgeld kristallisiert, sublimiert sich das Goldgeld im Umlauf zu seinem eigenen Symbol, erst in der Form der verschliffenen Goldmünze, dann in der Form der subsidiären Metallmünzen und schließlich in der Form der wertlosen Marke, des Papiers, des bloßen Wertzeichens.

Die Goldmünze erzeugte indes nur ihre erst metallenen, dann papierenen Stellvertreter, weil sie trotz ihres Metallverlustes fortfuhr, als Münze zu funktionieren. Sie zirkulierte nicht, weil sie verschliß, sondern verschliß zum Symbol, weil sie fortzirkulierte. Nur soweit innerhalb des Prozesses das Goldgeld selbst bloßes Zeichen seines eigenen Wertes wird, können bloße Wertzeichen es ersetzen.

Sofern die Bewegung W — G — W prozessierende Einheit der zwei unmittelbar ineinander umschlagenden Momente W — G, G — W ist, oder soweit die Ware den Prozeß ihrer Gesamtmetamorphose durchläuft, entwickelt sie ihren Tauschwert im Preis und im Geld, um sofort diese Form wieder aufzuheben, wieder Ware zu werden oder vielmehr Gebrauchswert. Sie geht also zu nur scheinbarer Verselbständigung ihres Tauschwerts fort. Wir sahen andererseits, daß das Gold, soweit es nur als Münze funktioniert, oder sich beständig in Umlauf befindet, in der Tat nur die Verkettung der Metamorphosen der Waren und ihr nur verschwindendes Geldsein darstellt, den Preis der einen Waren nur realisiert, um den der anderen zu realisieren, nirgendwo aber als ruhendes Dasein des Tauschwertes oder als selbst ruhende Ware erscheint. Die Realität, die der Tauschwert der Waren in diesem Prozeß erhält und den das Gold in seinem Umlauf darstellt, ist nur die des elektrischen Funkens. Obgleich es wirkliches Gold ist, funktioniert es nur als Scheingold, und kann daher in dieser Funktion durch Zeichen seiner selbst ersetzt werden.

Das Wertzeichen, sage Papier, das als Münze funktioniert, ist Zeichen des in seinem Münznamen ausgedrückten Quantums Gold, also Goldzeichen. So wenig ein bestimmtes Quantum Gold an sich ein Wertverhältnis ausdrückt, so wenig das Zeichen, das an seine Stelle tritt. Sofern ein bestimmtes Quantum Gold als vergegenständlichte Arbeitszeit eine bestimmte Wertgröße besitzt, stellt das Goldzeichen Wert vor. Die von ihm vorgestellte Wertgröße hängt aber jedesmal ab von dem Wert des von ihm vorgestellten Goldquantums. Den Waren gegenüber stellt das Wertzeichen die Realität ihres Preises vor, ist signum pretii und Zeichen ihres Werts nur, weil ihr Wert ausgedrückt ist in ihrem Preise. In dem Prozeß W — G — W, soweit er als nur prozessierende Einheit oder unmittelbares Ineinanderumschlagen der beiden Metamorphosen sich darstellt — und so stellt er sich dar in der Zirkulationssphäre, worin das Wertzeichen funktioniert —, erhält der Tauschwert der Waren im Preis nur ideelle, im Geld nur vorgestellte, symbolische Existenz. Der Tauschwert erscheint so nur als gedachter oder dinglich vorgestellter, aber besitzt keine Wirklichkeit außer in den Waren selbst, sofern ein bestimmtes Quantum Arbeitszeit in ihnen vergegenständlicht ist. Es scheint daher, als ob das Wertzeichen den Wert der Waren unmittelbar repräsentiere, indem es nicht als Zeichen von Gold, sondern als Zeichen des im Preis nur ausgedrückten, aber in der Ware allein vorhandenen Tauschwerts sich darstellt. Dieser Schein ist aber falsch. Das Wertzeichen ist unmittelbar nur Preiszeichen, also Goldzeichen, und nur auf einem Umweg Zeichen des Werts der Ware. Das Gold hat nicht wie Peter Schlemihl seinen Schatten verkauft, sondern kauft mit seinem Schatten. Das Wertzeichen wirkt daher nur, soweit es innerhalb des Prozesses den Preis der einen Ware gegenüber der anderen oder jedem Warenbesitzer gegenüber Gold vorstellt. Ein bestimmtes relativ wertloses Ding, Stück Leder, Papierzettel u. s. w., wird zunächst gewohnheitsmäßig Zeichen des Geldmaterials, behauptet sich jedoch nur als solches, indem sein Dasein als Symbol durch den allgemeinen Willen der Warenbesitzer garantiert wird, d. h. indem es gesetzlich konventionelles Dasein und daher Zwangskurs erhält. Staatspapiergeld mit Zwangskurs ist die vollendete Form des Wertzeichens, und die einzige Form des Papiergelds, die unmittelbar aus der metallischen Zirkulation oder der einfachen Warenzirkulation selbst herauswächst. Kreditgeld gehört einer höheren Sphäre des gesellschaftlichen Produktionsprozesses an und wird durch ganz andere Gesetze geregelt. Symbolisches Papiergeld ist in der Tat durchaus nicht verschieden von der subsidiären Metallmünze, nur in weiterer Zirkulationssphäre wirkend. Wenn die bloß technische Entwicklung des Maßstabs der Preise oder des Münzpreises und weiter die äußerliche Umformung des Rohgoldes in Goldmünze schon die Einmischung des Staats hervorriefen und damit die innere Zirkulation von der allgemeinen Warenzirkulation sich sichtbar schied, so wird diese Scheidung vollendet durch die Entwicklung der Münze zum Wertzeichen.

Als bloßes Zirkulationsmittel kann sich das Geld überhaupt nur verselbständigen innerhalb der Sphäre der inneren Zirkulation.

Unsere Darstellung hat gezeigt, daß das Münzdasein des Goldes als von der Goldsubstanz selbst losgelöstes Wertzeichen aus dem Zirkulationsprozeß selbst entspringt, nicht aus Uebereinkunft oder Staatseinmischung. Rußland bietet ein frappantes Beispiel der naturwüchsigen Entstehung des Wertzeichens. Zur Zeit, wo Häute und Pelzwerke dort als Geld dienten, schuf der Widerspruch zwischen diesem vergänglich-unbehilflichen Material und seiner Funktion als Zirkulationsmittel die Gewohnheit, es durch kleine Stücke gestempeltes Leder zu ersetzen, die so Anweisungen wurden zahlbar in Fellen und Pelzwerk. Später wurden sie unter dem Namen Kopeken bloße Zeichen für Fraktionen des Silberrubels und erhielten sich stellenweise in diesem Gebrauch bis 1700, wo Peter der Große sie gegen kleine vom Staat ausgegebene Kupfermünzen auszulösen befahl.[1] Antike Schriftsteller, die nur die Phänomene der metallischen Zirkulation beobachten konnten, fassen die Goldmünze schon als Symbol oder Wertzeichen auf. So Plato[2] und Aristo-

---

[1] Henry Storch: „Cours d'Economie politique etc." avec des notes par J. B. Say. Paris 1823, tom. IV. p. 179. Storch veröffentlichte sein Werk zu Petersburg in französischer Sprache. J. B. Say veranstaltete sofort einen Pariser Nachdruck, ergänzt mit angeblichen „Noten", die in der Tat nichts als Gemeinplätze enthalten. Storch (siehe seine „Considérations sur la nature du revenu national." Paris 1824) nahm diese Annexation seines Werkes durch den „prince de la science" keineswegs höflich auf.

[2] Plato de Rep. L. II. „νόμισμα ξύμβολον τῆς ἀλλαγῆς." Opera omnia etc. ed. G. Stallbumius. London 1850, p. 304. Plato entwickelt das Geld nur in den beiden Bestimmungen als Wertmaß und als Wertzeichen, verlangt aber außer dem für die innere Zirkulation dienenden Wertzeichen ein anderes für den Verkehr mit Griechenland und dem Ausland. (Vergl. auch das 5. Buch seiner Gesetze.)

teles.¹ In Ländern ohne alle Kreditentwicklung wie China findet sich Papiergeld mit Zwangskurs schon frühzeitig.² Bei älteren Vorrednern des Papiergelds wird auch ausdrücklich auf die im Zirkulationsprozeß selbst entspringende Verwandlung der Metallmünze in Wert=

---

¹ Aristoteles (Ethic. Nicom. l. 5. ch. 8. l. c.) „οἷον δ᾽ ὑπάλλαγμα τῆς χρείας τὸ νόμισμα γέγονε κατὰ συνθήκην. καὶ διὰ τοῦτο τ᾽ οὔνομα ἔχει νόμισμα, ὅτι οὐ φύσει ἀλλὰ νόμῳ ἐστί, καὶ ἐφ᾽ ἡμῖν μεταβαλεῖν καὶ ποιῆσαι ἄχρηστον." Aristoteles hat das Geld ungleich vielseitiger und tiefer aufgefaßt als Plato. In der folgenden Stelle entwickelt er schön, wie aus dem Tauschhandel zwischen verschiedenen Gemeinwesen die Notwendigkeit entspringt, einer spezifischen Ware, also selbst wertvollen Substanz, den Charakter des Geldes zu geben. „Ξενικωτέρας γὰρ γενομένης τῆς βοηθείας τῷ εἰσάγεσθαι ὧν ἐνδεεῖς καὶ ἐκπέμπειν ὧν ἐπλεόναζον, ἐξ ἀνάγκης ἡ τοῦ νομίσματος. ἐπορίσθη χρῆσις ... διο πρὸς τὰς ἀλλαγὰς τοιοῦτόν τι συνέθεντο πρὸς σφᾶς αὐτοὺς διδόναι καὶ λαμβάνειν, ὁ τῶν χρησίμων αὐτὸ ὂν εἶχε τὴν χρείαν εὐμεταχείριστον ... οἷον σίδηρος καὶ ἄργυρος, κἂν εἴ τι τοιοῦτον ἕτερον." (Arist. De Rep. l. 1 c. 9. l. c.) Diese Stelle zitiert Michel Chevalier, der den Aristoteles entweder nicht gelesen oder nicht verstanden hat, um zu beweisen, daß nach Aristoteles' Ansicht das Zirkulationsmittel aus einer selbst wertvollen Substanz bestehen müsse. Aristoteles sagt vielmehr ausdrücklich, daß das Geld als bloßes Zirkulationsmittel bloß konventionelles oder gesetzliches Dasein zu haben scheine, wie schon sein Name νόμισμα anzeige, und wie es in der Tat seinen Gebrauchswert als Münze nur von seiner Funktion selbst erhalte, nicht von einem ihm selbst angehörigen Gebrauchswert. Λῆρος εἶναι δοκεῖ τὸ νόμισμα καὶ νόμος παντάπασι, φύσει δ᾽ οὐδέν, ὅτι μεταθεμένων τε τῶν χρωμένων, οὐδενὸς ἄξιον, οὐδὲ χρήσιμον πρὸς οὐδὲν τῶν ἀναγκαίων ἐστί." (l. c.)

² Mandeville, Sir John: „Voyages and Travels." London, Ed. 1705, p. 105: „This Emperor (of Cattay or China) may dispende ols muche as he wile withouten estymacion. For he despendethe not, nor makethe no money, but of lether emprendeth, or of papyre. And when that money hathe ronne so longe, that it begynethe to waste, than men beren it to the Emperoures Tresorye, and then they taken newe Money for the old. And that money gothe thorghe out all the contree, and thorge out all his Provynces ... they make no money nouther of Gold nor of Sylver", und meint Mandeville „therefore he may despende ynew and outrageously."

zeichen hingewiesen. So von Benjamin Franklin[1] und vom Bischof Berkeley.[2]

Wie viel Ries Papier können in Zettel zerschnitten als Geld zirkulieren? So gestellt wäre die Frage abgeschmackt. Die wertlosen Marken sind Wertzeichen, nur soweit sie das Gold innerhalb des Zirkulationsprozesses vertreten, und sie vertreten es nur, soweit es selbst als Münze in den Zirkulationsprozeß eingehen würde, eine Quantität, bestimmt durch seinen eigenen Wert, wenn die Tauschwerte der Waren und die Geschwindigkeit ihrer Metamorphosen gegeben sind. Zettel von der Denomination von 5 £ könnten nur in 5mal geringerer Anzahl zirkulieren als Zettel von der Denomination von 1 £, und vollzögen sich alle Zahlungen in Schillingszetteln, so müßten 20mal mehr Schillings- als £-Zettel zirkulieren. Würde die Goldmünze durch Zettel von verschiedener Denomination repräsentiert, zum Beispiel 5 £-Zettel, 1 £-Zettel, 10 s.-Zettel, so wäre die Quantität dieser verschiedenen Sorten von Wertzeichen bestimmt nicht nur durch das für die Gesamtzirkulation, sondern durch das für den Zirkulationskreis jeder besonderen Sorte nötige Quantum Gold. Wären 14 Millionen Pfund Sterling (dies ist die Annahme

---

[1] Benjamin Franklin: „Remarks and facts relative to the American paper money", 1764, p. 348 l. c.: „At this very time, even the silver money in England is obliged to the legal tender for part of its value; that part which is te difference between its real weight and its denomination. Great part of the shillings and sixpences now current are by wearing become 5, 10, 20, and some of the 6 pences even 50 %, too light. For this difference between the real and the nominal you have no intrinsic value; you have not so much as paper, you have nothing. It is the legal tender, with the knowledge that it can easily be repassed for the same value, that makes 3 penny worth of silver pass for a 6 pence."

[2] Berkeley l. c.: „Wenn die Denomination der Münze beibehalten wird, nachdem ihr Metall den Weg alles Fleisches gegangen, würde nicht dennoch die Zirkulation des Handels fortbestehen?"

der Englischen Bankgesetzgebung, aber nicht für die Münze, sondern für das Kreditgeld) das Niveau, worunter die Zirkulation eines Landes nie fiele, so könnten 14 Millionen Papierzettel, jeder das Wertzeichen für 1 £, zirkulieren. Fiele oder stiege der Wert des Goldes, weil die zu seiner Produktion erheischte Arbeitszeit gefallen oder gestiegen wäre, so würde bei gleichbleibendem Tauschwert derselben Warenmasse die Anzahl der zirkulierenden £-Zettel steigen oder fallen, im umgekehrten Verhältnis zum Wertwechsel des Goldes. Würde das Gold als Maß der Werte durch Silber ersetzt, wäre das Wertverhältnis von Silber zu Gold wie 1:15, und repräsentierte künftig jeder Zettel dasselbe Quantum Silber, das er vorher von Gold repräsentierte, so müßten statt 14 Millionen künftig 210 Millionen £-Zettel zirkulieren. Die Quantität der Papierzettel ist also bestimmt durch die Quantität des Goldgeldes, das sie in der Zirkulation vertreten, und da sie nur Wertzeichen sind, sofern sie es vertreten, ist ihr Wert einfach durch ihre Quantität bestimmt. Während also die Quantität des zirkulierenden Goldes von den Warenpreisen abhängt, hängt umgekehrt der Wert der zirkulierenden Papierzettel ausschließlich von ihrer eigenen Quantität ab.

Die Einmischung des Staats, der das Papiergeld mit Zwangskurs ausgiebt — und wir handeln nur von dieser Art Papiergeld —, scheint das ökonomische Gesetz aufzuheben. Der Staat, der in dem Münzpreis einem bestimmten Goldgewicht nur einen Taufnamen gab, und in der Münzung nur seinen Stempel auf das Gold drückte, scheint jetzt durch die Magie seines Stempels Papier in Gold zu verwandeln. Da die Papierzettel Zwangskurs haben, kann Niemand ihn hindern, beliebig große Anzahl derselben in Zirkulation zu zwängen und beliebige Münznamen, wie 1 £, 5 £, 20 £ ihnen aufzuprägen. Die einmal in Zirkulation befindlichen Zettel ist es unmöglich herauszuwerfen, da sowohl die Grenzpfähle des Landes ihren Lauf hemmen, als sie allen Wert, Gebrauchswert wie Tauschwert, außerhalb der Zirkulation verlieren. Von ihrem funktionellen Dasein getrennt, verwandeln sie sich in nichtswürdige Papierlappen. Indes ist diese Macht des Staats bloßer Schein. Er mag beliebige Quantität Papierzettel mit beliebigen Münznamen in die Zirkulation hineinschleudern, aber mit diesem mechanischen Akt hört seine Kontrolle auf. Von der Zirkulation ergriffen, fällt das Wertzeichen oder Papiergeld ihren immanenten Gesetzen anheim.

Wären 14 Millionen Pfund Sterling die Summe des zur Warenzirkulation erheischten Goldes und würfe der Staat 210 Millionen Zettel, jeden mit dem Namen 1 £, in Zirkulation, so würden diese 210 Millionen in Repräsentanten von Gold zum Belauf von 14 Millionen Pfund Sterling umgewandelt. Es wäre dasselbe, als hätte der Staat die £-Zettel zu Repräsentanten eines 15mal minder wertvollen Metalls oder eines 15mal kleineren Gewichtsteils Goldes als zuvor gemacht. Nichts wäre geändert als die Namengebung des Maßstabs der Preise, die natürlich konventionell ist, ob sie nun direkt durch Änderung des Münzfußes oder indirekt durch Vermehrung der Papierzettel in einer für einen neuen niedrigen Maßstab erheischten Anzahl geschieht. Da der Name £ jetzt ein 15mal kleineres Goldquantum anzeigte, würden alle Warenpreise um das 15fache steigen und nun wären in der Tat 210 Millionen £-Zettel ganz ebenso notwendig, wie vorher 14 Millionen. In demselben Maß, worin sich die Gesamtsumme der Wertzeichen vermehrt hätte, hätte sich das Quantum Gold, das jedes einzelne repräsentiert, vermindert. Das Steigen der Preise wäre nur die Reaktion des Zirkulationsprozesses, der die Wertzeichen gewaltsam dem Quantum Gold gleichsetzt, an dessen Stelle sie zu zirkulieren vorgeben.

In der Geschichte der englischen und französischen Geldfälschungen durch die Regierungen finden wir wiederholt, daß die Preise nicht in dem Verhältnisse stiegen, wie die Silbermünze verfälscht wurde. Einfach, weil das Verhältnis, worin die Münze vermehrt wurde, nicht dem Verhältnis entsprach, worin sie verfälscht war, d. h. weil von der niedrigen Metallkomposition nicht die entsprechende Masse ausgegeben war, sollten die Tauschwerte der Waren künftig in ihr als Maß der Werte geschätzt und durch dieser niedrigeren Maßeinheit entsprechende Münzen realisiert werden. Dies löst die in dem Duell zwischen Locke und Lowndes ungelöste Schwierigkeit. Das Verhältnis, worin das Wertzeichen, sei es Papier oder gefälschtes Gold und Silber, dem Münzpreis gemäß berechnete Gold- und Silbergewichte vertritt, hängt ab, nicht von seinem eigenen Material, sondern von seiner in Zirkulation befindlichen Quantität. Die Schwierigkeit im Verständnis dieses Verhältnisses entspringt daher, daß das Geld in den beiden Funktionen als Maß der Werte und als Zirkulationsmittel nicht nur umgekehrten, sondern dem Gegensatz beider Funktionen scheinbar widersprechenden Gesetzen unterworfen ist. Für seine Funktion als Maß der Werte, wo das Gold nur als Rechengeld dient, und das Gold nur als ideelles Gold, kommt alles auf das natürliche Material an. In Silber geschätzt oder als Silberpreise stellen sich die Tauschwerte natürlich ganz anders dar als in Gold geschätzt oder als Goldpreise. Umgekehrt in seiner Funktion als Zirkulationsmittel, wo das Gold nicht nur vorgestellt ist, sondern als ein wirkliches Ding neben den anderen Waren vorhanden sein muß, wird sein Material gleichgültig, während alles von seiner Quantität abhängt. Für die Maßeinheit ist es entscheidend, ob sie ein Pfund Gold, Silber oder Kupfer ist; während bloße Anzahl die Münze zur entsprechenden Verwirklichung jeder dieser Maßeinheiten macht, welches immer ihr eigenes Material sei. Es widerspricht aber dem gemeinen Menschenverstand, daß bei dem nur gedachten Geld alles von seiner materiellen Substanz, und bei der sinnlich vorhandenen Münze alles von einem idealen Zahlenverhältnis abhängt.

Das Steigen oder Fallen der Warenpreise mit dem Steigen oder Fallen der Papierzettelmasse — letzteres wo die Papierzettel das ausschließliche Zirkulationsmittel bilden — ist also nur durch den Zirkulationsprozeß gewaltsam bewirkte Geltendmachung des von außen mechanisch verletzten Gesetzes, daß die Quantität des zirkulierenden Goldes durch die Preise der Waren und die Quantität der zirkulierenden Wertzeichen durch die Quantität der Goldmünze bestimmt ist, die sie in der Zirkulation vertreten. Andererseits wird daher jede beliebige Masse von Papierzetteln vom Zirkulationsprozeß absorbiert und gleichsam verdaut, weil das Wertzeichen, mit welchem Goldtitel es auch immer in die Zirkulation eintrete, innerhalb derselben zum Zeichen des Goldquantums zusammengequetscht wird, das an seiner Stelle zirkulieren könnte.

In der Zirkulation der Wertzeichen erscheinen alle Gesetze der wirklichen Geldzirkulation umgekehrt und auf den Kopf gestellt. Während das Gold zirkuliert, weil es Wert hat, hat das Papier Wert, weil es zirkuliert. Während bei gegebenem Tauschwert der Waren die Quantität des zirkulierenden Goldes von seinem eigenen Wert abhängt, hängt der Wert des Papiers von seiner zirkulierenden Quantität ab. Während die Quantität des zirkulierenden Goldes steigt oder fällt mit dem Steigen oder Fallen der Warenpreise, scheinen die Warenpreise zu steigen oder zu fallen mit dem Wechsel in der Quantität des zirkulierenden Papiers. Während die Warenzirkulation nur bestimmte Quantität Goldmünze absorbieren kann, daher abwechselnde Kontraktion und Expansion des zirkulierenden Geldes sich als notwendiges Gesetz darstellt, scheint das Papiergeld in jeder beliebigen Ausdehnung in die Zirkulation einzugehen. Während der Staat die Gold- und Silbermünze verfälscht und daher ihre Funktion als Zirkulationsmittel stört, sollte er die Münze auch nur $^1/_{100}$ Gran unter ihrem Nominalgehalt ausgeben, vollzieht er eine völlig richtige Operation in der Ausgabe wertloser Papierzettel, die von dem Metall nichts besitzen als den Münznamen. Während die Goldmünze augenscheinlich nur den Wert der Waren repräsentiert, soweit dieser selbst in Gold geschätzt oder als Preis dargestellt ist, scheint das Wertzeichen den Wert der Ware unmittelbar zu repräsentieren. Es leuchtet daher ein, warum Beobachter, die die Phänomene der Geldzirkulation einseitig an der Zirkulation von Papiergeld mit Zwangskurs studierten, alle immanenten Gesetze der Geldzirkulation verkennen mußten. In der Tat erscheinen diese Gesetze nicht nur verkehrt in der Zirkulation der Wertzeichen, sondern ausgelöscht, da das Papiergeld, wenn in richtiger Quantität ausgegeben, Bewegungen vollzieht, die ihm nicht als Wertzeichen eigentümlich sind, während seine eigentümliche Bewegung, statt direkt aus der Metamorphose der Waren zu stammen, aus Verletzung seiner richtigen Proportion zum Gold entspringt.

3. Geld.

Geld im Unterschied von Münze, das Resultat des Zirkulationsprozesses in der Form W — G — W, bildet den Ausgangspunkt des Zirkulationsprozesses in der Form: G — W — G, d. h. Geld gegen Ware austauschen, um Ware gegen Geld auszutauschen. In der Form W — G — W bildet die Ware, in der Form G — W — G bildet das Geld den Ausgangspunkt und den Endpunkt der Bewegung. In der ersten Form vermittelt das Geld den Warenaustausch, in der letzteren vermittelt die Ware das Werden des Geldes zu Geld. Das Geld, das in der ersten Form als bloßes Mittel, erscheint in der letzteren als Endzweck der Zirkulation, während die Ware, die in der ersten Form als Endzweck, in der zweiten als bloßes Mittel erscheint. Da das Geld selbst schon Resultat der Zirkulation W — G — W, erscheint in der Form G — W — G das Resultat der Zirkulation zugleich als ihr Ausgangspunkt. Während in W — G — W der Stoffwechsel, bildet das aus diesem ersten Prozeß hervorgegangene Formdasein der Ware selbst den wirklichen Inhalt des zweiten Prozesses G — W — G.

In der Form W — G — W sind beide Extreme Waren von derselben Wertgröße, aber zugleich qualitativ verschiedene Gebrauchswerte. Ihr Austausch W — W ist wirklicher Stoffwechsel. In der Form G — W — G dagegen sind beide Extreme Gold und zugleich Gold von derselben Wertgröße. Gold gegen Ware austauschen, um Ware gegen Gold auszutauschen, oder wenn wir das Resultat G — G betrachten, Gold gegen Gold austauschen, scheint abgeschmackt. Übersetzt man aber G — W — G in die Formel: Kaufen um zu Verkaufen, was nichts heißt, als durch eine vermittelnde Bewegung Gold gegen Gold austauschen, so erkennt man sofort die herrschende Form der bürgerlichen Produktion. In der Praxis wird jedoch nicht gekauft, um zu verkaufen, sondern wohlfeil gekauft, um teurer zu verkaufen. Geld wird gegen Ware ausgetauscht, um dieselbe Ware wieder gegen größere Quantität Geld auszutauschen, so daß die Extreme G, G, wenn nicht qualitativ, so quantitativ verschieden sind. Solch ein quantitativer Unterschied setzt den Austausch von Nichtäquivalenten voraus, während Ware und Geld als solche nur gegensätzliche Formen der Ware selbst sind, also verschiedene Existenzweisen derselben Wertgröße. Der Kreislauf G — W — G birgt also unter den Formen Geld und Ware weiter entwickelte Produktionsverhältnisse und ist innerhalb der einfachen Zirkulation nur Reflex einer höheren Bewegung. Wir haben daher Geld im Unterschied von Zirkulationsmittel aus der unmittelbaren Form der Warenzirkulation W — G — W zu entwickeln.

Gold, d. h. die spezifische Ware, die als Maß der Werte und als Zirkulationsmittel dient, wird ohne weiteres Zutun der Gesellschaft Geld. In England, wo Silber weder Maß der Werte, noch herrschendes Zirkulationsmittel ist, wird es nicht Geld, ganz wie Gold in Holland, sobald es als Wertmaß entthront wurde, aufhörte, Geld zu sein. Eine Ware wird also zunächst Geld als Einheit von Wertmaß und Zirkulationsmittel oder die Einheit von Wertmaß und Zirkulationsmittel ist Geld. Als solche Einheit besitzt das Gold aber wieder selbständige und von seinem Dasein in beiden Funktionen unterschiedene Existenz. Als Maß der Werte ist es nur ideelles Geld und ideelles Gold; als bloßes Zirkulationsmittel ist es symbolisches Geld und symbolisches Gold; aber in seiner einfachen metallischen Leibhaftigkeit ist Gold Geld oder Geld wirkliches Gold.

Betrachten wir nun einen Augenblick die ruhende Ware Gold, die Geld ist, in ihrem Verhältnis zu den anderen Waren. Alle Waren stellen in ihren Preisen eine bestimmte Summe Gold vor, sind also nur vorgestelltes Gold oder vorgestelltes Geld, Repräsentanten des Goldes, wie umgekehrt im Wertzeichen das Geld als bloßer Repräsentant der Warenpreise erschien.[1] Da alle Waren so nur vorgestelltes Geld sind, ist das Geld die einzig wirkliche Ware. Im Gegensatz zu den Waren, die das selbständige Dasein des Tauschwerts, der allgemeinen gesellschaftlichen Arbeit, des abstrakten Reichtums, nur vorstellen, ist Gold das materielle Dasein des abstrakten Reichtums. Nach

---

[1] „Non solo i metalli ricchi son segni delle cose...; ma vicendevolmente le cose... sono segni dell' oro e dell' argento." A. Genovesi: „Lezioni di Economia Civile" (1765), p. 281 in Custodi, Part Mod. l. VIII.

der Seite des Gebrauchswerts drückt jede Ware nur ein Moment des stofflichen Reichtums aus durch ihre Beziehung auf ein besonderes Bedürfnis, eine nur vereinzelte Seite des Reichtums. Das Geld aber befriedigt jedes Bedürfnis, sofern es in den Gegenstand jedes Bedürfnisses unmittelbar umsetzbar ist. Sein eigener Gebrauchswert ist realisiert in der unendlichen Reihe der Gebrauchswerte, die sein Äquivalent bilden. In seiner gediegenen Metallität enthält es allen stofflichen Reichtum unaufgeschlossen, der in der Welt der Waren entrollt ist. Wenn also die Waren in ihren Preisen das allgemeine Äquivalent oder den abstrakten Reichtum, Gold, repräsentieren, repräsentiert das Gold in seinem Gebrauchswert die Gebrauchswerte aller Waren. **Gold ist daher der materielle Repräsentant des stofflichen Reichtums.** Es ist der „précis de toutes les choses" (Boisguillebert), das Kompendium des gesellschaftlichen Reichtums. Es ist zugleich der Form nach die unmittelbare Inkarnation der allgemeinen Arbeit und dem Inhalt nach der Inbegriff aller realen Arbeiten. Es ist der allgemeine Reichtum als Individuum.[1] In seiner Gestalt als Mittler der Zirkulation erlitt es allerlei Unbill, wurde beschnitten, und sogar zum bloß symbolischen Papierlappen verflacht. Als Geld wird ihm seine goldene Herrlichkeit zurückgegeben.[2] Aus dem Knecht

---

[1] Petty: Gold und Silber sind „universal wealth" Pol. Arith. l. c. p. 242.

[2] E. Misselden: „Free Trade or the Means to make Trade florish etc." London 1662. „Die natürliche Materie des Handels ist die merchandize: which merchants from the end of trade have stiled commodities. Die künstliche Materie des Handels ist Geld, welches den Titel erhalten hat of sinewes of warre and of state. Geld, obgleich es in Natur und Zeit nach der merchandize kommt, yet for as much as it is now in use has become the chiefe." (p. 7.) Er vergleicht Ware und Geld „den beiden Söhnen des alten Jakob, der seine rechte Hand auf den jüngeren und die linke auf den älteren legte". (l. c.) Boisguillebert: „Dissert. sur la nature des richesses etc." l. c. „voilà

wird es der Herr. Aus dem bloßen Handlanger wird es zum Gott der Waren.[1]

a. Schatzbildung.

Das Gold schied sich zunächst als Geld vom Zirkulationsmittel dadurch, daß die Ware den Prozeß ihrer Metamorphose abbrach und in ihrer Goldverpuppung verharrte. Es erfolgt dies jedesmal, sobald der Verkauf nicht in Kauf umschlägt. Die Verselbständigung des Goldes als Geld ist also vor allem sinnfälliger Ausdruck des Zerfallens des Zirkulationsprozesses oder der Metamorphose der Ware in zwei getrennte, gleichgültig nebeneinander bestehende Akte. Die Münze selbst wird Geld, sobald ihr Lauf unterbrochen wird. In der Hand des Verkäufers, der sie für seine Ware einlöst, ist sie Geld, nicht Münze; sobald sie seine Hand verläßt, wird sie wieder Münze. Jeder ist Verkäufer der einseitigen Ware, die er produziert, aber Käufer aller anderen Waren, deren er zur gesellschaftlichen Existenz bedarf. Während sein Auftreten als Verkäufer von der Arbeitszeit abhängt, die seine Ware zu ihrer Produktion erheischt, ist sein Auftreten als Käufer durch beständige Erneuerung der Lebensbedürfnisse bedingt. Um kaufen zu können ohne zu verkaufen, muß er verkauft haben ohne zu kaufen. In der Tat ist die Zirkulation W — G — W nur die prozessierende

---

dons l'esclave du commerce devenu son maître. ... La misère des peuples ne vient que de ce qu'on a fait un maître, ou plutôt un tyran de ce qui était un esclave. (p. 395, 399.)

[1] Boisguillebert l. c.: „On a fait une idole de ces métaux (l'or et l'argent) et laissant là, l'objet et l'intention pour lesquels ils avaient été appelés dans le commerce, savoir pour y servir de gages dans l'échange et la tradition reciproque, on les a presque quittés de ce service pour en former des divinités, auxquelles on a sacrifié et sacrifie toujours plus de biens et de besoins précieux et même d'hommes, que jamais l'aveugle antiquité n'en immola à ces fausses divinités" etc. (l. c. p. 395.)

Einheit des Verkaufs und Kaufs, insofern sie zugleich der beständige Prozeß ihrer Trennung ist. Damit das Geld als Münze beständig fließt, muß die Münze beständig zu Geld gerinnen. Der beständige Umlauf der Münze ist bedingt durch ihre beständige Stockung in größeren oder kleineren Portionen, in allseitig innerhalb der Zirkulation ebensowohl entspringenden, als sie bedingenden Reservefonds von Münze, deren Bildung, Verteilung, Auflösung und Wiederbildung stets wechselt, deren Dasein beständig verschwindet, deren Verschwinden beständig da ist. Adam Smith hat diese unaufhörliche Verwandlung der Münze in Geld und des Geldes in Münze so ausgedrückt, daß jeder Warenbesitzer neben der besonderen Ware, die er verkauft, eine gewisse Summe der allgemeinen Ware, womit er kauft, stets vorrätig haben müsse. Wir sahen, daß in der Zirkulation W — G — W das zweite Glied G — W sich in eine Reihe Käufe zersplittert, die sich nicht auf einmal, sondern successiv in der Zeit vollziehen, so daß eine Portion von G als Münze umläuft, während die andere als Geld ruht. Das Geld ist hier in der Tat nur suspendierte Münze und die einzelnen Bestandteile der umlaufenden Münzmasse erscheinen stets wechselnd, bald in der einen, bald in der anderen Form. Diese erste Verwandlung des Zirkulationsmittels in Geld stellt daher ein nur technisches Moment des Geldumlaufs selbst dar.[1]

---

[1] Boisguillebert wittert in der ersten Immobilisierung des perpetuum mobile, das heißt der Verneinung seines funktionellen Daseins als Zirkulationsmittel, sofort seine Verselbständigung gegen die Waren. Das Geld, sagt er, soll sein „dans un mouvement continuel, ce qui ne peut être que tant qu'il est meuble, mais sitot qu'il devient immeuble tout est perdu." „Le Détail de la France", p. 231. Was er übersieht, ist, daß dies Stillstehen Bedingung seiner Bewegung ist. Was er in der Tat will, ist, daß die Wertform der Waren als bloß verschwindende Form ihres Stoffwechsels erscheine, aber nie sich als Selbstzweck befestige.

Die erste naturwüchsige Form des Reichtums ist die des Überflusses oder des Überschusses, der nicht als Gebrauchswert unmittelbar erheischte Teil der Produkte, oder auch der Besitz solcher Produkte, deren Gebrauchswert außerhalb des Kreises bloßer Bedürftigkeit fällt. Bei der Betrachtung des Uebergangs von Ware zu Geld sahen wir, daß dieser Überfluß oder Überschuß der Produkte auf unentwickelter Produktionsstufe die eigentliche Sphäre des Warenaustausches bildet. Überflüssige Produkte werden austauschbare Produkte oder Waren. Die adäquate Existenzform dieses Überflusses ist Gold und Silber, die erste Form, worin der Reichtum als abstrakt gesellschaftlicher Reichtum festgehalten wird. Die Waren können nicht nur in der Form des Goldes oder Silbers, d. h. in dem Material des Geldes, aufbewahrt werden, sondern Gold und Silber sind Reichtum in präservierter Form. Jeder Gebrauchswert als solcher dient, indem er konsumiert, d. h. vernichtet wird. Der Gebrauchswert des Goldes als Geld aber ist, Träger des Tauschwerts zu sein, als formloser Rohstoff Materiatur der allgemeinen Arbeitszeit. Als formloses Metall besitzt der Tauschwert eine unvergängliche Form. Gold oder Silber, so als Geld immobilisiert, ist Schatz. Bei Völkern von rein metallischer Zirkulation, wie bei den Alten, zeigt sich Schatzbildung als ein allseitiger Prozeß vom Einzelnen bis zum Staat, der seinen Staatsschatz hütet. In den älteren Zeiten, in Asien und Ägypten, erscheinen diese Schätze in der Hut der Könige und der Priester mehr als Zeugen ihrer Macht. In Griechenland und Rom wird es Politik, Staatsschätze zu bilden, als die stets gesicherte und stets schlagfertige Form des Überflusses. Das schnelle Überführen solcher Schätze von einem Land in das andere durch Eroberer und ihre teilweise plötzliche Ausgießung in die Zirkulation bilden eine Eigentümlichkeit der antiken Ökonomie.

Als vergegenständlichte Arbeitszeit bürgt das Gold für seine eigene Wertgröße, und da es Materiatur der allgemeinen Arbeitszeit ist, bürgt ihm der Zirkulationsprozeß für seine stete Wirkung als Tauschwert. Durch die bloße Tatsache, daß der Warenbesitzer die Ware in ihrer Gestalt als Tauschwert oder den Tauschwert selbst als Ware festhalten kann, wird der Austausch der Waren, um sie in der verwandelten Gestalt des Goldes zurückzuerhalten, eigenes Motiv der Zirkulation. Die Metamorphose der Ware W — G findet statt um ihrer Metamorphose willen, um sie aus besonderem natürlichen Reichtum in allgemeinen gesellschaftlichen Reichtum zu verwandeln. Statt des Stoffwechsels wird der Formwechsel Selbstzweck. Aus der bloßen Form schlägt der Tauschwert um in den Inhalt der Bewegung. Als Reichtum, als Ware erhält sich die Ware nur, sofern sie sich innerhalb der Sphäre der Zirkulation erhält, und sie erhält sich nur in diesem flüssigen Zustand, soweit sie zu Silber und Gold verknöchert. Sie bleibt im Fluß als Kristall des Zirkulationsprozesses. Gold und Silber fixieren sich indes selber nur als Geld, sofern sie nicht Zirkulationsmittel sind. Als Nicht-Zirkulationsmittel werden sie Geld. Das Entziehen der Ware aus der Zirkulation in der Form des Goldes ist also das einzige Mittel, sie beständig innerhalb der Zirkulation zu halten.

Der Warenbesitzer kann von der Zirkulation nur als Geld zurückerhalten, was er ihr als Ware giebt. Beständiges Verkaufen, fortwährendes Werfen von Waren in Zirkulation, ist daher erste Bedingung der Schatzbildung vom Standpunkte der Waren-Zirkulation. Andererseits verschwindet das Geld beständig als Zirkulationsmittel im Zirkulationsprozeß selbst, indem es sich stets in Gebrauchswerten verwirklicht und in vergängliche Genüsse auflöst. Es muß also dem verzehrenden Strom der Zirkulation entrissen, oder die Ware muß in ihrer ersten

Metamorphose festgehalten werden, indem es verhindert wird, seine Funktion als Kaufmittel zu vollziehen. Der Warenbesitzer, der nun zum Schatzbildner geworden ist, muß möglichst viel verkaufen und möglichst wenig kaufen, wie schon der alte Cato lehrte: patrem familias vendacem, non emacem esse. Wie Arbeitsamkeit die positive, ist Sparsamkeit die negative Bedingung der Schatzbildung. Je weniger das Äquivalent der Ware in besonderen Waren oder Gebrauchswerten der Zirkulation entzogen wird, um so mehr wird es ihr in der Form des Geldes oder Tauschwerts entzogen.¹ Die Aneignung des Reichtums in seiner allgemeinen Form bedingt also die Entsagung auf den Reichtum in seiner stofflichen Wirklichkeit. Der lebendige Trieb der Schatzbildung ist daher der Geiz, für den nicht die Ware als Gebrauchswert, sondern der Tauschwert als Ware Bedürfnis ist. Um sich des Überflusses in seiner allgemeinen Form zu bemächtigen, müssen die besonderen Bedürfnisse als Luxus und Überfluß behandelt werden. So machten im Jahre 1593 die Kortes Philipp II. eine Vorstellung, worin es unter anderem heißt: „Die Kortes von Valladolid vom Jahre 1586 baten Ew. Majestät, nicht ferner die Einfuhr in das Königreich zu erlauben von Kerzen, Glaswaren, Bijouterien, Messern und ähnlichen Dingen, die vom Ausland kommen, um diese dem menschlichen Leben so unnützen Dinge auszutauschen gegen Gold, als ob die Spanier Indianer wären." Der Schatzbildner verachtet die weltlichen, zeitlichen und vergänglichen Genüsse, um dem ewigen Schatz nachzujagen, den weder die Motten noch der Rost fressen, der ganz himmlisch und ganz irdisch ist. „Die allgemeine entfernte Ursache unseres Mangels an Gold", sagt Misselden in der angeführten Schrift, „ist der große Exzeß dieses Königreichs im Konsum von Waren

---

¹ „Je mehr der Vorrat in Waren wächst, umsomehr nimmt der als Schatz (in treasure) existierende ab." E. Misselden, l. c. p. 7.

fremder Länder, die sich uns statt als commodities als discommodities erproben, indem sie uns von eben so vielem Schatze abschneiden, der sonst an die Stelle dieser Spielsachen (toys) importiert würde. Wir konsumieren unter uns einen viel zu großen Überfluß an Weinen von Spanien, Frankreich, Rheinland, Levante; die Rosinen von Spanien, die Korinthen der Levante, die Lawns (Sorte feiner Leinwand) und Kambrics von Hainault, die Seidenzeuge von Italien, Zucker und Tabak von Westindien, die Gewürze von Ostindien, alles das ist kein absolutes Bedürfnis für uns und dennoch werden diese Dinge gekauft mit hartem Gold."[1] Als Gold und Silber ist der Reichtum unvergänglich, sowohl weil der Tauschwert in unverwüstlichem Metall existiert, als namentlich weil das Gold und Silber verhindert wird, als Zirkulationsmittel zur nur verschwindenden Geldform der Ware zu werden. Der vergängliche Gehalt wird so der unvergänglichen Form geopfert. „Wird das Geld durch die Steuer von einem genommen, der es verißt und vertrinkt und einem gegeben, der es in Verbesserung des Landes, Fischfang, Minenwerken, Manufakturen oder selbst in Kleidern verwendet, so ist immer ein Vorteil für das Gemeinwesen vorhanden, denn selbst Kleider sind nicht so vergänglich als Mahlzeiten und Getränke. Wird es in Hausmöbeln verwandt, so ist der Vorteil um so größer, im Bauen von Häusern noch größer u. s. w., am größten von allem, wenn Gold und Silber in das Land gebracht wird, weil diese Dinge allein nicht vergänglich sind, sondern zu allen Zeiten und allen Orten als Reichtum geschätzt werden; alles andere ist nur Reichtum pro hic et nunc."[2] Das Entreißen des Geldes aus dem Strom der Zirkulation und Retten vor dem gesellschaftlichen Stoffwechsel zeigt sich auch äußerlich im Vergraben, so daß der

---

[1] l. c. p. 11—13 passim.
[2] Petty: „Political Arith." l. c. p. 196.

gesellschaftliche Reichtum als unterirdischer unvergänglicher Schatz in ein ganz heimliches Privatverhältnis zum Warenbesitzer gebracht wird. Dr. Bernier, der sich eine Zeitlang zu Delhi am Hofe Aurenzebs aufhielt, erzählt, wie die Kaufleute ihr Geld heimlich und tief vergraben, besonders aber die nichtmohamedanischen Heiden, die fast allen Handel und alles Geld in der Hand haben, "befangen wie sie sind im Glauben, daß das Gold und Silber, welches sie während ihres Lebens verbergen, ihnen nach dem Tode in der anderen Welt dienen wird".[1] Der Schatzbildner ist übrigens, soweit sein Asketismus mit tatkräftiger Arbeitsamkeit verbunden ist, von Religion wesentlich Protestant und noch mehr Puritaner. „Das kann man nicht leugnen, daß Kaufen und Verkaufen ein nötig Ding ist, das man nicht entbehren kann, und wohl christlich kaufen kann, sonderlich in Dingen, die zur Not und Ehre dienen, denn also haben auch die Patriarchen gekauft und verkauft, Vieh, Wolle, Getreide, Butter, Milch und andere Güter. Es sind Gottesgaben, die er aus der Erde giebt und unter die Menschen teilt. Aber der ausländische Kaufhandel, der aus Kalikut und Indien und dergleichen Ware herbringt, aber solch köstlich Seiden und Goldwerk und Würze, die nur zur Pracht und keinem Nutzen dient, und Land und Leuten das Geld aussaugt, sollte nicht zugelassen werden, so wir ein Regiment von Fürsten hätten. Doch hiervon will ich jetzt nicht schreiben; denn ich achte, es werde zuletzt, wenn wir nicht mehr Geld haben, von ihm selbst ablassen müssen, wie auch der Schmuck und Fraß: es will doch sonst kein Schreiben und Lehren helfen, bis uns die Not und Armut zwingt."[2]

---

[1] François Bernier: „Voyage contenant la description des états du Grand Mogul." Pariser Ausgabe 1830, t. 1. conf. p. 312—14.

[2] Dr. Martin Luther: „Bücher vom Kaufhandel und Wucher." 1524. An derselben Stelle sagt Luther: „Gott hat uns Deutsche dahin geschleudert, daß wir unser Gold und Silber müssen in fremde Länder stoßen, alle Welt reich machen und selbst Bettler bleiben. England sollte

In Zeiten der Erschütterung des gesellschaftlichen Stoffwechsels findet selbst in der entwickelten bürgerlichen Gesellschaft das Vergraben des Geldes als Schatz statt. Der gesellschaftliche Zusammenhang in seiner kompakten Form — für den Warenbesitzer besteht dieser Zusammenhang in der Ware und das abäquate Dasein der Ware ist Geld — wird gerettet vor der gesellschaftlichen Bewegung. Der gesellschaftliche nervus rerum wird bestattet neben dem Körper, dessen Nerv er ist.

Der Schatz wäre nun bloß nutzloses Metall, seine Geldseele wäre aus ihm entflohen und er bliebe als ausgebrannte Asche der Zirkulation, als ihr caput mortuum zurück, stünde er nicht in beständiger Spannung zu ihr. Geld oder verselbständigter

---

wohl weniger Goldes haben, wenn Deutschland ihm sein Tuch ließe, und der König von Portugal sollte auch weniger haben, wenn wir ihm die Würze ließen. Rechne Du, wie viel eine Messe zu Frankfurt aus deutschen Landen gefürt wird, ohne Not und Ursache: so wirst Du Dich wundern, wie es zugehe, daß noch ein Heller in deutschen Landen sei. Frankfurt ist das Silber- und Goldloch, dadurch aus deutschem Lande fließt, was nur quillet und wächst, gemünzt oder geschlagen wird bei uns: wäre das Loch zugestopft, so dürft man itzt der Klage nicht hören, wie allethalben eitel Schuld und kein Geld, alle Land und Städte ausgewuchert sind. Aber laß gehen, es will doch also gehen: wir Deutsche müssen Deutsche bleiben! wir lassen nicht ab, wir müssen denn."

Misselden in der oben angeführten Schrift will das Gold und Silber wenigstens im Kreis der Christenheit halten: „Das Geld wird vermindert durch den Handel jenseits der Christenheit mit der Türkei, Persien und Ostindien. Diese Handelszweige werden größtenteils mit barem Geld geführt, jedoch ganz anders wie die Handelszweige der Christenheit in sich selbst. Denn obgleich der Handel innerhalb der Christenheit mit barem Geld getrieben wird, ist doch das Geld fortwährend eingeschlossen innerhalb seiner Grenzen. Da ist in der Tat Strömung und Gegenströmung, Flut und Ebbe des Geldes in dem innerhalb der Christenheit geführten Handel, denn manchmal ist es reichlicher an einem Teil, mangelnder an einem anderen, je nachdem ein Land Mangel hat und ein anderes Ueberfluß: es kommt und geht und wirbelt im Kreis der Christenheit, aber bleibt stets von seiner Linie umfangen. Aber das Geld, womit außerhalb der Christenheit in die oben angegebenen Länder hinausgehandelt wird, ist beständig ausgegeben und kehrt nie zurück."

Marx, Polit. Ökonomie.

Tauschwert ist seiner Qualität nach Dasein des abstrakten Reichtums, andererseits aber ist jede gegebene Geldsumme quantitativ begrenzte Wertgröße. Die quantitative Grenze des Tauschwerts widerspricht seiner qualitativen Allgemeinheit und der Schatzbildner empfindet die Grenze als Schranke, die in der Tat zugleich in qualitative Schranke umschlägt, oder den Schatz zum bloß beschränkten Repräsentanten des stofflichen Reichtums macht. Geld, als das allgemeine Äquivalent, stellt sich, wie wir sahen, unmittelbar dar in einer Gleichung, worin es selbst die eine Seite, die unendliche Reihe der Waren aber die andere Seite bildet. Von der Größe des Tauschwerts hängt es ab, wieweit es sich annähernd als solche unendliche Reihe realisiert, d. h. seinem Begriff als Tauschwert entspricht. Die Bewegung des Tauschwerts als Tauschwert, als Automat, kann überhaupt nur die sein, über seine quantitative Grenze hinauszugehen. Indem aber eine quantitative Grenze des Schatzes überschritten wird, wird eine neue Schranke geschaffen, die wieder aufgehoben werden muß. Es ist nicht eine bestimmte Grenze des Schatzes, die als Schranke erscheint, sondern jede Grenze desselben. Die Schatzbildung hat also keine immanente Grenze, kein Maß in sich, sondern ist ein endloser Prozeß, der in seinem jedesmaligen Resultat ein Motiv seines Anfangs findet. Wenn der Schatz nur vermehrt wird, indem er konserviert wird, so wird er aber auch nur konserviert, indem er vermehrt wird.

Das Geld ist nicht nur ein Gegenstand der Bereicherungssucht, es ist der Gegenstand derselben. Sie ist wesentlich auri sacra fames. Die Bereicherungssucht im Unterschied von der Sucht nach besonderem natürlichen Reichtum oder Gebrauchswerten, wie Kleider, Schmuck, Herden u. s. w., ist nur möglich, sobald der allgemeine Reichtum als solcher in einem besonderen Ding individualisiert ist, und daher als einzelne Ware festgehalten werden kann. Das Geld erscheint also ebenso sehr als

Gegenstand wie Quelle der Bereicherungssucht.[1] Was in der Tat zu Grunde liegt, ist, daß der Tauschwert als solcher und damit seine Vermehrung zum Zweck wird. Der Geiz hält den Schatz fest, indem er dem Geld nicht erlaubt, Zirkulationsmittel zu werden, aber die Goldgier erhält seine Geldseele, seine beständige Spannung gegen die Zirkulation.

Die Tätigkeit nun, wodurch der Schatz gebildet wird, ist einerseits Entziehen des Geldes aus der Zirkulation durch beständig wiederholten Verkauf, andererseits einfaches Aufspeichern, Akkumulieren. Es ist in der Tat nur in der Sphäre der einfachen Zirkulation, und zwar in der Form der Schatzbildung, daß die Akkumulation des Reichtums als solche stattfindet, während, wie wir später sehen werden, die anderen sog. Formen der Akkumulation nur mißbräuchlich, nur durch Erinnerung an die einfache Geldakkumulation, als Akkumulation gelten. Alle anderen Waren werden aufgehäuft entweder als Gebrauchswerte, und dann ist die Art ihrer Aufhäufung bestimmt durch die Besonderheit ihres Gebrauchswerts. Aufhäufen von Getreide zum Beispiel erfordert besondere Vorrichtungen. Schafe aufhäufen macht mich zum Hirten, Sklaven und Land aufhäufen macht Herrschafts- und Knechtschaftsverhältnisse nötig u. s. w. Die Vorratbildung des besonderen Reichtums erfordert besondere Prozesse, unterschieden vom einfachen Akt des Aufhäufens selbst, und entwickelt besondere Seiten der Individualität. Oder der Reichtum in der Form von Waren wird als Tauschwert aufgehäuft und dann erscheint die Aufhäufung als eine kaufmännische oder spezifisch ökonomische Operation. Das Subjekt derselben wird Kornhändler, Viehhändler u. s. w. Gold und Silber sind Geld nicht durch irgend eine Tätigkeit des Individuums, das

---

[1] A nummo prima origo avaritiae.... haec paulatim exarsit rabie quadam, non jam avaritia, sed fames auris. Plin. Hist. nat. I. XXXIII. c. XIV.

sie aufhäuft, sondern als Kristalle des ohne sein Zutun vor sich gehenden Zirkulationsprozesses. Er hat nichts zu tun, als sie bei Seite zu schaffen und Gewicht zu Gewicht zu häufen, eine ganz inhaltslose Tätigkeit, die auf alle anderen Waren angewandt, sie entwerten würde.[1]

Unser Schatzbildner erscheint als Märtyrer des Tauschwerts, heiliger Asket auf dem Gipfel der Metallsäule. Es ist ihm nur um den Reichtum in seiner gesellschaftlichen Form zu tun und darum vergräbt er ihn vor der Gesellschaft. Er verlangt die Ware in ihrer stets zirkulationsfähigen Form und darum entzieht er sie der Zirkulation. Er schwärmt für den Tauschwert und darum tauscht er nicht aus. Die flüssige Form des Reichtums und sein Petrefakt, Elixir des Lebens und Stein der Weisen, spuken alchymistisch toll durcheinander. In seiner eingebildeten schrankenlosen Genußsucht entsagt er allem Genusse. Weil er alle gesellschaftlichen Bedürfnisse befriedigen will, befriedigt er kaum die natürliche Notdurft. Indem er den Reichtum in seiner metallischen Leiblichkeit festhält, verdunstet er ihm zum bloßen Hirngespinst. In der Tat aber ist das Aufhäufen

---

[1] Horaz versteht also nichts von der Philosophie der Schatzbildung, wenn er sagt (Satir. I. II. Satir. III): „Siquis emat citharas, emptas comportat in unum, Nec studio citharae nec musae deditus ulli); Si scalpra et formas non sutor; nautica vela Aversus mercaturis; delirus et amens, Undique dicatur merito. Qui discrepat istis, Qui nummos aurumque recondit, nescius uti Compositis metuensque velut contingere sacrum?"

Herr Senior versteht die Sache besser: „L'argent paraît être la seule chose dont le désir est universel, et il en est ainsi parceque l'argent est une richesse abstraite et parceque les hommes, en la possédant peuvent satisfaire à tous leurs besoins, de quelque nature qu'ils soient." „Principes fondamentaux de l'Ec. pol. traduit par le Comte Jean Arrivabene." Paris 1836, p. 221, oder Storch: „Da das Geld alle anderen Reichtümer repräsentiert, hat man es nur aufzuhäufen, um sich alle in der Welt existierenden Arten von Reichtum zu verschaffen." (l. c. t. 2. p. 134.)

des Geldes um des Geldes willen die barbarische Form der Produktion um der Produktion willen, d. h. Entwicklung der Produktivkräfte der gesellschaftlichen Arbeit hinaus über die Schranken herkömmlicher Bedürfnisse. Je unentwickelter die Warenproduktion, um so wichtiger ist die erste Verselbständigung des Tauschwerts als Geld, die Schatzbildung, die daher eine große Rolle spielt bei den alten Völkern, in Asien bis auf die heutige Stunde, und bei den modernen Bauernvölkern, wo der Tauschwert noch nicht alle Produktionsverhältnisse ergriffen hat. Die spezifisch ökonomische Funktion der Schatzbildung innerhalb der metallischen Zirkulation selbst werden wir sogleich betrachten, erwähnen aber noch vorher eine andere Form der Schatzbildung.

Ganz abgesehen von ihren ästhetischen Eigenschaften sind silberne und goldene Waren, sofern das Material, woraus sie bestehen, Material des Geldes ist, umwandelbar in Geld, wie Goldgeld oder Goldbarren in sie umwandelbar sind. Weil Gold und Silber das Material des abstrakten Reichtums sind, besteht die größte Schaustellung des Reichtums in ihrer Benutzung als konkreter Gebrauchswerte, und wenn der Warenbesitzer auf gewissen Stufen der Produktion seinen Schatz verbirgt, treibt es ihn überall, wo es mit Sicherheit geschehen kann, als rico hombre den anderen Warenbesitzern zu erscheinen. Er vergoldet sich und sein Haus.[1] In Asien, namentlich in Indien, wo die Schatzbildung nicht wie in der bürgerlichen Ökonomie als eine untergeordnete Funktion des Mechanismus der Gesamtproduktion erscheint, sondern der Reichtum in dieser Form als letzter Zweck

---

[1] Wie sehr der inner man des Warenindividuums unverändert bleibt, auch wo es sich zivilisiert und zum Kapitalisten entwickelt hat, beweist z. B. der Londoner Repräsentant eines kosmopolitischen Bankierhauses, der als passendes Familienwappen eine Banknote von 100 000 £ in Glas und Rahmen hängen hat. Die Pointe ist hier das spöttisch vornehme Herabsehen der Note auf die Zirkulation.

festgehalten wird, sind Gold- und Silberwaren eigentlich nur ästhetische Form der Schätze. Im mittelaltrigen England waren Gold- und Silberwaren, da ihr Wert nur wenig durch die zugefügte rohe Arbeit vermehrt wurde, gesetzlich als bloße Form des Schatzes betrachtet. Ihr Zweck war, wieder in Zirkulation geworfen zu werden und ihre Feinheit daher ganz ebenso vorgeschrieben, wie die der Münze selbst. Der wachsende Gebrauch von Gold und Silber als Luxusgegenständen mit wachsendem Reichtum ist eine so einfache Sache, daß sie den Alten völlig klar war,[1] während die modernen Ökonomen den falschen Satz aufgestellt haben, daß der Gebrauch silberner und goldener Waren nicht zunehme im Verhältnis zum Steigen des Reichtums, sondern nur im Verhältnis zum Wertfall der edlen Metalle. Ihre sonst genauen Nachweisungen über die Verwendung des kalifornischen und australischen Goldes zeigen daher stets einen Ausfall, weil der gestiegene Konsum des Goldes als Rohmaterial in ihrer Einbildung nicht gerechtfertigt ist durch entsprechenden Fall in seinem Wert. Von 1810 bis 1830, infolge des Kampfes der amerikanischen Kolonien mit Spanien und der Unterbrechung der Minenarbeit durch Revolutionen, hatte die jährliche Durchschnittsproduktion der edeln Metalle um mehr als die Hälfte abgenommen. Die Abnahme der in Europa zirkulierenden Münze betrug beinahe $1/6$, 1829 verglichen mit 1809. Obgleich also die Quantität der Produktion abgenommen hatte und die Produktionskosten gestiegen, wenn überhaupt verändert waren, nahm nichtsdestoweniger der Konsum der edlen Metalle als Luxusgegenstände außerordentlich zu, in England schon während des Krieges, auf dem Kontinent seit dem Pariser Frieden. Er stieg mit dem Wachstum des allgemeinen Reichtums.[2] Als allgemeines Gesetz kann aufgestellt werden, daß die Umwandlung von Gold- und Silbergeld in

---

[1] Siehe die später zitierte Stelle von Xenophon.
[2] Jacob, l. c. t. 2, ch. 25 und 26.

Luxusgegenstände während des Friedens, ihre Rückverwandlung in Barren oder auch Münze aber nur in sturmvollen Zuständen vorwiegt.[1] Wie bedeutend das Verhältnis des in der Form von Luxusware existierenden Gold- und Silberschatzes zu dem als Geld dienenden eblen Metall ist, mag daraus ersehen werden, daß 1829 das Verhältnis nach Jacob in England wie 2 zu 1 war, in ganz Europa und Amerika aber ¼ mehr ebles Metall in Luxusgegenständen als in Geld existierte.

Wir sahen, daß der Geldumlauf bloß die Erscheinung der Metamorphose der Waren ist, oder des Formwechsels, worin sich der gesellschaftliche Stoffwechsel vollzieht. Mit der wechselnden Preissumme der zirkulierenden Waren oder dem Umfang ihrer gleichzeitigen Metamorphosen einerseits, mit der jedesmaligen Geschwindigkeit ihres Formwechsels andererseits, mußte daher die Gesamtquantität des zirkulierenden Geldes beständig expandieren oder kontrahieren, was nur möglich unter der Bedingung, daß die Gesamtquantität des in einem Lande befindlichen Geldes fortwährend in wechselndem Verhältnis steht zur Quantität des in Zirkulation befindlichen Geldes. Diese Bedingung wird durch die Schatzbildung erfüllt. Fallen die Preise oder steigt die Zirkulationsgeschwindigkeit, so absorbieren die Schatzreservoirs den aus der Zirkulation abgesonderten Teil des Geldes; steigen die Preise oder fällt die Zirkulationsgeschwindigkeit, so öffnen sich die Schätze und strömen teilweise in die Zirkulation zurück. Die Erstarrung des zirkulierenden Geldes in Schatz und das Ergießen der Schätze in die Zirkulation ist beständig wechselnde oscillatorische Bewegung, worin das Vorwiegen der

---

[1] „In times of great agitation and insecurity, especially during internal commotions or invasions, gold and silver articles are rapidly converted into money; whilst during periods of tranquillity and prosperity, money is converted into plate and jewellery." (t. 2. p. 357, l. c.)

einen oder der anderen Richtung ausschließlich durch die Schwankungen der Warenzirkulation bestimmt ist. Die Schätze erscheinen so als Zufuhr- und Abzugskanäle des zirkulierenden Geldes, so daß immer nur das durch die unmittelbaren Bedürfnisse der Zirkulation selbst bedingte Quantum Geld als Münze zirkuliert. Dehnt sich der Umfang der Gesamtzirkulation plötzlich aus und wiegt die flüssige Einheit von Verkauf und Kauf vor, so daß aber die Gesamtsumme der zu realisierenden Preise noch rascher wächst als die Geschwindigkeit des Geldumlaufs, so entleeren sich die Schätze zusehends; sobald die Gesamtbewegung ungewöhnlich stockt, oder die Bewegung von Verkauf und Kauf sich befestigt, erstarrt das Zirkulationsmittel in auffallenden Proportionen zu Geld und füllen sich die Schatzreservoirs weit über ihr Durchschnittsniveau. In Ländern rein metallischer Zirkulation oder unentwickelter Produktionsstufe sind die Schätze unendlich zersplittert und zerstreut über die ganze Oberfläche des Landes, während sie in bürgerlich entwickelten Ländern in den Bankreservoirs konzentriert werden. Der Schatz ist nicht zu verwechseln mit der Münzreserve, die selbst einen Bestandteil der stets in Zirkulation befindlichen Gesamtquantität Geld bildet, während das aktive Verhältnis von Schatz und Zirkulationsmittel das Sinken oder Steigen jener Gesamtquantität unterstellt. Gold- und Silberwaren bilden, wie wir gesehen, ebenfalls sowohl einen Abzugskanal der edlen Metalle, wie latente Zufuhrquelle. In gewöhnlichen Zeiten ist nur ihre erstere Funktion wichtig für die Ökonomie der metallischen Zirkulation.[1]

---

[1] In der folgenden Stelle entwickelt Xenophon Geld in seiner spezifischen Formbestimmtheit als Geld und Schatz: „ἐν μόνῳ τούτῳ ὧν ἐγὼ οἶδα ἔργων οὐ δὲ φθονεῖ οὐδεὶς τοῖς ἐπισκευαζομένοις ... ἀργυρῖτις δὲ ὅσῳ ἂν πλείων φαίνηται, καὶ ἀργύριον πλείον γίγνηται, τοσούτῳ πλείονες ἐπὶ τὸ ἔργον τοῦτο ἔρχονται. καὶ γὰρ δὴ ἔπιπλα μὲν ἐπειδὰν ἱκανά τις κτήσηται τῇ οἰκίᾳ, οὐ μάλα ἔτι προσωνοῦνται· ἀργύριον δὲ οὐδείς πω οὕτω πολὺ ἐκτήσατο ὥστε μὴ ἔτι προσδεῖσθαι, ἀλλ' ἤν

b. Zahlungsmittel.

Die beiden Formen, worin Geld sich bisher vom Zirkulationsmittel unterschied, waren die der suspendierten Münze und des Schatzes. Die erste Form reflektierte in der vorübergehenden Verwandlung der Münze in Geld, daß das zweite Glied von W — G — W, der Kauf G — W, sich innerhalb einer bestimmten Zirkulationssphäre zersplittern muß in einer Reihe successiver Käufe. Die Schatzbildung aber beruhte einfach auf Isolierung des Aktes W — G, der nicht zu G — W fortging, oder war nur selbständige Entwicklung der ersten Metamorphose der Ware, das Geld entwickelt als das entäußerte Dasein aller Waren im Gegensatz zum Zirkulationsmittel als dem Dasein der Ware in ihrer sich stets veräußernden Form. Münzreserve und Schatz waren nur Geld als Nichtzirkulationsmittel, Nichtzirkulationsmittel aber nur, weil sie nicht zirkulierten. In der Bestimmung, worin wir das Geld jetzt betrachten, zirkuliert es oder tritt in die Zirkulation, aber nicht in der Funktion des Zirkulationsmittels. Als Zirkulationsmittel war das Geld stets Kaufmittel, jetzt wirkt es als Nichtkaufmittel.

Sobald das Geld durch die Schatzbildung als Dasein des abstrakten gesellschaftlichen Reichtums und materieller Repräsentant

---

τισι γένηται παμπληθές, τὸ περιττεῦον κατορύττοντες οὐδὲν ἧττον ἥδονται ἢ χρώμενοι αὐτῷ. καὶ μὴν ὅταν γε εὖ πράττωσιν αἱ πόλεις ἰσχυρῶς οἱ ἄνθρωποι ἀργυρίου δέονται. οἱ μὲν γὰρ ἄνδρες ἀμφὶ ὅπλα τε καλὰ καὶ ἵππους ἀγαθοὺς καὶ οἰκίας καὶ κατασκευὰς μεγαλοπρεπεῖς βούλονται δαπανᾶν, αἱ δὲ γυναῖκες εἰς ἐσθῆτα πολυτελῆ καὶ χρυσοῦν κόσμον τρέπονται. ὅταν δὲ αὖ νοσήσωσι πόλεις ἢ ἀφορίας καρπῶν ἢ πολέμῳ ἔτι καὶ πολὺ μᾶλλον ἀργοῦ τῆς γῆς γιγνομένης καὶ εἰς ἐπιτήδεια καὶ εἰς ἐπικούρους νομίσματος δέονται." Xen. De Vectig. c. IV. Aristoteles in c. 9. l. I. der Republik entwickelt die beiden Bewegungen der Zirkulation W—G—W und G—W—G in ihrem Gegensatz unter den Namen der „Ökonomik" und „Chrematistik". Beide Formen werden von den griechischen Tragikern, namentlich von Euripides, gegenübergestellt als δίκη und κέρδος.

des stofflichen Reichtums entwickelt ist, erhält es in dieser seiner Bestimmtheit als Geld eigentümliche Funktionen innerhalb des Zirkulationsprozesses. Zirkuliert das Geld als bloßes Zirkulationsmittel und darum als Kaufmittel, so ist unterstellt, daß Ware und Geld sich gleichzeitig gegenüberstehen, also dieselbe Wertgröße doppelt vorhanden ist, auf dem einen Pol als Ware in der Hand des Verkäufers, auf dem anderen Pol als Geld in der Hand des Käufers. Diese gleichzeitige Existenz der beiden Äquivalente auf entgegengesetzten Polen und ihr gleichzeitiger Stellenwechsel oder ihre wechselseitige Entäußerung unterstellt ihrerseits, daß Verkäufer und Käufer sich nur als Besitzer vorhandener Äquivalente aufeinander beziehen. Indes der Prozeß der Metamorphose der Waren, der die verschiedenen Formbestimmtheiten des Geldes erzeugt, metamorphosiert auch die Warenbesitzer oder verändert die gesellschaftlichen Charaktere, worin sie einander erscheinen. In dem Prozeß der Metamorphose der Ware wechselt der Warenhüter eben so oft die Haut als die Ware wandelt oder das Geld in neuen Formen anschießt. So standen sich die Warenbesitzer ursprünglich nur als Warenbesitzer gegenüber, wurden dann der eine Verkäufer, der andere Käufer, dann jeder abwechselnd Käufer und Verkäufer, dann Schatzbildner, endlich reiche Leute. So kommen die Warenbesitzer nicht aus dem Zirkulationsprozeß heraus, wie sie in ihn eingetreten sind. In der Tat sind die verschiedenen Formbestimmtheiten, die das Geld im Zirkulationsprozeß erhält, nur kristallisierter Formwechsel der Waren selbst, der seinerseits nur gegenständlicher Ausdruck der wandelnden gesellschaftlichen Beziehungen ist, worin die Warenbesitzer ihren Stoffwechsel vollziehen. Im Zirkulationsprozeß entspringen neue Verkehrsverhältnisse, und als Träger dieser veränderten Verhältnisse erhalten die Warenbesitzer neue ökonomische Charaktere. Wie innerhalb der inneren Zirkulation das Geld sich idealisiert und bloßes Papier als Repräsentant des Goldes die Funktion des Geldes verrichtet, so giebt derselbe Prozeß dem Käufer oder Verkäufer, der als bloßer Repräsentant von Geld oder Ware in ihn eintritt, d. h. zukünftiges Geld oder zukünftige Ware repräsentiert, die Wirksamkeit des wirklichen Verkäufers oder Käufers.

Alle Formbestimmtheiten, wozu sich Gold als Geld entwickelt, sind nur Entfaltung der in der Metamorphose der Waren eingeschlossenen Bestimmungen, die aber in dem einfachen Geldumlauf, der Erscheinung des Geldes als Münze oder der Bewegung W — G — W als prozessierender Einheit, nicht zu selbständiger Gestalt ausgeschieden wurden, oder auch, wie z. B. die Abbrechung der Metamorphose der Ware, als bloße Möglichkeiten erschienen. Wir sahen, daß im Prozeß W — G die Ware als wirklicher Gebrauchswert und ideeller Tauschwert sich auf das Geld als wirklichen Tauschwert und nur ideellen Gebrauchswert bezog. Indem der Verkäufer die Ware als Gebrauchswert veräußerte, realisierte er ihren eigenen Tauschwert und den Gebrauchswert des Geldes. Umgekehrt indem der Käufer das Geld als Tauschwert veräußerte, realisierte er seinen Gebrauchswert und den Preis der Ware. Es fand dementsprechend Stellenwechsel von Ware und Geld statt. Der lebendige Prozeß dieses doppelseitig polarischen Gegensatzes wird nun wieder in seiner Verwirklichung gespalten. Der Verkäufer veräußert die Ware wirklich und realisiert ihren Preis zunächst selbst nur wieder ideell. Er hat sie zu ihrem Preis verkauft, der aber erst in einer später festgesetzten Zeit realisiert wird. Der Käufer kauft als Repräsentant von künftigem Geld, während der Verkäufer als der Besitzer von gegenwärtiger Ware verkauft. Auf der Seite des Verkäufers wird die Ware als Gebrauchswert wirklich veräußert, ohne daß sie als Preis wirklich realisiert wäre; auf der Seite des Käufers wird das Geld wirklich im Gebrauchswert der Ware realisiert, ohne daß es als Tauschwert wirklich veräußert wäre. Statt daß früher das Wertzeichen, vertritt hier der Käufer selbst symbolisch das Geld. Wie aber früher die allgemeine Symbolik des Wertzeichens die Garantie und den Zwangskurs des Staates, ruft jetzt die persönliche Symbolik des Käufers gesetzlich erzwingbare Privatkontrakte unter den Warenbesitzern hervor.

Umgekehrt kann im Prozeß G — W das Geld als wirkliches Kaufmittel entäußert und der Preis der Ware so realisiert werden, ehe der Gebrauchswert des Geldes realisiert oder die Ware veräußert wird. Dies findet z. B. statt in der alltäglichen Form der Pränumeration. Oder in der Form, worin die englische Regierung das Opium der Ryots in Indien, oder in Rußland ansässige fremde Kaufleute großen Teils russische Landeserzeugnisse kaufen. So wirkt jedoch das Geld nur in der schon bekannten Form des Kaufmittels und erhält daher keine neue Formbestimmtheit.[1] Wir verweilen daher nicht bei dem letzten Fall, bemerken jedoch mit Bezug auf die verwandelte Gestalt, worin beide Prozesse G — W und W — G hier auftreten, daß der bloß gemeinte Unterschied von Kauf und Verkauf, wie er unmittelbar in der Zirkulation erscheint, jetzt zum wirklichen Unterschied wird, indem in der einen Form nur die Ware, in der anderen nur das Geld vorhanden ist, in beiden aber nur das Extrem, von dem die Initiative ausgeht. Zudem haben beide Formen gemein, daß in beiden das eine Äquivalent nur in dem gemeinsamen Willen des Käufers und Verkäufers vorhanden ist, ein Wille, der beide bindet und bestimmte gesetzliche Formen erhält.

Verkäufer und Käufer werden Gläubiger und Schuldner. Wenn der Warenbesitzer als Hüter des Schatzes eher eine komische Figur spielte, wird er nun schrecklich, indem er nicht sich selbst, sondern seinen Nächsten als Dasein einer bestimmten Geldsumme

---

[1] Kapital wird natürlich auch in der Form des Geldes avanciert und das vorgeschossene Geld mag vorgeschossenes Kapital sein, dieser Gesichtspunkt fällt aber nicht in den Horizont der einfachen Zirkulation.

auffaßt und nicht sich, sondern ihn zum Märtyrer des Tausch=
werts macht. Aus einem Gläubigen wird er zum Gläubiger,
aus der Religion fällt er in die Jurisprudenz.

„I stay here on my bond!"

In der veränderten Form W — G also, worin die Ware vorhanden und das Geld nur repräsentiert ist, funktioniert das Geld zunächst als Maß der Werte. Der Tauschwert der Ware wird in Geld als seinem Maß geschätzt, aber als kontraktlich gemessener Tauschwert existiert der Preis nicht nur im Kopf des Verkäufers, sondern zugleich als Maß der Verpflichtung des Käufers. Zweitens funktioniert das Geld hier als Kaufmittel, obgleich es nur den Schatten seines künftigen Daseins vor sich herwirft. Es zieht nämlich die Ware aus ihrer Stelle, aus der Hand des Verkäufers in die des Käufers. Wird der Termin für Erfüllung des Kontraktes fällig, so tritt das Geld in Zir= kulation, denn es wechselt die Stelle und geht aus der Hand des vergangenen Käufers in die des vergangenen Verkäufers über. Aber es tritt nicht in Zirkulation als Zirkulationsmittel oder Kaufmittel. Als solches funktionierte es, ehe es da war, und es erscheint, nachdem es aufgehört hat, als solches zu funktionieren. Es tritt vielmehr in Zirkulation als das einzig adäquate Äqui= valent für Ware, als absolutes Dasein des Tauschwerts, als letztes Wort des Austauschprozesses, kurz als Geld, und zwar als Geld in der bestimmten Funktion als **allgemeines Zah=
lungsmittel**. In dieser Funktion als Zahlungsmittel erscheint das Geld als die absolute Ware, aber innerhalb der Zirkulation selbst, nicht wie der Schatz außerhalb derselben. Der Unterschied von Kaufmittel und Zahlungsmittel macht sich sehr unangenehm bemerkbar in den Epochen der Handelskrisen.[1]

---

[1] Unterschied von Kaufmittel und Zahlungsmittel bei Luther betont. (Note zur 2. Auflage. Vergl. „Kapital" 1. Bd., 1. Abschnitt, Note 96, 4. Aufl. S. 99. D. H.)

Ursprünglich erscheint in der Zirkulation die Verwandlung des Produkts in Geld nur als individuelle Notwendigkeit für den Warenbesitzer, sofern sein Produkt Gebrauchswert nicht für ihn ist, sondern es erst durch seine Entäußerung werden soll. Um aber zu zahlen am kontraktlichen Termin, muß er vorher Ware verkauft haben. Ganz unabhängig von seinen individuellen Bedürfnissen ist daher der Verkauf durch die Bewegung des Zirkulationsprozesses in eine gesellschaftliche Notwendigkeit für ihn verwandelt. Als vergangener Käufer einer Ware wird er zwangsweise Verkäufer einer anderen Ware, nicht um das Geld als Kaufmittel, sondern um es als Zahlungsmittel zu erhalten, als die absolute Form des Tauschwerts. Die Verwandlung von Ware in Geld als abschließender Akt, oder die erste Metamorphose der Ware als Selbstzweck, die in der Schatzbildung Laune des Warenbesitzers schien, ist jetzt zu einer ökonomischen Funktion geworden. Das Motiv und der Inhalt des Verkaufs um zu zahlen, ist aus der Form des Zirkulationsprozesses selbst entspringender Inhalt desselben.

In dieser Form des Verkaufs vollzieht die Ware ihren Stellenwechsel, zirkuliert, während sie ihre erste Metamorphose, ihre Verwandlung in Geld aufschiebt. Auf der Seite des Käufers dagegen wird die zweite Metamorphose vollzogen, d. h. Geld in Ware rückverwandelt, ehe die erste Metamorphose vollzogen ist, d. h. Ware in Geld verwandelt worden ist. Die erste Metamorphose erscheint also hier in der Zeit nach der zweiten. Und damit erhält das Geld, die Gestalt der Ware in ihrer ersten Metamorphose, neue Formbestimmtheit. Geld oder die selbständige Entwicklung des Tauschwerts ist nicht mehr vermittelnde Form der Warenzirkulation, sondern ihr abschließendes Resultat.

Daß solche Zeitverkäufe, worin beide Pole des Verkaufs getrennt in der Zeit existieren, naturwüchsig aus der einfachen Warenzirkulation hervorgehen, bedarf keines ausführlichen Beweises. Zunächst bringt es die Entwicklung der Zirkulation mit sich, daß das wechselseitige Auftreten derselben Warenbesitzer für einander als Verkäufer und Käufer sich wiederholt. Die wiederholte Erscheinung bleibt nicht bloß zufällig, sondern Ware wird z. B. bestellt für einen künftigen Termin, an welchem sie geliefert und bezahlt werden soll. In diesem Fall ist der Verkauf ideell, d. h. hier juristisch, vollzogen, ohne daß Ware und Geld leiblich erscheinen. Beide Formen des Geldes als Zirkulationsmittel und Zahlungsmittel fallen hier noch zusammen, indem einmal Ware und Geld gleichzeitig die Stelle wechseln, andererseits das Geld nicht die Ware kauft, sondern den Preis der früher verkauften Ware realisiert. Ferner bringt es die Natur einer Reihe von Gebrauchswerten mit sich, daß sie nicht mit tatsächlicher Überlieferung der Ware, sondern nur durch Überlassung derselben für eine bestimmte Zeit wirklich veräußert werden. Zum Beispiel wenn der Gebrauch eines Hauses verkauft wird für einen Monat, ist der Gebrauchswert des Hauses erst nach Ablauf des Monats geliefert, obgleich es im Anfang des Monats die Hände wechselt. Da das faktische Ueberlassen des Gebrauchswerts und seine wirkliche Entäußerung hier der Zeit nach auseinander fallen, findet die Realisierung seines Preises ebenfalls später statt als sein Stellenwechsel. Endlich aber veranlaßt der Unterschied der Zeitdauer und Zeitepoche, worin die verschiedenen Waren produziert werden, daß der eine als Verkäufer auftritt, während der andere noch nicht als Käufer auftreten kann, und bei der öfteren Wiederholung von Kauf und Verkauf unter denselben Warenbesitzern fallen so die beiden Momente des Verkaufs auseinander, entsprechend den Produktionsbedingungen ihrer Waren. So entsteht ein Verhältnis von Gläubiger und Schuldner unter den Warenbesitzern, das zwar die naturwüchsige Grundlage des Kreditsystems bildet, aber vollständig entwickelt sein kann, bevor das letztere existiert. Es ist indes klar, daß mit der Ausbildung des Kreditwesens, also der bürgerlichen Produktion überhaupt, die Funktion des Geldes als Zahlungsmittel sich ausdehnen wird auf Kosten seiner Funktion als Kaufmittel und noch mehr als Element der Schatzbildung. In England zum Beispiel ist Geld als Münze beinahe ausschließlich in die Sphäre des Detailhandels und des Kleinhandels zwischen Produzenten und Konsumenten gebannt, während es als Zahlungsmittel die Sphäre der großen Handelstransaktionen beherrscht.¹

Als allgemeines Zahlungsmittel wird Geld die allgemeine Ware der Kontrakte — zunächst nur innerhalb der Sphäre der Warenzirkulation.² Jedoch mit seiner Entwicklung in dieser Funktion lösen sich allmählich alle anderen Formen der Zahlung in Geldzahlung auf. Der Grad, worin Geld als ausschließliches Zahlungsmittel entwickelt ist, zeigt den Grad an, worin der Tauschwert sich der Produktion in ihrer Tiefe und Breite bemächtigt hat.³

---

¹ Herr Macleod verkennt, trotz seines doktrinären Definitionsdünkels, so sehr die elementarischsten ökonomischen Verhältnisse, daß er das Geld überhaupt entspringen läßt aus seiner entwickeltsten Form, der des Zahlungsmittels. Er sagt unter anderem: Da die Leute nicht immer gleichzeitig ihre wechselseitigen Dienste bedürfen, und nicht in demselben Wertumfang, „there would remain over a certain difference or amount of service due from the first to the second — debt." Der Besitzer dieser Schuld braucht die Dienste eines anderen, der der seinigen nicht unmittelbar bedarf, und „transfers to the third the debt due to him from the first. Evidence of debts changes so hands — currency.... When a person received an obligation expressed by metallic currency, he is able to command the services not only of the original debtor, but of the whole of the industrious community." Macleod: „Theory and practice of Banking etc." London 1855. v. 1. ch. 1.

² Bailey, l. c. p. 3: „Money is the general commodity of contracts, or that in which the majority of bargains about property, to be completed at a future time, are made."

³ Senior, l. c. p. 221, sagt: „Da der Wert aller Dinge in einem bestimmten Zeitraum wechselt, so nimmt man als Zahlungsmittel

Zunächst ist die Masse des als Zahlungsmittel zirkulierenden Geldes bestimmt durch den Belauf der Zahlungen, d. h. die Preissumme der veräußerten Waren, nicht der zu veräußernden, wie im einfachen Geldumlauf. Die so bestimmte Summe wird jedoch doppelt modifiziert, erstens durch die Geschwindigkeit, womit dasselbe Geldstück dieselbe Funktion wiederholt oder sich die Masse der Zahlungen als prozessierende Kette von Zahlungen darstellt. A zahlt B, worauf B C zahlt und so fort. Die Geschwindigkeit, womit dasselbe Geldstück seine Funktion als Zahlungsmittel wiederholt, hängt einerseits ab von der Verkettung der Verhältnisse von Gläubiger und Schuldner unter den Warenbesitzern, so daß derselbe Warenbesitzer der Gläubiger gegenüber dem einen, Schuldner gegenüber dem anderen ist u. s. w., andererseits von der Zeitlänge, die die verschiedenen Zahlungstermine trennt. Diese Kette von Zahlungen oder nachträglichen ersten Metamorphosen der Waren ist qualitativ verschieden von der Kette der Metamorphosen, die sich im Umlauf des Geldes als Zirkulationsmittel darstellt. Letztere erscheint nicht nur in zeitlicher Succession, sondern wird erst in derselben. Die Ware wird Geld, dann wieder Ware und befähigt so die andere Ware, Geld zu werden u. s. w., oder der Verkäufer wird Käufer, wo-

die Sache, deren Wert am wenigsten wechselt, die am längsten eine gegebene Durchschnittsfähigkeit, Sachen zu kaufen, bewahrt. So wird das Geld Ausdruck oder Repräsentant der Werte." Umgekehrt. Weil Gold, Silber 2c. Geld, d. h. Dasein des verselbständigten Tauschwerts geworden sind, werden sie allgemeine Zahlungsmittel. Wo die von Herrn Senior erwähnte Rücksicht auf die Dauer der Wertgröße des Geldes eintritt, das heißt in Perioden, wo das Geld durch die Gewalt der Umstände sich als allgemeines Zahlungsmittel durchsetzt, wird gerade auch das Schwanken in der Wertgröße des Geldes entdeckt. Eine solche Periode war in England die Zeit der Elisabeth, und es war zu ihrer Zeit, daß Lord Burleigh und Sir Thomas Smith, mit Rücksicht auf die sichtbar werdende Depreziation der edlen Metalle eine Parlamentsakte durchsetzten, die die Universitäten von Oxford und Cambridge verpflichtet, ein Drittel ihrer Grundrenten sich in Weizen und Malz zu reservieren.

durch ein anderer Warenbesitzer Verkäufer wird. Dieser Zusammenhang entsteht zufällig im Prozeß des Warenaustausches selbst. Daß aber Geld, womit A den B bezahlt hat, von B an C, von C an D u. s. w. fortgezahlt wird, und zwar in rasch aufeinander folgenden Zeiträumen — in diesem äußerlichen Zusammenhang tritt nur ein schon fertig vorhandener gesellschaftlicher Zusammenhang an den Tag. Dasselbe Geld läuft nicht durch verschiedene Hände, weil es als Zahlungsmittel auftritt, sondern es läuft als Zahlungsmittel um, weil die verschiedenen Hände schon ineinander geschlagen haben. Die Geschwindigkeit, womit das Geld als Zahlungsmittel umläuft, zeigt also ein viel tieferes Hereinziehen der Individuen in den Zirkulationsprozeß, als die Geschwindigkeit, womit das Geld als Münze oder als Kaufmittel umläuft.

Die Preissumme gleichzeitiger und daher räumlich nebeneinander fallender Käufe und Verkäufe bildet die Grenze für Ersetzen der Münzmasse durch Umlaufsgeschwindigkeit. Diese Schranke fällt fort für das als Zahlungsmittel funktionierende Geld. Konzentrieren sich gleichzeitig zu leistende Zahlungen an einem Platz, was zunächst naturwüchsig nur an den großen Sammelpunkten der Warenzirkulation stattfindet, so gleichen sich die Zahlungen als negative und positive Größen gegeneinander aus, indem A an B zu zahlen, zugleich von C Zahlung zu erhalten hat u. s. w. Die als Zahlungsmittel erheischte Summe Geldes wird daher bestimmt sein nicht durch die Preissumme der gleichzeitig zu realisierenden Zahlungen, sondern durch die größere oder geringere Konzentration derselben und die Größe der Bilanz, die nach ihrem wechselseitigen Aufheben als negative und positive Größen übrig bleibt. Eigene Vorrichtungen zu diesen Ausgleichungen entstehen ohne alle Entwicklung des Kreditwesens, wie zum Beispiel im alten Rom. Die Betrachtung derselben gehört aber ebensowenig hierher, wie die der allgemeinen Zahlungstermine, die sich überall in bestimmten Gesellschaftskreisen festsetzen. Hier sei nur noch bemerkt, daß der spezifische Einfluß, den diese Termine auf die periodischen Schwankungen in der Quantität des umlaufenden Geldes ausüben, erst in neuester Zeit wissenschaftlich untersucht worden ist.

Soweit sich die Zahlungen ausgleichen als positive und negative Größen, findet gar keine Dazwischenkunft von wirklichem Geld statt. Es entwickelt sich hier nur in seiner Form als Maß der Werte, einerseits im Preis der Ware, andererseits in der Größe der wechselseitigen Obligationen. Außer seinem ideellen Dasein erhält der Tauschwert hier also kein selbständiges Dasein, nicht einmal das Dasein als Wertzeichen, oder das Geld wird nur zu idealem Rechengeld. Die Funktion des Geldes als Zahlungsmittel schließt also den Widerspruch ein, daß es einerseits, soweit sich die Zahlungen ausgleichen, nur ideell als Maß wirkt, andererseits, soweit die Zahlung wirklich zu verrichten ist, nicht als verschwindendes Zirkulationsmittel, sondern als das ruhende Dasein des allgemeinen Äquivalents, als die absolute Ware, mit einem Wort, als Geld in die Zirkulation hereintritt. Wo daher die Kette der Zahlungen und ein künstliches System ihrer Ausgleichung sich entwickelt hat, schlägt bei Erschütterungen, die den Fluß der Zahlungen gewaltsam unterbrechen und den Mechanismus ihrer Ausgleichung stören, das Geld plötzlich aus seiner gasartigen, hirngewebten Gestalt als Maß der Werte in hartes Geld oder Zahlungsmittel um. In Zuständen entwickelter bürgerlicher Produktion also, worin der Warenbesitzer längst Kapitalist geworden ist, seinen Adam Smith kennt, und vornehm über den Aberglauben lächelt, daß Gold und Silber allein Geld oder daß Geld überhaupt im Unterschied von anderen Waren die absolute Ware sei, erscheint Geld plötzlich wieder, nicht als Mittler der Zirkulation, sondern als allein adäquate Form des Tauschwerts, als der einzige Reichtum, ganz wie es der Schatzbildner auffaßt. Als solch' ausschließliches Dasein des Reichtums offenbart es sich nicht, wie etwa im Monetarsystem, in der bloß vorgestellten, sondern in der wirklichen Entwertung und Wertlosigkeit alles stofflichen Reichtums. Es ist dies das besondere Moment der Weltmarktskrisen, das Geldkrise heißt. Das summum bonum, wonach in solchen Momenten als dem einzigen Reichtum geschrien wird, ist Geld, bares Geld und daneben erscheinen alle anderen Waren, eben weil sie Gebrauchswerte sind, als nutzlos, als Tand, Spielzeug, oder wie unser Dr. Martin Luther sagt, als bloßer Schmuck und Fraß. Dies plötzliche Umschlagen des Kreditsystems in das Monetarsystem fügt den theoretischen Schrecken zum praktischen panic, und die Zirkulationsagenten schaudern vor dem undurchbringlichen Geheimnis ihrer eigenen Verhältnisse.[1]

Die Zahlungen machen ihrerseits einen Reservefonds, eine Akkumulation von Geld als Zahlungsmittel nötig. Die Bildung dieser Reservefonds erscheint nicht mehr wie bei der Schatzbildung als der Zirkulation selbst äußerliche Tätigkeit, noch wie bei der Münzreserve als bloß technische Stockung der Münze, sondern Geld muß allmählich aufgesammelt werden, um an bestimmten künftigen Zahlungsterminen vorhanden zu sein. Während also die Schatzbildung in der abstrakten Form, worin sie als Be=

---

[1] Boisguillebert, der die bürgerlichen Produktionsverhältnisse verhindern möchte, sich gegen die Bürger selbst auf die Hinterfüße zu stellen, faßt mit Vorliebe die Formen des Geldes auf, worin es nur ideell oder nur verschwindend erscheint. So früher das Zirkulationsmittel. So das Zahlungsmittel. Was er wieder nicht sieht, ist der unvermittelte Umschlag aus der idealen Form des Geldes in seine äußerliche Wirklichkeit, daß das harte Geld schon im nur gedachten Maß der Werte latent enthalten ist. Daß, sagt er, das Geld bloße Form der Waren selbst ist, zeigt sich bei dem Großhandel, wo der Austausch vor sich geht ohne Intervention des Geldes, nachdem „les marchandises sont appreciées." „Le Détail de la France", l. c. p. 210.

reicherung gilt, mit der Entwicklung der bürgerlichen Produktion abnimmt, wächst diese durch den Austauschprozeß unmittelbar erheischte Schatzbildung, oder vielmehr ein Teil der Schätze, die sich überhaupt in der Sphäre der Warenzirkulation bilden, wird als Reservefonds von Zahlungsmitteln absorbiert. Je entwickelter die bürgerlicher Produktion ist, umsomehr werden diese Reservefonds auf das notwendige Minimum beschränkt. Locke gibt in seiner Schrift über die Herabsetzung des Zinsfußes[1] interessante Aufschlüsse über die Größe dieser Reservefonds zu seiner Zeit. Man ersieht daraus, welchen bedeutenden Teil des überhaupt umlaufenden Geldes die Reservoirs für Zahlungsmittel in England absorbierten gerade in der Epoche, wo sich das Bankwesen zu entwickeln begann.

Das Gesetz über die Quantität des zirkulierenden Geldes, wie es sich aus der Betrachtung des einfachen Geldumlaufs ergab, wird wesentlich modifiziert durch den Umlauf des Zahlungsmittels. Bei gegebener Umlaufsgeschwindigkeit des Geldes, sei es als Zirkulationsmittel, sei es als Zahlungsmittel, wird die Gesamtsumme des in einem gegebenen Zeitabschnitt zirkulierenden Geldes bestimmt sein durch die Gesamtsumme der zu realisierenden Warenpreise plus der Gesamtsumme der in derselben Epoche fälligen Zahlungen minus der durch Ausgleichung sich gegeneinander aufhebenden Zahlungen. Das allgemeine Gesetz, daß die Masse des umlaufenden Geldes von den Warenpreisen abhängt, wird dadurch nicht im geringsten berührt, da der Belauf der Zahlungen selbst durch die kontraktlich festgesetzten Preise bestimmt ist. Es zeigt sich aber schlagend, daß selbst Geschwindigkeit des Umlaufs und Ökonomie der Zahlungen als gleichbleibend vorausgesetzt, die Preissumme der in einer bestimmten Periode, z. B. einem Tag zirkulierenden Warenmassen und die Masse des

---

[1] Locke, l. c. p. 17, 18.

an demselben Tag zirkulierenden Geldes sich keineswegs decken, denn es zirkulieren eine Masse Waren, deren Preis erst künftig in Geld realisiert wird, und es zirkuliert eine Masse Geld, wofür die entsprechenden Waren längst aus der Zirkulation herausgefallen sind. Die letztere Masse selbst wird davon abhängen, wie groß die Wertsumme der Zahlungen ist, die an demselben Tag fällig werden, obgleich sie zu ganz verschiedenen Perioden kontrahiert sind.

Wir sahen, daß der Wechsel im Wert des Goldes und Silbers ihre Funktion als Maß der Werte oder Rechengeld nicht affiziert. Dieser Wechsel wird jedoch entscheidend wichtig für das Geld als Schatz, denn mit dem Steigen oder Fallen des Gold- und Silberwerts steigt oder fällt die Wertgröße des goldenen oder silbernen Schatzes. Noch wichtiger für das Geld als Zahlungsmittel. Die Zahlung erfolgt erst später als der Verkauf der Ware oder das Geld wirkt zu zwei verschiedenen Zeiträumen in zwei verschiedenen Funktionen, erst als Maß der Werte, dann als dieser Messung entsprechendes Zahlungsmittel. Wechselt in dieser Zwischenzeit der Wert der edlen Metalle, oder die zu ihrer Produktion erheischte Arbeitszeit, so wird dasselbe Quantum Gold oder Silber, wenn es als Zahlungsmittel erscheint, mehr oder weniger wert sein als zur Zeit, wo es als Maß der Werte diente oder der Kontrakt abgeschlossen wurde. Die Funktion einer besonderen Ware wie Gold und Silber als Geld oder verselbständigter Tauschwert kommt hier in Kollision mit ihrer Natur als besonderer Ware, deren Wertgröße vom Wechsel ihrer Produktionskosten abhängt. Die große soziale Revolution, die das Fallen im Wert der edlen Metalle in Europa hervorrief, ist ebenso bekannte Tatsache, wie die umgekehrte Revolution, die in einer frühen Epoche der altrömischen Republik bewirkt wurde durch das Steigen im Wert des Kupfers, worin die Schulden der Plebejer kontrahiert waren. Ohne die

Wertschwankungen der edlen Metalle in ihrem Einfluß auf das System der bürgerlichen Ökonomie weiter zu verfolgen, ergibt sich schon hier, daß das Fallen im Wert der edlen Metalle die Schuldner auf Kosten der Gläubiger, ein Steigen in ihrem Wert umgekehrt die Gläubiger auf Kosten der Schuldner begünstigt.

c. Weltgeld.

Gold wird Geld im Unterschied von Münze, erst indem es sich als Schatz aus der Zirkulation zurückzieht, dann als Nichtzirkulationsmittel in sie eintritt, endlich aber die Schranken der inneren Zirkulation durchbricht, um als allgemeines Äquivalent in der Welt der Waren zu funktionieren. So wird es **Weltgeld**.

Wie die allgemeinen Gewichtsmaße der edlen Metalle als ursprüngliche Wertmaße dienten, werden innerhalb des Weltmarktes die Rechennamen des Geldes wieder in die entsprechenden Gewichtsnamen verwandelt. Wie das formlose Rohmetall (aes rude) die ursprüngliche Form des Zirkulationsmittels und die Münzform ursprünglich selbst nur offizielles Zeichen des in den Metallstücken enthaltenen Gewichts war, so streift das edle Metall als Weltmünze Figur und Gepräge wieder ab und fällt in die gleichgültige Barrenform zurück, oder wenn nationale Münzen, wie russische Imperialen, mexikanische Taler und englische Sovereigns im Ausland zirkulieren, wird ihr Titel gleichgültig und gilt nur ihr Gehalt. Als internationales Geld endlich vollziehen die edlen Metalle wieder ihre ursprüngliche Funktion als Tauschmittel, die, wie der Warenaustausch selbst, nicht im Innern der naturwüchsigen Gemeinwesen, sondern an den Berührungspunkten verschiedener Gemeinwesen entsprang. Als Weltgeld erhält also das Geld seine naturwüchsig erste Form zurück. Indem es die innere Zirkulation verläßt, streift es die besonderen Formen wieder ab, die aus der Entwicklung des Austauschprozesses innerhalb jener besonderen Sphäre hervorwuchsen, seine Lokalformen als Maßstab der Preise, Münze, Scheidemünze und Wertzeichen.

Wir sahen, daß in der inneren Zirkulation eines Landes nur eine Ware als Maß der Werte dient. Da aber in dem einen Lande Gold, in dem anderen Silber diese Funktion verrichtet, gilt auf dem Weltmarkt ein doppeltes Maß der Werte und verdoppelt das Geld seine Existenz auch in allen anderen Funktionen. Die Übersetzung der Warenwerte aus Goldpreisen in Silberpreise und umgekehrt wird jedesmal bestimmt durch den relativen Wert beider Metalle, der beständig wechselt und dessen Festsetzung daher als beständiger Prozeß erscheint. Die Wareninhaber jeder inneren Zirkulationssphäre sind gezwungen, Gold und Silber abwechselnd für die auswärtige Zirkulation zu gebrauchen und so das Metall, das im Inland als Geld gilt, gegen das Metall auszutauschen, das sie gerade im Ausland als Geld brauchen. Jede Nation wendet also beide Metalle, Gold und Silber, als Weltgeld an.

In der internationalen Warenzirkulation erscheinen Gold und Silber nicht als Zirkulationsmittel, sondern als allgemeine Tauschmittel. Das allgemeine Tauschmittel funktioniert aber nur in den beiden entwickelten Formen des Kaufmittels und des Zahlungsmittels, deren Verhältnis sich jedoch auf dem Weltmarkt umkehrt. In der Sphäre der inneren Zirkulation wirkte das Geld, soweit es Münze war, den Mittler der prozessierenden Einheit W — G — W oder die nur verschwindende Form des Tauschwerts im unaufhörlichen Stellenwechsel der Waren darstellte, ausschließlich als Kaufmittel. Auf dem Weltmarkt umgekehrt. Gold und Silber erscheinen hier als Kaufmittel, wenn der Stoffwechsel nur einseitig ist und daher Kauf und Verkauf auseinander fallen. Der Grenzhandel zu Kiachta z. B. ist tatsächlich und durch Vertrag Tauschhandel, worin Silber nur Wertmaß. Der Krieg von 1857—58 bestimmte die Chinesen, zu verkaufen, ohne zu kaufen. Nun erschien Silber plötzlich als Kaufmittel. Aus Rücksicht auf den Wortlaut des Vertrags verarbeiteten die Russen französische Fünffrankenstücke in rohe Silberwaren, die als Tauschmittel dienten. Silber funktioniert fortwährend als Kaufmittel zwischen Europa und Amerika auf der einen Seite, Asien auf der anderen, wo es sich als Schatz niederschlägt. Ferner funktionieren die edlen Metalle als internationale Kaufmittel, sobald das herkömmliche Gleichgewicht des Stoffwechsels zwischen zwei Nationen plötzlich unterbrochen wird, Mißernte z. B. die eine derselben in außerordentlichem Maße zu kaufen zwingt. Endlich sind die edlen Metalle internationales Kaufmittel in der Hand der Gold und Silber produzierenden Länder, wo sie unmittelbares Produkt und Ware, nicht die verwandelte Form der Ware sind. Je mehr der Warenaustausch zwischen verschiedenen nationalen Zirkulationssphären sich entwickelt, entwickelt sich die Funktion des Weltgeldes als **Zahlungsmittel** zur Ausgleichung der internationalen Bilanzen.

Wie die innere Zirkulation, so erheischt die internationale Zirkulation eine stets wechselnde Quantität von Gold und Silber. Ein Teil der aufgehäuften Schätze dient daher bei jedem Volk als Reservefonds des Weltgeldes, der sich bald entleert, bald wieder füllt, entsprechend den Oscillationen des Warenaustausches.[1] Außer den besonderen Bewegungen, worin es zwischen den nationalen Zirkulationssphären hin und her läuft, besitzt das Weltgelt eine allgemeine Bewegung, deren Ausgangspunkte an den Produktionsquellen liegen, von denen aus Gold- und Silber-

---

[1] „Il danaro ammassato supplisce a quella somma, che per essere attualmente in circolazione, per l'eventuale promiscuità de' commerci si allontana e sorte della sfera della circolazione medesima." G. R. Carli Note zu Verri: „Meditazioni sulla Economia Politica", p. 196. t. XV. bei Custodi l. c.)

ströme sich in verschiedener Richtung über den Weltmarkt wälzen. Als Waren treten Gold und Silber hier in die Weltzirkulation und sind als Äquivalente im Verhältnis zu der in ihnen enthaltenen Arbeitszeit gegen Warenäquivalente ausgetauscht, bevor sie in die inneren Zirkulationssphären fallen. In denselben erscheinen sie daher mit gegebener Wertgröße. Jedes Fallen oder Steigen im Wechsel ihrer Produktionskosten affiziert daher gleichmäßig auf dem Weltmarkt ihren relativen Wert, der dagegen durchaus unabhängig ist von dem Grad, worin verschiedene nationale Zirkulationssphären Gold oder Silber verschlucken. Der Teil des Metallstroms, der von jeder besonderen Sphäre der Warenwelt aufgefangen wird, geht teils unmittelbar in den inneren Geldumlauf ein, zum Ersatz der verschlissenen Metallmünzen, wird teils abgedämmt in den verschiedenen Schatzreservoirs von Münze, Zahlungsmittel und Weltgeld, teils verwandelt in Luxusartikel, während der Rest endlich Schatz schlechthin wird. Auf entwickelter Stufe der bürgerlichen Produktion wird die Bildung der Schätze auf das Minimum beschränkt, das die verschiedenen Prozesse der Zirkulation zum freien Spiel ihres Mechanismus erheischen. Schatz als solcher wird hier nur der brachliegende Reichtum — wenn nicht augenblickliche Form eines Überschusses in der Bilanz der Zahlungen, das Resultat unterbrochenen Stoffwechsels und darum Erstarrung der Ware in ihrer ersten Metamorphose.

Wie Gold und Silber als Geld ihrem Begriff nach die allgemeine Ware sind, so erhalten sie im Weltgeld die entsprechende Existenzform der universellen Ware. Im Verhältnis, wie alle Produkte sich gegen sie veräußern, werden sie die verwandelte Gestalt aller Waren und daher die allseitig veräußerliche Ware. Als Materiatur der allgemeinen Arbeitszeit werden sie verwirklicht, im Maße wie der Stoffwechsel der realen Arbeiten den Erdboden umspannt. Sie werden allgemeines Äquivalent in dem Grad, worin sich die Reihe der besonderen Äquivalente entwickelt, die ihre Austauschsphäre bilden. Weil in der Weltzirkulation die Waren ihren eigenen Tauschwert universell entfalten, erscheint dessen in Gold und Silber verwandelte Gestalt als Weltgeld. Während also die Nationen von Warenbesitzern durch ihre allseitige Industrie und allgemeinen Verkehr Gold zu adäquatem Geld umschaffen, erscheinen ihnen Industrie und Verkehr nur als Mittel, um das Geld in der Form von Gold und Silber dem Weltmarkt zu entziehen. Gold und Silber als Weltgeld sind daher ebensowohl Produkt der allgemeinen Warenzirkulation, wie Mittel, ihre Kreise weiter zu ziehen. Wie hinter dem Rücken der Alchymisten, indem sie Gold machen wollten, die Chemie erwuchs, so springen hinter dem Rücken der Warenbesitzer, indem sie der Ware in ihrer verzauberten Gestalt nachjagen, die Quellen der Weltindustrie und des Welthandels auf. Gold und Silber helfen den Weltmarkt schaffen, indem sie in ihrem Geldbegriff sein Dasein antizipieren. Daß diese ihre Zauberwirkung keineswegs auf die Kinderjahre der bürgerlichen Gesellschaft beschränkt ist, sondern notwendig hervorwächst aus der Verkehrung, worin den Trägern der Warenwelt ihre eigene gesellschaftliche Arbeit erscheint, beweist der außerordentliche Einfluß, den die Entdeckung neuer Goldländer in der Mitte des 19. Jahrhunders auf den Weltverkehr ausübt.

Wie sich das Geld zum Weltgeld, entwickelt sich der Warenbesitzer zum Kosmopoliten. Die kosmopolitische Beziehung der Menschen zueinander ist ursprünglich nur ihr Verhältnis als Warenbesitzer. Die Ware ist an und für sich über jede religiöse, politische, nationale und sprachliche Schranke erhaben. Ihre allgemeine Sprache ist der Preis und ihr Gemeinwesen ist das Geld. Aber mit der Entwicklung des Weltgeldes im Gegensatz zur Landesmünze entwickelt sich der Kosmopolitismus des Warenbesitzers als Glaube der praktischen Vernunft im Gegensatz zu angestammten religiösen, nationalen und anderen Vorurteilen, die den Stoffwechsel der Menschheit hemmen. Wie dasselbe Gold, das in der Form amerikanischer eagles in England landet, zum Sovereign wird, nach drei Tagen in Paris als Napoleon umläuft, nach einigen Wochen sich in Venedig als Dukate wiederfindet, aber stets denselben Wert behält, wird dem Warenbesitzer klar, daß die Nationalität „is but the guinea's stampe". Die erhabene Idee, worin ihm die ganze Welt aufgeht, ist die eines Marktes, des Weltmarktes.[1]

4. Die edlen Metalle.

Der bürgerliche Produktionsprozeß bemächtigt sich zunächst der metallischen Zirkulation als eines fertig überlieferten Organs, das zwar allmählich umgestaltet wird, jedoch stets seine Grundkonstruktion bewahrt. Die Frage, warum statt anderer Waren Gold und Silber als Material des Goldes dienen, fällt jenseits der Grenze des bürgerlichen Systems. Wir fassen daher nur summarisch die wesentlichsten Gesichtspunkte zusammen.

Da die allgemeine Arbeitszeit selbst nur quantitative Unterschiede zuläßt, muß der Gegenstand, der als ihre spezifische Inkarnation gelten soll, fähig sein, rein quantitative Unterschiede darzustellen, so daß Dieselbigkeit, Gleichförmigkeit der Qualität vorausgesetzt ist. Es ist dies die erste Bedingung für die Funktion einer Ware als Wertmaß. Schätze ich zum Beispiel alle Waren in Ochsen, Häuten, Getreide u. s. w., so muß ich sie in der Tat in idealem Durchschnitts-Ochsen, Durchschnitts-Haut messen, da

---

[1] Montanari: „Dell amoneta" (1683) l. c. p. 40. „Ècosi fattamente diffusa per tutto il globo terrestre la communicazione de' populi insieme, che può quasi dirsi esser il mondo tutto divinuto una sola città in cui si fa perpetua fiera d'ogni mercanzia, e dove ogni uomo di tutto ciò che la terra, gli animali e l'umana industria altrove producono, può mediante il danaro stando in sua casa provedersi e godere. Maravigliosa invenzione."

Ochs von Ochs, Getreide von Getreide, Haut von Haut qualitativ verschieden ist. Gold und Silber dagegen sind als einfache Körper stets sich selbst gleich und gleiche Quanta derselben stellen daher gleich große Werte dar.[1] Die andere, direkt aus der Funktion rein quantitative Unterschiede darzustellen, hervorgehende Bedingung für die Ware, die als allgemeines Äquivalent dienen soll, ist die Möglichkeit ihrer Zerschneidung in beliebige Teile und deren Wiederzusammensetzbarkeit, so daß das Rechengeld auch sinnlich dargestellt werden kann. Gold und Silber besitzen diese Eigenschaften in vorzüglichem Grad.

Als Zirkulationsmittel besitzen Gold und Silber vor anderen Waren den Vorzug, daß ihrem großen spezifischen Gewicht, relativ viel Schwere in kleinem Raum darzustellen, ihr ökonomisch spezifisches Gewicht entspricht, relativ viel Arbeitszeit, das heißt großen Tauschwert in kleinem Umfang einzuschließen. Dadurch ist Leichtigkeit des Transports, der Übertragung von einer Hand in die andere, und von einem Land in das andere, die Fähigkeit, ebenso rasch zu erscheinen wie zu verschwinden — kurz, die materielle Beweglichkeit gewährleistet, das sine qua non der Ware, die als perpetuum mobile des Zirkulationsprozesses dienen soll.

Der hohe spezifische Wert der edlen Metalle, Dauerbarkeit, relative Unzerstörbarkeit, Nichtoxidierbarkeit an der Luft, bei dem Gold speziell seine Unauflöslichkeit in Säuren, außer in Königswasser, alle diese natürlichen Eigenschaften machen die edlen Metalle zum natürlichen Material der Schatzbildung. Peter Martyr, der ein großer Freund der Schokolade gewesen zu sein scheint, bemerkt daher von den Kakaosäcken, die eine der mexi-

---

[1] I metalli han questo di proprio e singulare che in essi soli tutte le ragioni siriducono ad una che è la loro quantità, non avendo ricevuto delle natura diversa qualità nè nell' interna loro constituzione ne nell' externa forma e fattura. (Galiani l. c. p. 130.)

kanischen Geldsorten bildeten: „O felicem monetam, quae suavem utilemque praebet humano generi potum, et a tartarea peste avaritiae suos immunes servat possessores, quod suffodi aut diu servari nequeat." (De orbe novo.)

Die große Bedeutung von Metallen überhaupt innerhalb des unmittelbaren Produktionsprozesses hängt zusammen mit ihrer Funktion als Produktionsinstrumente. Abgesehen von ihrer Seltenheit macht die große Weichheit des Goldes und des Silbers, verglichen mit Eisen und selbst mit Kupfer (in dem gehärteten Zustand, worin die Alten es brauchten), sie unfähig zu dieser Nutzanwendung und beraubt sie daher in großem Umfang der Eigenschaft, worauf der Gebrauchswert der Metalle überhaupt beruht. So nutzlos, wie sie innerhalb des unmittelbaren Produktionsprozesses sind, so entbehrlich erscheinen sie als Lebensmittel, als Gegenstände der Konsumtion. Jede beliebige Quantität derselben kann daher in den gesellschaftlichen Zirkulationsprozeß eingehen, ohne die Prozesse der unmittelbaren Produktion und Konsumtion zu beeinträchtigen. Ihr individueller Gebrauchswert gerät nicht in Widerstreit mit ihrer ökonomischen Funktion. Andererseits sind Gold und Silber nicht nur negativ überflüssige, d. h. entbehrliche Gegenstände, sondern ihre ästhetischen Eigenschaften machen sie zum naturwüchsigen Material von Pracht, Schmuck, Glanz, sonntäglichen Bedürfnissen, kurz zur positiven Form des Überflusses und Reichtums. Sie erscheinen gewissermaßen als gebiegenes Licht, das aus der Unterwelt hervorgegraben wird, indem das Silber alle Lichtstrahlen in ihrer ursprünglichen Mischung, das Gold nur die höchste Potenz der Farbe, das Rot, zurückwirft. Farbensinn aber ist die populärste Form des ästhetischen Sinnes überhaupt. Der etymologische Zusammenhang der Namen der edlen Metalle in den verschiedenen indo-germanischen Sprachen mit Farbenbeziehungen ist von Jakob Grimm nachgewiesen worden. (Siehe seine Geschichte der deutschen Sprache.)

Endlich die Fähigkeit von Gold und Silber, aus der Form der Münze in die Barrenform, aus der Barrenform in die Form von Luxusartikeln und umgekehrt verwandelt zu werden, ihr Vorzug also vor anderen Waren nicht in einmal gegebene, bestimmte Gebrauchsformen gebannt zu sein, macht sie zum natürlichen Material des Geldes, das beständig aus einer Formbestimmtheit in die andere umschlagen muß.

Die Natur produziert kein Geld, so wenig wie Bankiers, oder einen Wechselkurs. Da die bürgerliche Produktion aber den Reichtum als Fetisch in der Form eines einzelnen Dinges kristallisieren muß, sind Gold und Silber seine entsprechende Inkarnation. Gold und Silber sind von Natur nicht Geld, aber Geld ist von Natur Gold und Silber. Einerseits ist der silberne oder goldene Geldkristall nicht nur Produkt des Zirkulationsprozesses, sondern in der Tat sein einziges ruhendes Produkt. Andererseits sind Gold und Silber fertige Naturprodukte, und sie sind das erste unmittelbar, wie sie das zweite sind, durch keine Formverschiedenheit getrennt. Das allgemeine Produkt des gesellschaftlichen Prozesses oder der gesellschaftliche Prozeß selbst als Produkt ist ein besonderes Naturprodukt, in den Eingeweiden der Erde steckendes und aus ihr ausgrabbares Metall.[1]

Wir haben gesehen, daß Gold und Silber den Anspruch, der an sie als Geld gestellt wird, gleichbleibende Wertgröße zu sein, nicht erfüllen können. Indes besitzen sie, wie schon Aristoteles bemerkt, permanentere Wertgröße als der Durchschnitt der

---

[1] Im Jahre 760 wanderten eine Masse armer Leute aus, um den Flußgoldsand südlich von Prag auszuwaschen, und drei Mann waren fähig, in einem Tag 3 Mark Gold zu extrahieren. Infolge davon wurde der Zulauf zu den „diggings" und die Zahl der dem Ackerbau entzogenen Hände so groß, daß das Land das nächste Jahr von Hungersnot heimgesucht wurde. (Siehe M. G. Körner: „Abhandlung von dem Altertum des böhmischen Bergwerks." Schneeberg 1758.)

anderen Waren. Abgesehen von der allgemeinen Wirkung einer Appreziation oder Depreziation der edlen Metalle, sind die Schwankungen des Wertverhältnisses von Gold und Silber von besonderer Wichtigkeit, da beide nebeneinander auf dem Weltmarkt als Materie des Geldes dienen. Die rein ökonomischen Gründe dieses Wertwechsels — Eroberungen und andere politische Umwälzungen, die großen Einfluß auf den Wert der Metalle in der alten Welt ausübten, wirken nur lokal und vorübergehend — müssen auf den Wechsel der zur Produktion dieser Metalle erheischten Arbeitszeit zurückgeführt werden. Diese selbst wird abhängen von ihrer relativen natürlichen Seltenheit, wie von der größeren oder minderen Schwierigkeit, die ihre Bemächtigung in rein metallischem Zustand bietet. Gold ist in der Tat das erste Metall, das der Mensch entdeckt. Einerseits stellt die Natur selbst es in gediegener kristallinischer Form dar, individualisiert, chemisch unverbunden mit anderen Körpern, oder wie die Alchymisten sagten, in jungfräulichem Zustand; andererseits übernimmt die Natur selbst in den großen Goldwäschereien der Flüsse das Werk der Technologie. Auf Seiten des Menschen ist so nur die roheste Arbeit erheischt, sei es für Gewinnung des Flußgoldes, sei es des Goldes in aufgeschwemmtem Land, während die Darstellung des Silbers Minenarbeit und überhaupt eine relativ hohe Entwicklung der Technik voraussetzt. Trotz seiner kleineren absoluten Seltenheit ist daher der ursprüngliche Wert des Silbers relativ größer als der des Goldes. Strabos Versicherung, daß bei einem Stamme der Araber 10 Pfd. Gold für 1 Pfd. Eisen und 2 Pfd. Gold für 1 Pfd. Silber gegeben wurden, erscheint keineswegs unglaublich. Im Verhältnis aber, wie sich die Produktivkräfte der gesellschaftlichen Arbeit entwickeln und sich daher das Produkt der einfachen Arbeit verteuert gegen das der kombinierten, wie die Rinde der Erde allseitiger aufgebrochen wird, und die ursprünglichen oberflächlichen Quellen der Goldzufuhr versiegen, wird der Wert des Silbers fallen im Verhältnis zum Wert des Goldes. Auf einer gegebenen Entwicklungsstufe der Technologie und der Kommunikationsmittel wird die Entdeckung neuer Gold= oder Silberländer schließlich in die Wagschale fallen. Im alten Asien war das Verhältnis von Gold und Silber wie 6 zu 1 oder 8 zu 1, letzteres Ver= hältnis in China und Japan noch im Anfang des 19. Jahr= hunderts; 10 zu 1, das Verhältnis zu Xenophons Zeit, kann als Durchschnittsverhältnis des mittleren Altertums betrachtet werden. Die Ausbeutung der spanischen Silberminen durch Kar= thago und später durch Rom wirkte annähernd im Altertum wie die Entdeckung der amerikanischen Minen im modernen Europa. Für die römische Kaiserzeit kann 15 oder 16 zu 1 als rauhe Durchschnittszahl genommen werden, obgleich wir häufig tiefere Depreziation des Silbers in Rom finden. Dieselbe Bewegung, beginnend mit der relativen Depreziation des Goldes und endend mit dem Fall des Silberwerts, wiederholt sich in der folgenden Epoche, die sich vom Mittelalter bis zur neuesten Zeit erstreckt. Wie zur Zeit Xenophons steht das Durchschnitts= verhältnis im Mittelalter wie 10 zu 1 und schlägt infolge der Entdeckung der amerikanischen Minen wieder um zu 16 oder 15 zu 1. Die Entdeckung der australischen, kalifornischen und kolumbischen Goldquellen macht einen abermaligen Fall im Wert des Goldes wahrscheinlich.[1]

---

[1] Bisher haben die australischen u. s. w. Entdeckungen das Wert= verhältnis von Gold und Silber noch nicht berührt. Die gegenteiligen Behauptungen Michel Chevaliers sind gerade so viel wert wie der So= zialismus dieses Ex=St. Simonisten. Die Quotationen des Silbers auf dem Londoner Markt beweisen allerdings, daß der Durchschnitts=Goldpreis des Silbers während 1850—1858 um nicht ganz 3 Prozent höher steht als während der Periode 1830—1850. Dies Steigen ist aber einfach aus der asiatischen Silbernachfrage zu erklären. Während 1852—1858 wechselt der Silberpreis in den einzelnen Jahren und Monaten nur mit dieser

C. Theorien über Zirkulationsmittel und Geld.

Wie eine allgemeine Goldgier Völker und Fürsten im sechzehnten und achtzehnten Jahrhundert, der Kindheitsperiode der modernen bürgerlichen Gesellschaft, in überseeische Kreuzzüge nach dem goldenen Gral jagte,[1] so proklamierten die ersten Dolmetscher der modernen Welt, die Urheber des Monetarsystems, wovon das Merkantilsystem nur eine Variante ist, Gold und Silber, das heißt Geld, als den einzigen Reichtum. Richtig sprachen sie den Beruf der bürgerlichen Gesellschaft dahin aus, Geld zu machen, also, vom Standpunkt der einfachen Warenzirkulation, den ewigen Schatz zu bilden, den weder Motten noch Rost fressen. Es wird dem Monetarsystem nicht damit geantwortet, daß eine Tonne Eisen vom Preis von 3 £ eine ebenso große Wertgröße als 3 £ Gold ist. Es handelt sich hier nicht um die Größe des Tauschwerts, sondern um seine adäquate Form. Wenn das Monetar- und Merkantilsystem den Welthandel und die unmittelbar in den Welthandel mündenden besonderen Zweige der nationalen Arbeit als die einzig wahren Quellen von Reichtum oder Geld auszeichnet, ist zu erwägen, daß in jener Epoche

---

Nachfrage, keineswegs mit der Goldzufuhr von den neu entdeckten Quellen. Folgendes ist eine Übersicht der Goldpreise des Silbers auf dem Londoner Markt:

Preis des Silbers per Unze:

Jahr	März		Juli		Novbr.	
1852.	60$^{1/8}$ Pence		60$^{1/4}$ Pence		61$^{7/8}$ Pence	
1853.	61$^{3/8}$	=	61$^{1/2}$	=	61$^{7/8}$	=
1854.	61$^{7/8}$	=	61$^{3/4}$	=	61$^{1/2}$	=
1855.	60$^{7/8}$	=	61$^{1/2}$	=	60$^{7/8}$	=
1856.	60	=	61$^{1/4}$	=	62$^{1/8}$	=
1857.	61$^{3/4}$	=	61$^{5/8}$	=	61$^{1/2}$	=
1858.	61$^{5/8}$	=				

[1] „Gold ist ein wunderbares Ding! Wer dasselbe besitzt, ist Herr von Allem was er wünscht. Durch Gold kann man sogar Seelen in das Paradies gelangen lassen." (Kolumbus in einem Brief aus Jamaica 1503.) [Note zur 2. Aufl. Vergl. „Kapital", 1. Bd., 4. Aufl., S. 95. D. H.]

der größte Teil der nationalen Produktion sich noch in feudalen Formen bewegte und als unmittelbare Subsistenzquelle den Produzenten selbst diente. Die Produkte verwandelten sich großen Teils nicht in Waren und daher nicht in Geld, gingen überhaupt nicht in den allgemeinen gesellschaftlichen Stoffwechsel ein, erschienen daher nicht als Vergegenständlichung der allgemeinen abstrakten Arbeit und bildeten in der Tat keinen bürgerlichen Reichtum. Geld als Zweck der Zirkulation ist der Tauschwert oder der abstrakte Reichtum, nicht irgend ein stoffliches Element des Reichtums, als bestimmender Zweck und treibendes Motiv der Produktion. Wie es der Vorstufe der bürgerlichen Produktion entsprach, hielten jene verkannte Propheten an der gediegenen, handgreiflichen und glänzenden Form des Tauschwerts fest, an seiner Form als allgemeine Ware im Gegensatz zu allen besonderen Waren. Die eigentlich bürgerlich ökonomische Sphäre der damaligen Zeit war die Sphäre der Warenzirkulation. Vom Gesichtspunkt dieser elementarischen Sphäre aus beurteilten sie daher den ganzen verwickelten Prozeß der bürgerlichen Produktion und verwechselten Geld mit Kapital. Der unauslöschliche Kampf der modernen Ökonomen gegen das Monetar- und Merkantilsystem rührt großen Teils daher, daß dieses System in brutal-naiver Form das Geheimnis der bürgerlichen Produktion ausplaudert, ihr Beherrschtsein durch den Tauschwert. Ricardo, wenn auch zum Behuf falscher Nutzanwendung, bemerkt irgendwo, daß selbst in Zeiten der Hungersnot Getreide eingeführt wird, nicht weil die Nation hungert, sondern weil der Kornhändler Geld macht. In ihrer Kritik des Monetar- und Merkantilsystems fehlt die politische Ökonomie also, indem sie dieses System als bloße Illusion, als nur falsche Theorie befeindet, nicht als barbarische Form ihrer eigenen Grundvoraussetzung wieder erkennt. Zudem behält dieses System nicht nur ein historisches Recht, sondern innerhalb bestimmter Sphären der modernen Ökonomie volles Bürgerrecht. Auf allen Stufen des bürgerlichen Produktionsprozesses, wo der Reichtum die elementarische Form der Ware annimmt, nimmt der Tauschwert die elementarische Form des Geldes an und in allen Phasen des Produktionsprozesses fällt der Reichtum immer wieder für einen Augenblick in die allgemeine elementarische Form der Ware zurück. Selbst in der entwickeltsten bürgerlichen Ökonomie werden die spezifischen Funktionen des Goldes und Silbers als Geld im Unterschied von ihrer Funktion als Zirkulationsmittel und im Gegensatz zu allen übrigen Waren nicht aufgehoben, sondern nur beschränkt, behalten also Monetar- und Merkantilsystem ihr Recht. Die katholische Tatsache, daß Gold und Silber als unmittelbare Inkarnation der gesellschaftlichen Arbeit, daher als Dasein des abstrakten Reichtums, den anderen profanen Waren gegenübertreten, verletzt natürlich das protestantische point d'honneur der bürgerlichen Ökonomie, und aus Angst vor den Vorurteilen des Monetarsystems büßte sie für lange Zeit das Urteil über die Phänomene der Geldzirkulation ein, wie die folgende Darstellung zeigen wird.

Im Gegensatz zum Monetar- und Merkantilsystem, die das Geld nur in seiner Formbestimmtheit als kristallisches Produkt der Zirkulation kennen, war es ganz in der Ordnung, daß die klassische Ökonomie es zunächst in seiner flüssigen Form auffaßte, als innerhalb der Warenmetamorphose selbst erzeugte und wieder verschwindende Form des Tauschwerts. Wie daher die Warenzirkulation ausschließlich in der Form W—G—W und diese wieder ausschließlich in der Bestimmtheit der prozessierenden Einheit von Verkauf und Kauf aufgefaßt wird, wird das Geld in seiner Formbestimmtheit als Zirkulationsmittel gegen seine Formbestimmtheit als Geld behauptet. Wird das Zirkulationsmittel selbst in seiner Funktion als Münze isoliert, so verwandelt es sich, wie wir sahen, in Wertzeichen. Da aber der klassischen Ökonomie zunächst die metallische Zirkulation als herrschende Form der Zirkulation gegenüber stand, faßt sie das metallische Geld als Münze, die metallische Münze als bloßes Wertzeichen. Dem Gesetz der Zirkulation der Wertzeichen entsprechend, wird so der Satz aufgestellt, daß die Preise der Waren abhängen von der Masse des zirkulierenden Geldes, nicht umgekehrt die Masse des zirkulierenden Geldes von den Preisen der Waren. Wir finden diese Ansicht bei italienischen Ökonomen des siebzehnten Jahrhunderts mehr oder minder angedeutet, bald bejaht, bald verneint von Locke, bestimmt entwickelt vom „Spectator" (in Nummer vom 19. Oktober 1711), von Montesquieu und Hume. Da Hume bei weitem der bedeutendste Repräsentant dieser Theorie im achtzehnten Jahrhundert ist, eröffnen wir mit ihm unsere Rundschau.

Unter bestimmten Voraussetzungen scheint eine Vermehrung oder Verminderung in der Quantität, sei es des zirkulierenden Metallgeldes, sei es der zirkulierenden Wertzeichen, gleichmäßig auf die Warenpreise zu wirken. Fällt oder steigt der Wert des Goldes oder Silbers, worin die Tauschwerte der Waren als Preise geschätzt sind, so steigen oder fallen die Preise, weil ihr Wertmaß sich geändert hat, und mehr oder minder Gold und Silber zirkulieren als Münze, weil die Preise gestiegen oder gefallen sind. Das sichtbare Phänomen aber ist Veränderung der Preise, bei gleichbleibendem Tauschwert der Waren, mit vermehrter oder verminderter Quantität der Zirkulationsmittel. Fällt oder steigt andererseits die Quantität der zirkulierenden Wertzeichen über oder unter ihr notwendiges Niveau, so werden sie gewaltsam auf dasselbe reduziert durch Fallen oder Steigen der Warenpreise. In beiden Fällen scheint dieselbe Wirkung durch dieselbe Ursache hervorgebracht, und an diesem Schein hielt Hume fest.

Jede wissenschaftliche Untersuchung über das Verhältnis von Anzahl der Zirkulationsmittel und Preisbewegung der Waren muß den Wert des Geldmaterials als gegeben voraussetzen. Hume dagegen betrachtet ausschließlich Epochen der Revolution im Maß der edlen Metalle selbst, also Revolutionen im Maß der Werte. Das Steigen der Warenpreise gleichzeitig mit der Zunahme des Metallgelds seit der Entdeckung der amerikanischen Minen bildet den geschichtlichen Hintergrund seiner Theorie, wie die Polemik gegen das Monetar- und Merkantilsystem ihr praktisches Motiv abgab. Die Zufuhr der edlen Metalle kann natürlich vermehrt werden bei gleichbleibenden Produktionskosten derselben. Andererseits wird die Verminderung in ihrem Wert, d. h. in der zu ihrer Produktion erheischten Arbeitszeit, sich zunächst nur zeigen in der Vermehrung ihrer Zufuhr. Also, sagten spätere Schüler von Hume, zeigt sich der verminderte Wert der edlen Metalle in der wachsenden Masse der Zirkulationsmittel und die wachsende Masse der Zirkulationsmittel im Steigen der Warenpreise. In der Tat aber wächst nur der Preis der exportierten Waren, die sich mit Gold und Silber als Ware und nicht als Zirkulationsmittel austauschen. So steigt der Preis dieser Waren, die in Gold und Silber von gesunkenem Wert geschätzt sind, gegenüber allen übrigen Waren, deren Tauschwert fortfährt in Gold oder Silber nach dem Maßstab ihrer alten Produktionskosten geschätzt zu werden. Diese doppelte Schätzung der Tauschwerte der Waren in demselben Lande kann natürlich nur temporär sein und die Gold- oder Silberpreise müssen sich ausgleichen in den durch die Tauschwerte selbst bestimmten Proportionen, so daß schließlich die Tauschwerte aller Waren dem neuen Wert des Geldmaterials entsprechend geschätzt werden. Die Entwicklung dieses Prozesses gehört ebensowenig hierher wie die Art und Weise, worin überhaupt innerhalb der Schwankungen der Marktpreise der Tauschwert der Waren sich durchsetzt. Daß aber diese Ausgleichung in minder entwickelten Epochen der bürgerlichen Produktion sehr allmählich ist und sich über lange Perioden verteilt, jedenfalls aber nicht gleichen Schritt hält mit der Vermehrung der umlaufenden Barschaften, ist durch neue kritische Untersuchungen über die Bewegung der Warenpreise im sechzehnten Jahrhundert schlagend bewiesen worden.[1] Ganz ungehörig sind die von Humes Schülern beliebten Beziehungen auf das Steigen der Preise im antiken Rom in Folge der Eroberung von Macedonien, Ägypten und Kleinasien. Die der alten Welt eigentümliche, plötzliche und gewaltsame Übertragung aufgespeicherter Geldschätze von einem Lande in das andere, die temporäre Reduktion der Produktionskosten der edlen Metalle für ein bestimmtes Land durch den einfachen Prozeß der Plünderung, berühren ebensowenig die immanenten Gesetze der Geldzirkulation, wie etwa die Gratisverteilung von ägyptischem und sizilischem Getreide in Rom das allgemeine Gesetz, das den Getreidepreis regelt. Das zur Detailbeobachtung des Geldumlaufs erheischte Material, einerseits gesichtete Geschichte der Warenpreise, andererseits offizielle und fortlaufende Statistik über Expansion und Kontraktion des zirkulierenden Mediums, Zufluß und Abfluß der edlen Metalle u. s. w., ein Material, das überhaupt erst mit völlig entwickeltem Bankwesen entsteht, mangelte Hume wie allen anderen Schriftstellern des achtzehnten Jahrhunderts. Humes Zirkulationstheorie faßt sich in folgenden Sätzen zusammen: 1. Die Preise der Waren in einem Lande sind bestimmt durch die in ihm befindliche Geldmasse (realem Geld oder symbolischem); 2. Das in einem Lande zirkulierende Geld repräsentiert alle in ihm befindlichen Waren. Im Verhältnis wie die Anzahl der Repräsen-

---

[1] Diese Allmählichkeit giebt Hume übrigens zu, so wenig sie seinem Prinzip entspricht. S. David Hume: Essays and treatises on several subjects." Ed. London 1777, vol. 1. p. 300.

tanten wächst, das heißt des Geldes, kommt mehr oder minder von der repräsentierten Sache auf den einzelnen Repräsentanten; 3. Werden die Waren vermehrt, so fällt ihr Preis oder der Wert des Geldes steigt. Wird das Geld vermehrt, so wächst umgekehrt der Preis der Waren und der Wert des Geldes fällt.[1]

„Die Teuerkeit aller Dinge", sagt Hume, „infolge von Geld= überfluß ist ein Nachteil für jeden bestehenden Handel, indem er den ärmeren Ländern erlaubt, reichere zu unterbieten auf allen fremden Märkten.[2] Es kann keine Wirkung, gute oder schlechte ausüben, wenn wir eine Nation für sich selbst betrachten, ob viel oder wenig Münze zum Zählen oder Repräsentieren den Waren vorhanden ist, so wenig wie die Bilanz eines Kaufmanns alte= riert würde, wenn er in der Buchführung, statt der arabischen Rechenweise, die wenig Ziffern erheischt, die römische anwendete, die einer größeren Anzahl bedarf. Ja, die größere Quantität des Geldes, gleich den römischen Rechencharakteren, ist vielmehr unbequem, und kostet mehr Mühe sowohl für Aufbewahrung als Transport."[3] Um überhaupt etwas zu beweisen, hätte Hume zeigen müssen, daß in einem gegebenen System von Rechencharakteren die Masse der angewandten Ziffern nicht von der Größe des Zahlenwerts, sondern die Größe des Zahlen= werts umgekehrt von der Masse der angewandten Charaktere abhängt. Es ist sehr richtig, daß es kein Vorteil ist, die Warenwerte in Gold oder Silber von gesunkenem Wert zu schätzen oder zu „zählen" und daher fanden es die Völker mit dem Wachstum der Wertsumme der zirkulierenden Waren stets bequemer in Silber zu zählen als in Kupfer, und in Gold als in Silber. Im Maß wie sie reicher wurden, verwandelten sie

---

[1] Conf. Steuart, l. c. t. I. p. 394—400.

[2] David Hume, l. c. p. 300.

[3] David Hume, l. c. p. 303.

die minder wertvollen Metalle in subsidiäre Münze und die wertvolleren in Geld. Andererseits vergißt Hume, daß zum Zählen der Werte in Gold und Silber weder Gold noch Silber „vorhanden" zu sein braucht. Rechengeld und Zirkulationsmittel fallen ihm zusammen und beide sind Münze (coin). Weil eine Wertveränderung im Maß der Werte oder den edlen Metallen, die als Rechengeld funktionieren, die Warenpreise steigen oder fallen macht, also auch die Masse des zirkulierenden Geldes bei gleichbleibender Umlaufsgeschwindigkeit, schließt Hume, daß das Steigen oder Fallen der Warenpreise von der Quantität des zirkulierenden Geldes abhängt. Daß im sechzehnten und siebzehnten Jahrhundert nicht nur die Quantität von Gold und Silber sich vermehrte, sondern gleichzeitig ihre Produktionskosten sich verminderten, konnte Hume aus dem Schließen der europäischen Minen sehen. Im sechzehnten und siebzehnten Jahrhundert stiegen die Warenpreise in Europa mit der Masse des importierten amerikanischen Gold und Silbers; also sind die Warenpreise in jedem Lande bestimmt durch die Masse des in ihm befindlichen Goldes und Silbers. Dies war Humes erste „notwendige Konsequenz."[1] Im sechzehnten und siebzehnten Jahrhundert stiegen die Preise nicht gleichmäßig mit der Zunahme der edlen Metalle; mehr als ein halbes Jahrhundert verfloß, bevor irgend ein Wechsel in den Warenpreisen sich zeigte, und selbst dann währte es noch lange, bevor die Tauschwerte der Waren allgemein dem gesunkenen Wert des Goldes und Silbers gemäß geschätzt wurden, also bevor die Revolution die allgemeinen Warenpreise ergriff. Also, schließt Hume, der ganz im Widerspruch mit den Grundsätzen seiner Philosophie einseitig beobachtete Tatsachen unkritisch in allgemeine Sätze verwandelt, also ist der Preis der Waren oder der Wert des Geldes bestimmt nicht durch die absolute

---

[1] David Hume, l. c. p. 303.

Masse des in einem Lande befindlichen Geldes, sondern vielmehr durch die Quantität von Gold und Silber, die wirklich in die Zirkulation eingeht, aber schließlich muß alles in einem Lande befindliche Gold und Silber als Münze von der Zirkulation absorbiert werden.¹ Es ist klar, daß wenn Gold und Silber einen eigenen Wert besitzen, von allen anderen Gesetzen des Umlaufs abgesehen, nur eine bestimmte Quantität Gold und Silber als Äquivalent für eine gegebene Wertsumme von Waren zirkulieren kann. Muß also jede zufällig in einem Lande befindliche Quantität Gold und Silber ohne Rücksicht auf die Summe der Warenwerte als Zirkulationsmittel in den Warenaustausch eingehen, so besitzen Gold und Silber keinen immanenten Wert und sind daher in der Tat keine wirklichen Waren. Dies ist Humes dritte „notwendige Konsequenz". Waren ohne Preis und Gold und Silber ohne Wert läßt er in den Zirkulationsprozeß eingehen. Er spricht daher auch nie von Wert der Waren und Wert des Goldes, sondern nur von ihrer wechselseitigen Quantität. Schon Locke hatte gesagt, Gold und Silber hätten einen bloß eingebildeten oder konventionellen Wert; die erste brutale Form des Gegensatzes zur Behauptung des Monetarsystems, daß Gold und Silber allein wahren Wert haben. Daß das Gelddasein von Gold und Silber bloß aus ihrer Funktion im gesellschaftlichen Austauschprozeß entspringt, wird dahin ausgelegt, daß sie ihren

---

¹ „It is evident, that the prices do not so much depent on the absolute quantity of commodities, and that of money, which are in a nation, as on that of the commodities, which can or may come to market, and of the money which circulates. If the coin be locked up in chests, it is the same thing with regard to prices, as if it were annihilated; if the commodities be hoarded in magazines and granaries, a like effect follows. As tho money and commodities in these cases, never meet, they cannot affect eachother. The whole (of prices) at last reaches a just proportion with the new quantity of specie which is in the kingdom." (l. c. p. 307, 308, 303.)

eigenen Wert und daher ihre Wertgröße einer gesellschaftlichen Funktion verdanken.¹ Gold und Silber sind also wertlose Dinge, aber innerhalb des Zirkulationsprozesses erhalten sie eine fiktive Wertgröße als Repräsentanten der Waren. Sie werden durch den Prozeß nicht in Geld, sondern in Wert verwandelt. Dieser ihr Wert wird bestimmt durch die Proportion zwischen ihrer eigenen Masse und der Warenmasse, indem sich beide Massen decken müssen. Während also Hume Gold und Silber als Nichtwaren in die Welt der Waren eintreten läßt, verwandelt er sie umgekehrt, sobald sie in der Formbestimmtheit der Münze erscheinen, in bloße Waren, die sich durch einfachen Tauschhandel mit anderen Waren austauschen. Bestände nun die Warenwelt aus einer einzigen Ware, zum Beispiel eine Million Quarter Getreide, so wäre die Vorstellung sehr einfach, daß ein Quarter sich gegen zwei Unzen Gold austauscht, wenn zwei Millionen Unzen Gold vorhanden sind und gegen 20 Unzen Gold, wenn 20 Millionen Unzen Gold vorhanden sind, Preis der Ware und Wert des Geldes also in umgekehrtem Verhältnis zur vorhandenen Quantität Geld steigen oder fallen.² Aber die Warenwelt besteht aus unendlich verschiedenen Gebrauchswerten, deren relativer Wert keineswegs durch ihre relative Quantität bestimmt ist. Wie also denkt sich Hume diesen Austausch zwischen der Masse der Waren und der Masse des Goldes? Er begnügt sich mit der begriffslos dumpfen Vorstellung, daß jede Ware als aliquoter Teil der gesamten Warenmasse sich gegen einen entsprechend aliquoten Teil der Goldmasse austauscht. Die

---

¹ Siehe Law und Franklin über den Surpluswert, den Gold und Silber aus ihrer Funktion als Geld erhalten sollen. Auch Forbonnais. [Note zur 2. Aufl.]

² Diese Fiktion kommt wörtlich vor bei Montesquieu. [Note zur 2. Aufl. Die betreffende Stelle aus Montesquieu ist angeführt im „Kapital", 1. Bd., 1. Abschn., Note 80, 4. Aufl., S. 88. D. H.]

prozessierende Bewegung der Waren, die aus dem in ihnen enthaltenen Gegensatz von Tauschwert und Gebrauchswert entspringt, in dem Umlauf des Geldes erscheint und in den verschiedenen Formbestimmtheiten des letzteren sich kristallisiert, ist also ausgelöscht und an ihre Stelle tritt die eingebildete mechanische Gleichsetzung zwischen der Gewichtmasse der in einem Lande befindlichen edlen Metalle und der gleichzeitig vorhandenen Warenmasse.

Sir James Steuart eröffnet seine Untersuchung über Münze und Geld mit einer ausführlichen Kritik von Hume und Montesquieu.[1] Er ist in der Tat der erste, der die Frage stellt: Ist die Quantität des umlaufenden Geldes durch die Warenpreise oder sind die Warenpreise durch die Quantität des umlaufenden Geldes bestimmt? Obgleich seine Darstellung getrübt ist durch phantastische Ansicht vom Maß der Werte, durch schwankende Darstellung von Tauschwert überhaupt und durch Reminiszenzen des Merkantilsystems, entdeckt er die wesentlichen Formbestimmtheiten des Geldes und allgemeinen Gesetze des Geldumlaufs, weil er nicht mechanisch die Waren auf die eine und das Geld auf die andere Seite stellt, sondern tatsächlich aus den verschiedenen Momenten des Warenaustausches selbst die verschiedenen Funktionen entwickelt. „Der Gebrauch von Geld für inländische Zirkulation läßt sich zusammenfassen unter zwei Hauptpunkte, Zahlung dessen, was einer schuldet, Kaufen dessen, was einer braucht; beides zusammengefaßt bildet die Nachfrage für bares Geld (ready money demands). . . . Der Stand von Handel, Manufaktur, Lebensweise und herkömmlichen Ausgaben der Einwohner, wenn alle zusammengenommen, regeln und bestimmen die Masse der Nachfrage für bares Geld, das heißt die Masse der Veräußerungen. Um diese Mannigfaltigkeit der

---

[1] Steuart, l. c. t. 1. p. 394 seq.

Zahlungen ins Werk zu setzen, ist eine gewisse Proportion Geld nötig. Diese Proportion ihrerseits kann zunehmen oder abnehmen, je nach Umständen, obgleich die Quantität der Veräußerung dieselbe bleibt.... Jedenfalls kann die Zirkulation eines Landes nur eine bestimmte Quantität von Geld absorbieren."[1] Der Marktpreis der Ware wird bestimmt durch die verwickelte Operation von Nachfrage und Konkurrenz (demand and competition), die durchaus von der in einem Lande befindlichen Gold- und Silbermasse unabhängig sind. Was wird nun aus dem nicht als Münze erheischten Gold und Silber? Es wird als Schatz aufgehäuft oder als Material von Luxusartikeln verarbeitet. Fiele die Gold- und Silbermasse unter das für die Zirkulation erheischte Niveau, so ersetzt man sie durch symbolisches Geld oder andere Auskunftsmittel. Bringt ein günstiger Wechselkurs Überfluß von Geld ins Land und schneidet zugleich die Nachfrage für seine Versendung ins Ausland ab, so fällt es häufig in Koffer, wo es so nutzlos wird, als ob es in Minen läge."[2] Das zweite von Steuart entdeckte Gesetz ist der Reflux der auf Kredit gegründeten Zirkulation zu ihrem Ausgangspunkt. Endlich entwickelt er die Wirkungen, die die Verschiedenheit des Zinsfußes in verschiedenen Ländern auf die internationale Aus- und Einwanderung der edlen Metalle hervorbringt. Die beiden letzteren Bestimmungen deuten wir hier nur der Vollständigkeit wegen an, da sie unserem Thema der einfachen Zirkulation fern liegen.[3]

---

[1] Steuart, l. c. t. 2. p. 377—379 passim.
[2] l. c. p. 379—380 passim.
[3] „The additional coin will be locked up, or converted into plate.... As for the paper money, as soon as it has served the first purpose of supplying the demand of him who borrowed it, it will return upon the debtor in it and become realised.... Let the specie of a country, therefore, be augmented or diminished in ever so great a proportion, commodities will still rise and fall according to the principles of demand and competition, and these will constantly depend upon the inclinations of those who have

Symbolisches Geld oder Kreditgeld — Steuart unterscheidet diese beiden Formen des Geldes noch nicht — können die edlen Metalle als Kaufmittel oder Zahlungsmittel in der inneren Zirkulation ersetzen, aber nicht auf dem Weltmarkt. Papiernoten sind daher das Geld der Gesellschaft (money of the society),

property or any kind of equivalent whatsoever to give, but never upon the quantity of coin they are possessed of.... Let it (nämlich die quantity of specie in a country) be ever so low, while there is real property of any denomination in the country, and a competition to consume in those who possess it, prices will be high, by the means of barter, symbolical money, mutual prestations and a thousand other inventions.... If this country has a communication with other nations, there must be a proportion between the prices of many kinds of merchandize there and elsewhere, and a sudden augmentation or diminution of the specie, supposing it could of itself operate the effects of raising or sinking prices, would be restrained in its operation by foreign competition." l. c. t. 1. p. 400—402. „The circulation of every country must be in proportion to the industry of the inhabitants producing the commodities which come to market.... If the coin of a country, therefore, falls below the proportion of the price of industry offered to sale, inventions, like symbolical money, will be fallen upon, to provide for an equivalent for it. But if the specie be found above the proportion of industry, it will have no effect in raising prices, nor will it enter into circulation: it will be hoarded up in treasures.... Whatsoever be the quantity of money in a nation, in correspondence with the rest of the world, there never can remain, in circulation, but the quantity nearly proportional to the consumtion of the rich and to the labour and industry of the poor inhabitants", und diese Proportion ist nicht bestimmt „by the quantity of money actually in the country." (l. c. p. 403—408 passim.) „All nations will endeavour to throw their ready money, not necessary for their own circulation, into that country where the interest of money is high with respect to their own." l. c. t. 2. p. 5. „The richest nation in Europe may be the poorest in circulating specie." l. c. t. 2. p. 6.

(Siehe Polemik gegen Steuart bei Arthur Young [Note zur 2. Aufl. Im „Kapital", 1. Bd., 1. Abschn., Note 78, 4. Aufl., S. 87, sagt Marx: „Die Humesche Theorie wird gegen J. Steuart u. a. ver=

während Gold und Silber das Geld der Welt sind (money of the world).¹

Es ist Eigentümlichkeit der Nationen von „historischer" Entwicklung im Sinn der historischen Rechtsschule, ihre eigene Geschichte beständig zu vergessen. Obgleich daher die Streitfrage über das Verhältnis der Warenpreise zur Quantität der Zirkulationsmittel während dieses halben Jahrhunderts fortwährend das Parlament bewegt, und Tausende von Pamphleten, großen und kleinen, in England hervorgerufen hat, blieb Steuart mehr noch „toter Hund" als Spinoza dem Moses Mendelson zu Lessings Zeit schien. Selbst der neueste Geschichtsschreiber der „currency", Maclaren, verwandelt Adam Smith in den Erfinder der Steuartschen Theorie, wie Ricardo in den der Humeschen.² Während Ricardo Humes Theorie verfeinerte, registriert Adam Smith die Resultate der Steuartschen Forschungen als tote Tatsachen. Adam Smith hat seinen schottischen Weisheitsspruch, daß, „wenn ihr ein wenig gewonnen habt, es oft leicht wird, viel zu gewinnen", auch auf geistigen Reichtum angewandt und daher mit kleinlicher Sorgfalt die Quellen verheimlicht, denen er das Wenige verdankt, woraus er in der Tat viel macht. Mehr als einmal zieht er vor, der Frage die Pointe abzubrechen, wo

---

teidigt von A. Young in seiner „Political Arithmetic", London 1774, wo ein eigenes Kapitel: „Prices depend on quantity of money". p. 112 sqq. D. H.]

¹ Steuart, l. c. t. 2. p. 370. Louis Blanc verwandelt das „money of the society", was nichts heißt als inländisches, nationales Geld, in sozialistisches Geld, was gar nichts heißt, und macht folgerecht Jean Law zum Sozialisten. (Siehe seinen ersten Band der Geschichte der französischen Revolution.)

² Maclaren, l. c. p. 43 seq. Patriotismus hat einen zu früh verstorbenen deutschen Schriftsteller (Gustav Julius) verleitet, den alten Büsch als Autorität der Ricardoschen Schule gegenüber zu stellen. Ehren-Büsch übertrug Steuarts geniales Englisch in Hamburger Platt und verballhornte sein Original so oft als möglich.

scharfe Formulierung ihn zwingen würde, mit seinen Vorgängern abzurechnen. So in der Geldtheorie. Er nimmt Steuarts Theorie stillschweigend an, indem er erzählt, das in einem Lande befindliche Gold und Silber werde teils als Münze verwandt, teils als Reservefonds aufgehäuft für Kaufleute in Ländern ohne Banken und als Bankreserve in Ländern mit Kreditzirkulation, teils diene es als Schatz zur Ausgleichung internationaler Zahlungen, teils werde es zu Luxusartikeln verarbeitet. Die Frage über die Quantität der zirkulierenden Münze beseitigt er stillschweigend, indem er das Geld ganz falsch als bloße Ware behandelt.[1] Sein Vulgarisator, der fade J. B. Say, den die Franzosen zum prince de la science ernannt haben, wie Johann Christoph Gottsched seinen Schönaich zum Homer und Pietro Aretino sich selbst zum terror principum und lux mundi ernannte, hat dies nicht ganz naive Versehen Adam Smiths mit großer Wichtigkeit zum Dogma zugeritten.[2] Polemische Spannung gegen die Illusionen des Merkantilsystems verhinderte übrigens Adam Smith, die Phänomene der metallischen Zirkulation objektiv aufzufassen, während seine Anschauungen vom Kreditgeld originell und tief sind. Wie in den Versteinerungstheorien des achtzehnten Jahrhunderts stets eine Unterströmung durchläuft, entspringend aus kritischer oder apologetischer Rücksicht auf die biblische Tradition von der Sündflut, so versteckt sich hinter allen Geldtheorien des

---

[1] Dies ist nicht exakt. Adam Smith spricht vielmehr an einigen Stellen das Gesetz richtig aus. [Note zur 2. Aufl. Vergl. darüber das „Kapital", 1. Bd., 1. Abschn., Note 78, 4. Aufl., S. 87. D. H.]

[2] Der Unterschied von „currency" und „money", d. h. vom Zirkulationsmittel und Geld findet sich daher nicht im „Wealth of nations". Getäuscht von der scheinbaren Unbefangenheit Adam Smiths, der seinen Hume und Steuart sehr genau kannte, bemerkt der ehrliche Maclaren: „The theory of the dependence of prices on the extent of the currency has not as yet, attracted attention; and Doctor Smith, like Mr. Locke (Locke wechselt in seiner Ansicht), considers metallic money nothing but a commodity." (Maclaren, l. c. p. 44.)

achtzehnten Jahrhunderts ein heimliches Ringen mit dem Monetarsystem, dem Gespenst, das die Wiege der bürgerlichen Ökonomie gehütet hatte und stets noch seinen Schlagschatten auf die Gesetzgebung warf.

Die Forschungen über das Geldwesen wurden im neunzehnten Jahrhundert unmittelbar angeregt, nicht durch die Phänomene der metallischen, sondern vielmehr durch die der Banknotenzirkulation. Auf die erstere wurde nur zurückgegangen, um die Gesetze der letzteren zu entdecken. Die Suspension der Barzahlungen der Bank von England seit 1797, das später erfolgende Steigen im Preise vieler Waren, der Fall des Münzpreises des Goldes unter seinen Marktpreis, die Depreziation der Banknoten, besonders seit 1809, boten die unmittelbar praktischen Anlässe eines Parteikampfes im Parlament, eines theoretischen Turniers außerhalb desselben, beide gleich leidenschaftlich. Als historischer Hintergrund der Debatte diente die Geschichte des Papiergelds im achtzehnten Jahrhundert, das Fiasko der Lawschen Bank, die mit der wachsenden Quantität der Wertzeichen Hand in Hand gehende Depreziation der Provinzial-Banknoten der englischen Kolonien in Nordamerika vom Anfang bis in die Mitte des achtzehnten Jahrhunderts; dann später das von der amerikanischen Zentralregierung während des Unabhängigkeitskrieges gesetzlich aufgezwungene Papiergeld (Continental bills), endlich das auf noch größerer Stufenleiter ausgeführte Experiment der französischen Assignaten. Die meisten englischen Schriftsteller der damaligen Zeit verwechseln die Banknotenzirkulation, die nach ganz anderen Gesetzen bestimmt wird, mit der Zirkulation von Wertzeichen oder von Staatspapieren mit Zwangskurs und, während sie die Phänomene dieser Zwangszirkulation aus den Gesetzen der metallischen Zirkulation zu erklären vorgeben, abstrahieren sie in der Tat umgekehrt die Gesetze der letzteren aus den Phänomenen der ersteren. Wir überspringen alle die zahlreichen Schriftsteller während der Periode von 1800—1809 und wenden uns sogleich zu Ricardo, sowohl weil er seine Vorgänger zusammenfaßt und ihre Ansichten schärfer formuliert, als weil die Gestalt, die er der Geldtheorie gab, bis zu diesem Augenblick die englische Bankgesetzgebung beherrscht. Ricardo, wie seine Vorgänger, wirft die Zirkulation von Banknoten oder von Kreditgeld mit der Zirkulation von bloßen Wertzeichen zusammen. Die ihn beherrschende Tatsache ist die Depreziation des Papiergelds und das gleichzeitige Steigen der Warenpreise. Was die amerikanischen Minen für Hume, waren die Papierzettelpressen in Thread-needle street für Ricardo und er selbst identifiziert an einer Stelle ausdrücklich beide Agentien. Seine ersten Schriften, die sich nur mit der Geldfrage beschäftigen, fallen in die Zeit der heftigsten Polemik zwischen der Bank von England, auf deren Seite die Minister und die Kriegspartei standen, und ihren Gegnern, um die sich die parlamentarische Opposition, die Whigs und die Friedenspartei gruppierten. Sie erschienen als direkte Vorläufer des berühmten Berichts des Bullionkomitees von 1810, worin Ricardos Ansichten acceptiert sind.[1] Die Sonderbarkeit, daß Ricardo und seine Anhänger, die das Geld für bloßes Wertzeichen erklären, Bullionists (Goldbarrenmänner) heißen, rührt her nicht allein vom Namen dieses Komitees, sondern vom Inhalt seiner Lehre selbst. In seinem Werke über politische Ökonomie hat Ricardo dieselben Ansichten wiederholt und weiter entwickelt, nirgendwo aber das Geldwesen an sich untersucht, wie er mit Tauschwert, Profit, Rente u. s. w. tat.

Ricardo bestimmt zunächst den Wert des Goldes und Silbers, wie den aller anderen Waren, durch das Quantum der in ihnen

---

[1] David Ricardo: „The high price of Bullion, a proof of the depreciation of Banknotes." 4. edition. London 1811. (Die erste Ausgabe erschien 1809.) Ferner: „Reply to Mr. Bosanquets practical observations on the report of the bullion committee." London 1811.

vergegenständlichten Arbeitszeit.¹ In ihnen, als Waren von gegebenem Wert, werden die Werte aller anderen Waren gemessen.² Die Quantität der Zirkulationsmittel in einem Lande ist nun bestimmt durch den Wert der Maßeinheit des Geldes auf der einen Seite, durch die Summe der Tauschwerte der Waren auf der anderen Seite. Modifiziert wird diese Quantität durch die Ökonomie in der Zahlungsweise.³ Da so die Quantität, worin Geld von gegebenem Wert zirkulieren kann, sich bestimmt findet und sein Wert innerhalb der Zirkulation nur in seiner Quantität erscheint, können bloße Wertzeichen desselben, wenn ausgegeben in der durch seinen Wert bestimmten Proportion, es in der Zirkulation ersetzen, und zwar „befindet sich das umlaufende Geld in seinem vollendetsten Zustand, wenn es ausschließlich aus Papier besteht, das von gleichem Wert ist mit dem Gold, welches es zu repräsentieren vorgiebt".⁴ Bisher also bestimmt Ricardo, den Wert des Geldes als gegeben vorausgesetzt, die Quantität der Zirkulationsmittel durch die Preise der Waren, und das Geld als Wertzeichen bedeutet ihm Zeichen eines bestimmten Goldquantums, nicht wie bei Hume wertlosen Repräsentanten der Waren.

¹ David Ricardo: „On the principles of political economy etc." p. 77. „Der Wert der edlen Metalle hängt schließlich ab, wie der aller anderen Waren, von der Totalquantität der Arbeit, nötig, um sie zu erhalten und auf den Markt zu bringen."

² l. c. p. 77, 180, 181.

³ Ricardo, l. c. p. 421. „Die Quantität Geld, die in einem Lande angewandt werden kann, hängt von seinem Wert ab. Zirkulierte Gold allein, so wäre fünfzehnmal weniger davon nötig, als wenn Silber allein angewandt würde." Siehe auch Ricardos: „Proposals for an economical and secure currency", London 1816, p. 17, 18, wo er sagt: „Die Quantität der zirkulierenden Noten hängt ab von dem Betrag, der für die Zirkulation des Landes erheischt ist, und dieser ist geregelt durch den Wert der Maßeinheit des Geldes, den Belauf der Zahlungen und die Ökonomie in ihrer Realisierung."

⁴ Ricardo: „Principles of political economy", p. 432, 433.

Wo Ricardo plötzlich abbricht vom ebenen Gang seiner Darstellung und in die umgekehrte Ansicht umschlägt, wendet er sich sofort zur internationalen Zirkulation der edlen Metalle und verwirrt so das Problem durch das Hereinbringen fremder Gesichtspunkte. Indem wir seinen inneren Gedankensprecher verfolgen, schieben wir zunächst alle künstlichen Inzidenzpunkte bei Seite und verlegen daher die Gold- und Silberminen in das Innere der Länder, wo die edlen Metalle als Geld zirkulieren. Der einzige Satz, der aus Ricardos bisheriger Entwicklung folgt, ist, daß bei gegebenem Wert des Goldes die Quantität des zirkulierenden Geldes sich durch die Warenpreise bestimmt findet. In einem gegebenen Moment also ist die Masse des in einem Lande zirkulierenden Goldes einfach bestimmt durch den Tauschwert der zirkulierenden Waren. Gesetzt nun, die Summe dieser Tauschwerte nehme ab, entweder weil weniger Waren zu den alten Tauschwerten produziert werden, oder weil infolge vermehrter Produktivkraft der Arbeit dieselbe Warenmasse verminderten Tauschwert erhält. Oder unterstellen wir umgekehrt, die Summe der Tauschwerte vermehre sich, weil sich die Masse der Waren bei gleichbleibenden Produktionskosten vermehrt, oder weil der Wert, sei es derselben, sei es einer kleineren Warenmasse, infolge verminderter Produktivkraft der Arbeit wächst. Was wird in beiden Fällen aus der gegebenen Quantität des zirkulierenden Metalls? Wenn das Gold nur Geld ist, weil es als Zirkulationsmittel umläuft, wenn es gezwungen ist, in der Zirkulation zu verharren, wie vom Staat ausgegebenes Papiergeld mit Zwangskurs (und dies liegt Ricardo im Sinn), dann wird die Quantität des zirkulierenden Geldes im ersten Fall überschwellen im Verhältnis zum Tauschwert des Metalls; im zweiten würde sie unter ihrem normalen Niveau stehen. Obgleich also mit eigenem Wert begabt, wird das Gold im ersten Fall zu einem Zeichen von Metall von niedrigerem Tauschwert als seinem eigenen, im letzteren zum

Zeichen eines Metalls von höherem Wert. Im ersten Fall wird es als Wertzeichen unter, im zweiten über seinem wirklichen Wert stehen (wieder eine Abstraktion vom Papiergeld mit Zwangskurs). Im ersten Fall wäre es dasselbe, als wenn die Waren in Metall von niedrigerem Wert, im zweiten, als wenn sie in Metall von höherem Wert als Gold geschätzt würden. Im ersten Fall würden die Warenpreise daher steigen, im zweiten würden sie sinken. In beiden Fällen wäre die Bewegung der Warenpreise, ihr Steigen oder Fallen, Wirkung der relativen Expansion oder Kontraktion der Masse des zirkulierenden Goldes über oder unter das seinem eigenen Wert entsprechende Niveau, das heißt die normale Quantität, die durch das Verhältnis zwischen seinem eigenen Wert und dem Wert der zu zirkulierenden Waren bestimmt ist.

Derselbe Prozeß würde stattfinden, wenn die Preissumme der zirkulierenden Waren unverändert bliebe, aber die Masse des zirkulierenden Goldes unter oder über das richtige Niveau zu stehen käme, das erste, wenn die in der Zirkulation abgenutzte Goldmünze nicht durch eine entsprechende neue Produktion der Minen ersetzt würde, das zweite, wenn die neue Zufuhr von den Minen die Bedürfnisse der Zirkulation überholt hätte. In beiden Fällen ist vorausgesetzt, daß die Produktionskosten des Goldes oder sein Wert derselbe bleibt.

Um zu resümieren: Das zirkulierende Geld steht auf dem normalen Niveau, wenn seine Quantität, bei gegebenem Tauschwert der Waren, durch seinen eigenen Metallwert bestimmt ist. Es schwillt über, das Gold sinkt unter seinen eigenen Metallwert und die Preise der Waren steigen, weil die Summe der Tauschwerte der Warenmasse sich vermindert oder die Zufuhr des Goldes von den Minen sich vermehrt. Es kontrahiert sich unter sein richtiges Niveau, das Gold steigt über seinen eigenen Metallwert und die Warenpreise sinken, weil die Summe der

Tauschwerte der Warenmasse sich vermehrt oder die Zufuhr des Goldes von den Minen nicht die Masse des abgenutzten Goldes ersetzt. In beiden Fällen ist das zirkulierende Gold Wertzeichen von größerem oder kleinerem Wert, als den es wirklich enthält. Es kann zu einem appreziierten und depreziierten Zeichen seiner selbst werden. Sobald die Waren sich allgemein in diesem neuen Wert des Geldes geschätzt hätten und die allgemeinen Warenpreise entsprechend gestiegen oder gefallen wären, würde die Quantität des zirkulierenden Goldes den Bedürfnissen der Zirkulation wieder entsprechen (eine Konsequenz, die Ricardo mit besonderem Vergnügen hervorhebt), aber den Produktionskosten der edlen Metalle und daher ihrem Verhältnis als Ware zu den übrigen Waren widersprechen. Entsprechend der Ricardoschen Theorie von den Tauschwerten überhaupt, würde das Steigen des Goldes über seinen Tauschwert, das heißt den durch die in ihm enthaltene Arbeitszeit bestimmten Wert, eine Vermehrung der Produktion des Goldes veranlassen, bis seine vermehrte Zufuhr es wieder auf seine richtige Wertgröße herabgesetzt hätte. Umgekehrt würde ein Sinken des Goldes unter seinen Wert eine Verminderung seiner Produktion veranlassen, bis es wieder zu seiner richtigen Wertgröße gestiegen wäre. Durch diese umgekehrten Bewegungen würde der Widerspruch zwischen dem Metallwert des Goldes und seinem Wert als Zirkulationsmittel sich ausgleichen, das richtige Niveau der zirkulierenden Goldmasse sich herstellen und die Höhe der Warenpreise wieder dem Maß der Werte entsprechen. Diese Fluktuationen im Wert des zirkulierenden Goldes würden ebensosehr das Gold in Barrenform ergreifen, da nach der Voraussetzung alles Gold, das nicht als Luxusartikel verbraucht wird, zirkuliert. Da das Gold selbst, sei es als Münze, sei es als Barre, Wertzeichen von größerem oder geringerem Metallwert als seinem eigenen werden kann, so versteht es sich, daß etwa zirkulierende konvertible Banknoten dasselbe Schicksal teilen. Obgleich die Banknoten konvertibel sind, also ihr Realwert ihrem Nominalwert entspricht, kann die Gesamtmasse des zirkulierenden Geldes, Gold und Noten (the aggregate currency consisting of metal and of convertible notes) appreziiert und depreziiert werden, je nachdem ihre Gesamtquantität, aus den vorher entwickelten Gründen, über oder unter das Niveau steigt oder fällt, das durch den Tauschwert der zirkulierenden Waren und den Metallwert des Goldes bestimmt ist. Inkonvertibles Papiergeld, von diesem Gesichtspunkt aus, besitzt nur den Vorzug vor konvertiblem Papiergeld, daß es doppelt depreziiert werden kann. Es mag fallen unter den Wert des Metalls, das es zu repräsentieren vorgibt, weil es in zu großer Anzahl ausgegeben wird, oder es mag fallen, weil das von ihm repräsentierte Metall unter seinen eigenen Wert gefallen ist. Diese Depreziation, nicht des Papiers gegen Gold, sondern des Goldes und Papiers zusammengenommen, oder der gesamten Masse der Zirkulationsmittel eines Landes, ist eine der Haupterfindungen Ricardos, die Lord Overstone et Co. in ihren Dienst preßten und zu einem Fundamentalprinzip von Sir Robert Peels Bankgesetzgebung von 1844 und 1845 machten.

Was bewiesen werden sollte, war, daß der Preis der Waren oder der Wert des Goldes von der Masse des zirkulierenden Goldes abhängt. Der Beweis besteht in der Voraussetzung des zu Beweisenden, daß jede Quantität des edlen Metalls, das als Geld dient, in welchem Verhältnis immer zu seinem inneren Wert, Zirkulationsmittel, Münze, und so Wertzeichen für die zirkulierenden Waren, welches immer die Gesamtsumme ihres Wertes, werden muß. In anderen Worten, der Beweis besteht in der Abstraktion von allen anderen Funktionen, die das Geld außer seiner Funktion als Zirkulationsmittel vollzieht. Wenn hart gedrängt, wie zum Beispiel in seiner Polemik mit Bosanquet, flüchtet Ricardo, ganz unter der Herrschaft des Phänomens der durch ihre Quantität depreziierten Wertzeichen, zu dogmatischer Versicherung.[1]

Hätte Ricardo nun diese Theorie in der Art, wie wir es getan, abstrakt aufgestellt, ohne Hereinbringen konkreter Verhältnisse und von der Frage selbst ablenkender Inzidenzpunkte, so trat ihre Hohlheit schlagend hervor. Er streicht aber die ganze Entwicklung international an. Es wird sich aber leicht nachweisen lassen, daß die scheinbare Größe des Maßstabes an der Kleinheit der Grundideen nichts ändert.

Der erste Satz war also: die Quantität des zirkulierenden Metallgeldes ist normal, wenn sie bestimmt ist durch die in seinem Metallwert geschätzte Wertsumme der zirkulierenden Waren. International ausgedrückt lautet dies: Im normalen Zustand der Zirkulation besitzt jedes Land eine seinem Reichtum und seiner Industrie entsprechende Masse Geld. Geld zirkuliert in einem seinem wirklichen Wert oder seinen Produktionskosten entsprechenden Wert; das heißt es hat in allen Ländern denselben Wert.[2] Es würde daher nie Geld von einem Lande ins andere exportiert oder importiert werden.[3] Es fände also ein Gleichgewicht zwischen den currencies (den Gesamtmassen des zirkulierenden Geldes) der verschiedenen Länder statt. Das richtige Niveau der nationalen currency ist nun ausgedrückt als internationales Gleichgewicht der currencies, und in der Tat nichts

---

[1] David Ricardo: „Reply to Mr. Bosanquets practical observations etc.", p. 49. „That commodities would rise or fall in price, in proportion to the increase or diminution of money, I assume as a fact which is incontrovertible."

[2] David Ricardo: „The high price of Bullion etc." „Money would have the same value in all countries", p. 4. In seiner politischen Ökonomie hat Ricardo diesen Satz modifiziert, aber nicht in einer Weise, die hier ins Gewicht fällt.

[3] l. c. p. 3—4.

gesagt, als daß die Nationalität nichts ändert an dem allgemeinen ökonomischen Gesetz. Wir sind jetzt wieder bei demselben fatalen Punkt angelangt wie vorher. Wie wird das richtige Niveau gestört, was nun lautet, wie wird das internationale Gleichgewicht der currencies gestört, oder wie hört das Geld auf, denselben Wert in allen Ländern zu haben, oder endlich, wie hört es auf, in jedem Lande seinen eigenen Wert zu haben? Wie vorhin das richtige Niveau gestört wurde, weil die Masse des zirkulierenden Geldes zu- oder abnahm, bei gleichbleibender Wertsumme der Waren, oder weil die Quantität des zirkulierenden Geldes dieselbe blieb, während die Tauschwerte der Waren zu- oder abnahmen, so wird jetzt das internationale durch den Wert des Metalls selbst bestimmte Niveau gestört, weil die Masse des in einem Lande befindlichen Goldes wächst infolge neuer in ihm entdeckter Metallminen,[1] oder weil die Summe der Tauschwerte der zirkulierenden Waren in einem besonderen Lande zu- oder abgenommen hat. Wie vorhin die Produktion der edlen Metalle sich verminderte oder vermehrte, je nachdem es nötig war, die currency zu kontrahieren oder zu expandieren und die Warenpreise entsprechend zu senken oder zu erhöhen, ebenso wirken jetzt Export und Import aus einem Lande in das andere. In dem Lande, worin die Preise gestiegen und der Wert des Goldes, infolge der aufgeschwollenen Zirkulation, unter seinen Metallwert gefallen wäre, wäre das Gold depreziiert im Verhältnis zu den anderen Ländern, und folglich wären die Preise der Waren, verglichen mit den anderen Ländern, erhöht. Gold würde also ausgeführt, Waren eingeführt werden. Wenn umgekehrt, umgekehrt. Wie vorhin die Produktion von Gold, würden jetzt Import oder Export von Gold und mit ihnen Steigen oder Fallen der Warenpreise fortdauern, bis, wie vorher

---

[1] l. c. p. 4.

das richtige Wertverhältnis zwischen Metall und Ware, nun das Gleichgewicht zwischen den internationalen currencies wieder hergestellt wäre. Wie im ersten Fall die Produktion des Goldes sich nur vermehrte oder verminderte, weil das Gold über oder unter seinem Werte stand, so würde die internationale Wanderung des Goldes nur aus diesem Grunde stattfinden. Wie im ersten Fall jede Veränderung in seiner Produktion die Quantität des zirkulierenden Metalls und damit die Preise affizieren würde, so nun der internationale Import und Export. Sobald der relative Wert zwischen Gold und Ware oder die normale Quantität der Zirkulationsmittel hergestellt wäre, würde im ersten Fall keine fernere Produktion, im zweiten kein fernerer Export oder Import, außer zum Ersatz der abgenutzten Münze und zum Konsum der Luxusindustrie stattfinden. Es folgt daher, „daß die Versuchung, Gold auszuführen als Äquivalent für Waren oder eine ungünstige Handelsbilanz nie stattfinden kann, außer infolge einer überschwellenden Quantität der Zirkulationsmittel".[1] Es wäre stets nur die Entwertung oder Überwertung des Metalls infolge der Expansion oder Kontraktion der Masse der Zirkulationsmittel über oder unter ihr richtiges Niveau, wodurch seine Einfuhr oder Ausfuhr bewirkt würde.[2] Es ergäbe sich ferner: da im ersten Falle die Produktion des Goldes nur vermehrt oder vermindert, im zweiten Falle Gold nur importiert oder exportiert wird, weil seine Quantität über oder unter ihrem richtigen Niveau steht, weil es über oder unter seinen Metallwert appreziiert oder depreziiert ist, also die Warenpreise zu hoch oder zu niedrig sind, so wirkt jede solche Bewegung als Korrektiv=

---

[1] „An unfavourable balance of trade never arises but from a redundant currency." (Ricardo, l. c. p. 11, 12.)

[2] „The exportation of the coin is caused by its cheapness, and is not the effect, but the cause of an unfavourable balance." l. c. p. 14.

mittel,¹ indem sie durch Expansion oder Kontraktion des zirkulierenden Geldes die Preise wieder auf ihr wahres Niveau zurückführt, im ersten Fall das Niveau zwischen Wert des Goldes und Wert der Waren, im zweiten Fall das internationale Niveau der currencies. In anderen Worten: das Geld zirkuliert in verschiedenen Ländern nur insofern es in jedem Lande als Münze zirkuliert. Das Geld ist nur Münze, und die Quantität des in einem Lande befindlichen Goldes muß daher in die Zirkulation eingehen, kann also als Wertzeichen seiner selbst über oder unter seinen Wert steigen oder fallen. Damit sind wir auf dem Umwege dieser internationalen Verwicklung wieder glücklich bei dem einfachen Dogma angelangt, das den Ausgangspunkt bildet.

Wie Ricardo die wirklichen Phänomene im Sinne seiner abstrakten Theorie gewaltsam zurechtkonstatiert, werden einige Beispiele zeigen. Er behauptet zum Beispiel in Zeiten von Mißernten, häufig in England während der Perioden von 1800 bis 1820, werde Gold exportiert, nicht weil Korn bedurft, und Gold Geld ist, also auf dem Weltmarkt stets wirksames Kaufmittel und Zahlungsmittel, sondern weil das Gold in seinem Wert depreziiert sei gegen die anderen Waren und folglich die currency des Landes, worin die Mißernte stattfindet, depreziiert sei im Verhältnis zu den anderen nationalen currencies. Weil nämlich der Mißwachs die Masse der zirkulierenden Waren vermindert habe, sei die gegebene Quantität des zirkulierenden Geldes über ihr normales Niveau hinausgetreten und seien folglich alle Warenpreise gestiegen.² Im Gegensatz zu dieser paradoxen Auslegung

---

¹ l. c. p. 17.
² Ricardo, l. c. p. 74, 75. „England, in consequence of a bad harvest, would come under the case of a country having been deprived of a part of its commodities, and, therefore, requiring a diminished amount of circulating medium. The currency

wurde statistisch nachgewiesen, daß seit 1793 bis zur neuesten Zeit, im Fall von Mißernten in England, nicht die vorhandene Quantität der Zirkulationsmittel überschwoll, sondern ungenügend wurde, und daher mehr Geld als früher zirkulierte und zirkulieren mußte.[1]

Ebenso behauptete Ricardo zur Zeit der napoleonischen Kontinentalsperre und der englischen Blokade-Dekrete, daß die Engländer Gold statt Ware nach dem Kontinent exportierten, weil ihr Geld depreziiert sei im Verhältnis zu dem Geld der kontinentalen Länder, ihre Waren daher im Preis höher ständen und es so eine vorteilhaftere Handelsspekulation sei, Gold statt Waren auszuführen. Nach ihm war England der Markt, wo die Waren teuer und das Geld wohlfeil war, während auf dem Kontinent die Waren wohlfeil waren und das Geld teuer. „Die Tatsache", sagt ein englischer Schriftsteller, „war der ruinierend

which was before equal to the payments would now become superabundant and relatively cheap in proportion of her diminished production. The exportation of this sum, therefore, would restore the value of the currency to the value of the currencies of other countries." Seine Konfusion zwischen Geld und Ware, und zwischen Geld und Münze zeigt sich lächerlich in folgendem Satz: „If we can suppose that after an unfavourable harvest, when England has occasion for an unusual importation of corn, another nation is possessed of a superabundance of that article, but has no wants for any commodity whatever, it would unquestionably follow that such a nation would not export its corn in exchange for commodities: but neither would it export corn for money, as that is a commodity which no nation ever wants absolutely, but relatively." l. c. p. 75. Puschkin in seinem Heldengedicht läßt den Vater seines Helden nie begreifen, daß Ware Geld sei. Daß Geld aber Ware ist, haben die Russen von jeher begriffen, wie nicht nur der englische Kornimport von 1838—1842 beweist, sondern ihre ganze Handelsgeschichte.

[1] Conf. Thomas Tooke: „History of prices" und James Wilson: „Capital, currency and banking". (Letzteres Buch ist der Abdruck einer Reihe von Artikeln, die 1844, 1845 und 1847 im „London Economist" erschienen.)

niedrige Preis unserer Fabrikate und Kolonialprodukte unter der Wirkung des Kontinentalsystems während der letzten sechs Jahre des Krieges. Die Preise von Zucker und Kaffee zum Beispiel waren in Gold geschätzt vier oder fünfmal höher auf dem Kontinent als dieselben Preise in England geschätzt in Banknoten. Es war die Zeit, wo die französischen Chemiker den Runkelrübenzucker entdeckten und Kaffee durch Cichorien ersetzten, während gleichzeitig englische Pächter im Mästen der Ochsen mit Sirup und Molassen Experimente machten, wo England Besitz von Helgoland nahm, um hier ein Warendepot zu bilden zur Erleichterung des Schmuggels nach dem Norden von Europa, und wo die leichteren Sorten britischer Fabrikate ihren Weg nach Deutschland durch die Türkei suchten.... Fast alle Waren der Welt waren in unseren Warenhäusern akkumuliert und lagen daselbst festgebannt, außer wenn eine kleine Quantität erlöst wurde durch eine französische Lizenz, wofür die Hamburger und Amsterdamer Kaufleute Napoleon eine Summe von 40 000 bis 50 000 £ bezahlt hatten. Komische Kaufleute mußten es sein, die solche Summen zahlten für die Freiheit, eine Ladung Waren von einem teuren Markte nach einem wohlfeilen zu bringen. Was war die klare Alternative für einen Kaufmann? Entweder Kaffee zu kaufen für 6 d. in Banknoten und ihn nach einem Platz zu senden, wo er das Pfund unmittelbar verkaufen konnte für 3 oder 4 s. in Gold, oder Gold zu kaufen mit Banknoten zu 5 £ eine Unze und es nach einem Platz zu senden, wo es zu 3 £ 17 s. 10$^1/_2$ d. geschätzt wurde. Es ist also abgeschmackt zu sagen, daß man Gold statt Kaffee remittierte als vorziehbare merkantilische Operation.... Es gab kein Land in der Welt, wo eine so große Quantität wünschenswerter Waren damals erhalten werden konnte als in England. Bonaparte examinierte stets genau die englischen Preiskurante. So lange er fand, daß in England Gold teuer und Kaffee wohlfeil war, zeigte er sich mit dem Wirken seines Kontinentalsystems zufrieden."¹ Gerade zur Zeit, wo Ricardo seine Geldtheorie zuerst aufstellte, und das Bullionkomite sie seinem parlamentarischen Bericht einverleibte, im Jahre 1810, fand ein ruinierender Fall in den Preisen aller englischen Waren statt, verglichen mit 1808 und 1809, während das Gold verhältnismäßig im Wert stieg. Agrikulturprodukte bildeten eine Ausnahme, weil ihre Einfuhr von Außen auf Hindernisse stieß und ihre im Inlande vorhandene Masse durch Mißernten dezimiert war.² Ricardo verkannte so gänzlich die Rolle der edlen Metalle als internationales Zahlungsmittel, daß er in seiner Aussage vor dem Komite des Hauses des Lords (1819) erklären konnte: „That drains for exportation would cease altogether so soon as cash payments should be resumed, and the currency be restored to its metallic level." Er starb rechtzeitig gerade vor dem Ausbruch der Krise von 1825, die seine Prophezeiung Lügen strafte.

Die Periode, worin Ricardos schriftstellerische Tätigkeit fällt, war überhaupt wenig geeignet, um die Funktion der edlen Metalle als Weltgeld zu beobachten. Vor der Einführung des Kontinentalsystems war die Handelsbilanz fast immer zu gunsten Englands und während derselben waren die Transaktionen mit dem europäischen Kontinent zu unbedeutend, um den englischen Wechselkurs zu affizieren. Die Geldsendungen waren hauptsächlich politischer Natur und Ricardo scheint die Rolle, die die Subsidiengelder im englischen Geldexport spielten, gänzlich verkannt zu haben.³

---

[1] James Deacon Hume: „Letters on the Cornlaws." London 1834, p. 29—31.

[2] Thomas Tooke: „Hystory of prices etc." London 1848, p. 110.

[3] Vergl. W. Blake die oben zitierten „observations etc."

Unter den Zeitgenossen Ricardos, welche die Schule für die Prinzipien seiner politischen Ökonomie bildeten, ist James Mill der bedeutendste. Er hat versucht, Ricardos Geldtheorie auf Grundlage der einfachen metallischen Zirkulation darzustellen, ohne die ungehörigen internationalen Verwicklungen, wohinter Ricardo die Dürftigkeit seiner Ansicht versteckt, und ohne alle polemische Rücksicht auf die Operationen der Bank von England. Seine Hauptsätze sind folgende:[1]

„Der Wert des Geldes ist gleich der Proportion, worin man es austauscht gegen andere Artikel, oder der Quantität Geld, die man im Austausch für eine bestimmte Quantität anderer Sachen gibt. Dies Verhältnis ist bestimmt durch die Totalquantität des in einem Lande befindlichen Geldes. Unterstellt man auf der einen Seite alle Waren eines Landes, und auf der anderen all sein Geld, so ist es evident, daß beim Austausch der beiden Seiten der Wert des Geldes, das heißt die Quantität von Waren, für die es ausgetauscht wird, ganz von seiner eigenen Quantität abhängt. Der Fall ist ganz derselbe im wirklichen Verlauf der Dinge. Die Totalmasse der Waren eines Landes tauscht sich nicht auf einmal gegen die Totalmasse des Geldes aus, sondern die Waren tauschen sich in Portionen, und oft in sehr kleinen Portionen, zu verschiedenen Epochen im Laufe des Jahres aus. Dasselbe Stück Geld, das heute zu diesem Austausch gedient hat, kann morgen zu einem anderen dienen. Ein Teil des Geldes wird zu einer größeren Anzahl von Austauschakten, ein anderer zu einer sehr kleinen angewandt, ein dritter wird aufgehäuft und dient gar keinem Austausch. Unter diesen Variationen wird es einen Durchschnitt geben, begründet auf die Anzahl von Austauschakten, wozu jedes Goldstück

---

[1] James Mill: „Elements of political economy." Im Text übersetzt aus der französischen Übersetzung von J. T. Parissot. Paris 1823.

verwandt worden wäre, wenn jedes dieselbe Anzahl von Austauschakten realisierte. Man fixiere diese Durchschnittszahl beliebig, zum Beispiel auf 10. Hat jedes im Land befindliche Geldstück zu 10 Einkäufen gedient, so ist dies dasselbe, als ob sich die Totalmasse der Geldstücke verzehnfacht, und jedes nur zu einem einzigen Einkauf gedient hätte. In diesem Falle ist der Wert aller Waren gleich 10mal dem Wert des Geldes u. s. w. Wenn umgekehrt, statt daß jedes Geldstück im Jahre zu 10 Einkäufen diente, die Totalmasse des Geldes verzehnfacht wäre und jedes Geldstück nur einen Austausch vollzöge, so ist klar, daß jede Vermehrung dieser Masse eine verhältnismäßige Verminderung im Werte jedes der Geldstücke für sich genommen verursachen würde. Da man unterstellt, daß die Masse aller Waren, wogegen sich das Geld austauschen kann, dieselbe bleibt, so ist der Wert der Gesamtmasse des Geldes nicht größer geworden nach Vermehrung seiner Quantität, als er vorher war. Unterstellt man Vermehrung um ein Zehnteil, so muß der Wert jeden aliquoten Teils der Gesamtmasse, zum Beispiel einer Unze, sich um ein Zehnteil vermindert haben. Welches also auch immer der Grad der Verminderung oder Vermehrung der Totalmasse des Geldes sei, wenn die Quantität der anderen Sachen dieselbe bleibt, so erfährt diese Gesamtmasse und jeder ihrer Teile wechselseitig eine verhältnismäßige Verminderung oder Vermehrung. Es ist klar, daß dieser Satz von absoluter Wahrheit ist. So oft der Geldwert ein Steigen oder Fallen erfahren hat, und so oft die Quantität der Waren, wogegen man es austauschen konnte, und die Bewegung der Zirkulation dieselben bleiben, muß dieser Wechsel eine verhältnismäßige Vermehrung oder Verminderung des Geldes zur Ursache gehabt haben, und kann keiner anderen Ursache zugeschrieben werden. Vermindert sich die Masse der Waren, während die Quantität des Geldes dieselbe bleibt, so ist es, als ob sich die Gesamtsumme des Geldes vermehrt hätte und umgekehrt. Ähnliche Wechsel sind das Resultat jedes Wechsels in der Bewegung der Zirkulation. Jede Vermehrung der Anzahl der Umläufe produziert denselben Effekt, wie eine Totalvermehrung des Geldes; eine Verminderung in jener Anzahl bringt unmittelbar die umgekehrte Wirkung hervor.... Wenn ein Teil der jährlichen Produktion gar nicht ausgetauscht wird, wie das, was die Produzenten selbst konsumieren, so kommt dieser Teil nicht in Rechnung. Da er sich nicht gegen Geld austauscht, ist er in bezug auf das Geld, als ob er überhaupt nicht existierte.... So oft die Vermehrung und Verminderung des Geldes frei stattfinden kann, ist die in einem Lande befindliche Gesamtquantität desselben geregelt durch den Wert der edlen Metalle.... Gold und Silber aber sind Waren, deren Wert, wie der aller übrigen Waren durch ihre Produktionskosten, das Quantum in ihnen enthaltener Arbeit bestimmt wird."[1]

Der ganze Scharfsinn Mills löst sich in eine Reihe ebenso willkürlicher als abgeschmackter Unterstellungen auf. Er will beweisen, daß der Preis der Waren oder der Wert des Geldes bestimmt ist „durch die Totalquantität des in einem Lande existierenden Geldes". Unterstellt man, daß die Masse und der Tauschwert der zirkulierenden Waren dieselben bleiben, nicht minder die Zirkulationsgeschwindigkeit, und der durch die Produktionskosten bestimmte Wert der edlen Metalle, und unterstellt man zugleich, daß dennoch die Quantität des zirkulierenden Metallgelds sich vermehrt oder vermindert, im Verhältnis zu der Masse des im Lande existierenden Geldes, so wird es in der Tat „evident", daß man unterstellt hat, was man zu beweisen vorgab. Mill fällt übrigens in denselben Fehler wie Hume, Gebrauchswerte, nicht Waren von gegebenem Tauschwert,

---

[1] l. c. p. 128—136 passim.

zirkulieren zu lassen, und daher wird sein Satz falsch, selbst wenn man alle seine „Unterstellungen" zugibt. Die Zirkulationsgeschwindigkeit mag dieselbe bleiben, ebenso der Wert der edlen Metalle, ebenso die Quantität der zirkulierenden Waren und dennoch mag mit dem Wechsel ihres Tauschwerts bald eine größere, bald eine geringere Geldmasse zu ihrer Zirkulation erheischt sein. Mill sieht die Tatsache, daß ein Teil des im Lande existierenden Geldes zirkuliert, während der andere stagniert. Mit Hilfe einer höchst komischen Durchschnittsrechnung unterstellt er, daß, obgleich es in Wirklichkeit anders scheint, in der Wahrheit alles in einem Lande befindliche Geld zirkuliert. Unterstelle, es liefen 10 Millionen Silbertaler zweimal während des Jahres in einem Lande um, so könnten 20 Millionen umlaufen, wenn jeder Taler nur einen Einkauf vollzöge. Und wenn die Gesamtsumme des in dem Lande in allen Formen befindlichen Silbers 100 Millionen Taler beträgt, so kann man unterstellen, daß die 100 Millionen umlaufen können, wenn jedes Geldstück in fünf Jahren einen Einkauf bewirkt. Man könnte auch unterstellen, daß alles Geld der Welt in Hampstead umläuft, aber jeder aliquote Teil desselben, statt etwa drei Umläufe in einem Jahr, einen Umlauf in 3 000 000 Jahren vollzieht. Die eine Unterstellung ist gerade so wichtig wie die andere für die Bestimmung des Verhältnisses zwischen Summe der Warenpreise und Quantität der Umlaufsmittel. Mill fühlt, daß es für ihn entscheidend wichtig ist, die Waaren unmittelbar zusammen zu bringen, nicht mit dem in Zirkulation befindlichen Quantum Geld, sondern mit dem Gesamtvorrat des jedesmal in einem Lande existierenden Geldes. Er gibt zu, daß die Totalmasse der Waren eines Landes sich „nicht auf einmal" gegen die Totalmasse des Geldes austauscht, sondern verschiedene Portionen Waren zu verschiedenen Epochen des Jahres gegen verschiedene Portionen Geld. Um dies Mißverhältnis zu beseitigen, unterstellt er, daß es nicht existiere. Übrigens ist diese ganze Vorstellung von dem unmittelbaren Gegenübertreten von Waren und Geld und ihrem unmittelbaren Austausch abstrahiert aus der Bewegung der einfachen Käufe und Verkäufe oder der Funktion des Geldes als Kaufmittel. Schon in der Bewegung des Geldes als Zahlungsmittel verschwindet diese gleichzeitige Erscheinung von Ware und Geld.

Die Handelskrisen während des neunzehnten Jahrhunderts, namentlich die großen Krisen von 1825 und 1836, riefen keine Fortentwicklung, wohl aber neue Nutzanwendung der Ricardoschen Geldtheorie hervor. Es waren nicht mehr einzelne ökonomische Phänomene, wie bei Hume die Depreziation der edlen Metalle im sechzehnten und siebzehnten Jahrhundert, oder wie bei Ricardo die Depreziation des Papiergeldes während des achtzehnten und anfangs des neunzehnten Jahrhunderts, sondern die großen Weltmarktsungewitter, worin der Widerstreit aller Elemente des bürgerlichen Produktionsprozesses sich entladet, deren Ursprung und Abwehr innerhalb der oberflächlichsten und abstraktesten Sphäre dieses Prozesses, der Sphäre der Geldzirkulation, gesucht wurden. Die eigentlich theoretische Voraussetzung, wovon die Schule der ökonomischen Wetterkünstler ausgeht, besteht in der Tat in nichts anderem als dem Dogma, daß Ricardo die Gesetze der rein metallischen Zirkulation entdeckt hat. Was ihnen zu tun übrig blieb, war die Unterwerfung der Kredit- oder Banknotenzirkulation unter diese Gesetze.

Das allgemeinste und sinnfälligste Phänomen der Handelskrisen ist plötzlicher, allgemeiner Fall der Warenpreise, folgend auf ein längeres, allgemeines Steigen derselben. Allgemeiner Fall der Warenpreise kann ausgedrückt werden als Steigen im relativen Wert des Geldes, verglichen mit allen Waren, und allgemeines Steigen der Preise umgekehrt als Fallen des relativen Werts des Geldes. In beiden Ausdrucksweisen ist das Phänomen ausgesprochen, nicht erklärt. Ob ich die Aufgabe stelle: zu erklären das allgemeine periodische Steigen der Preise, wechselnd mit allgemeinem Fall derselben, oder dieselbe Aufgabe so formuliere: zu erklären das periodische Fallen und Steigen des relativen Werts des Geldes, verglichen mit den Waren, die verschiedene Phraseologie läßt die Aufgabe ebenso unverändert, wie es ihre Übersetzung aus der deutschen in die englische Sprache tun würde. Ricardos Geldtheorie kam daher ungemein gelegen, da sie einer Tautologie den Schein eines Kausalverhältnisses gibt. Woher das periodische allgemeine Fallen der Warenpreise? Vom periodischen Steigen des relativen Werts des Geldes. Woher umgekehrt das allgemeine, periodische Steigen der Warenpreise? Von einem periodischen Fall im relativen Wert des Geldes. Es könnte ebenso richtig gesagt werden, daß das periodische Steigen und Fallen der Preise von ihrem periodischen Steigen und Fallen herrührt. Die Aufgabe selbst ist gestellt unter der Voraussetzung, daß der immanente Wert des Geldes, das heißt sein durch die Produktionskosten der edlen Metalle bestimmter Wert unverändert bleibt. Soll die Tautologie mehr als Tautologie sein, so beruht sie auf Verkennung der elementarischsten Begriffe. Wenn der Tauschwert von A gemessen in B fällt, so wissen wir, daß dies ebensogut von einem Fallen des Werts von A, wie von einem Steigen des Werts von B herrühren kann. Ebenso umgekehrt, wenn der Tauschwert von A gemessen in B steigt. Die Verwandlung der Tautologie in ein Kausalverhältnis einmal zugegeben, ergibt sich alles andere mit Leichtigkeit. Das Steigen der Warenpreise entspringt aus dem Fallen des Werts des Geldes, das Fallen des Geldwerts aber, wie wir von Ricardo wissen, aus übervoller Zirkulation, das heißt daher, daß die Masse des zirkulierenden Geldes über das durch seinen eigenen immanenten Wert und die immanenten Werte der Waren bestimmte Niveau steigt. Ebenso umgekehrt das allgemeine Fallen der Warenpreise aus dem Steigen des Geldwerts über seinen immanenten Wert infolge einer untervollen Zirkulation. Die Preise steigen und fallen also periodisch, weil periodisch zu viel oder zu wenig Geld zirkuliert. Wird nun etwa nachgewiesen, daß das Steigen der Preise mit einer verminderten Geldzirkulation, und das Fallen der Preise mit einer vermehrten Zirkulation zusammenfiel, so kann trotzdem behauptet werden, infolge irgend einer, wenn auch statistisch durchaus unnachweisbaren Verminderung oder Vermehrung der zirkulierenden Warenmasse sei die Quantität des zirkulierenden Geldes, obgleich nicht absolut, doch relativ vermehrt oder vermindert worden. Wir sahen nun, daß nach Ricardo diese allgemeinen Schwankungen der Preise auch bei einer rein metallischen Zirkulation stattfinden müssen, sich aber durch ihre Abwechslung ausgleichen, indem zum Beispiel untervolle Zirkulation Fallen der Warenpreise, das Fallen der Warenpreise Ausfuhr der Waren ins Ausland, diese Ausfuhr aber Einfluß von Geld ins Inland, dieser Einfluß von Geld aber wieder Steigen der Warenpreise hervorruft. Umgekehrt bei einer übervollen Zirkulation, wo Waren importiert und Geld exportiert werden. Da nun trotz dieser aus der Natur der Ricardoschen Metallzirkulation selbst entspringenden allgemeinen Preisschwankungen ihre heftige und gewaltsame Form, ihre Krisenform, den Perioden entwickelten Kreditwesens angehört, so wird es sonnenklar, daß die Ausgabe von Banknoten nicht exakt nach den Gesetzen der metallischen Zirkulation reguliert wird. Die metallische Zirkulation besitzt ihr Heilmittel im Import und Export der edlen Metalle, die sofort als Münze in Umlauf treten und so durch ihren Einfluß oder Ausfluß die Warenpreise fallen oder steigen machen. Dieselbe Wirkung auf die Warenpreise muß nun künstlich durch Nachahmung der Gesetze der Metallzirkulation von den Banken hervorgebracht werden. Fließt Gold vom Ausland ein, so ist das ein Beweis, daß die Zirkulation untervoll ist, der Geldwert zu hoch und die Warenpreise zu niedrig stehen und folglich Banknoten im Verhältnis zu dem neu importierten Gold in Zirkulation geworfen werden müssen. Sie müssen umgekehrt der Zirkulation entzogen werden, im Verhältnis wie Gold aus dem Lande ausströmt. In anderen Worten, die Ausgabe der Banknoten muß reguliert werden nach dem Import und Export der edlen Metalle oder nach dem Wechselkurs. Ricardos falsche Voraussetzung, daß Gold nur Münze ist, daher alles importierte Gold das umlaufende Geld vermehrt, und darum die Preise steigen macht, alles exportierte Gold die Münze vermindert und darum die Preise fallen macht, diese theoretische Voraussetzung wird hier zum praktischen Experiment, so viel Münze zirkulieren zu machen, als jedesmal Gold vorhanden ist. Lord Overstone (Bankier Jones Loyd), Oberst Torrens, Normann, Clay, Arbuthnot und eine Unzahl anderer Schriftsteller, in England bekannt unter dem Namen der Schule des „currency principle", haben diese Doktrin nicht nur gepredigt, sondern vermittelst Sir Robert Peels Bankakte von 1844 und 1845 zur Grundlage der bestehenden englischen und schottischen Bankgesetzgebung gemacht. Ihr schmähliches Fiasko, theoretisch wie praktisch, nach Experimenten auf der größten nationalen Stufenleiter, kann erst in der Lehre vom Kredit dargestellt werden.[1] Soviel aber sieht man, wie Ricardos Theorie,

---

[1] Einige Monate vor dem Ausbruch der allgemeinen Handelskrise von 1857 saß ein Komitee des Hauses der Gemeinen, um Untersuchungen über die Wirkung der Bankgesetze von 1844 und 1845 anzustellen. Lord Overstone, der theoretische Vater dieser Gesetze, erging sich in seiner Aussage vor dem Komitee in folgender Renommage: „By strict and prompt adherence to the principles of the act of 1844, everything has passed off with regularity and ease; the monetary system is safe and unshaken, the prosperity of the country is undisputed,

die das Geld in seiner flüssigen Form als Zirkulationsmittel isoliert, damit endet, der Zu- und Abnahme der edlen Metalle eine absolute Einwirkung auf die bürgerliche Ökonomie zuzuschreiben, wie sie der Aberglaube des Monetarsystems nie geträumt hatte. So wurde Ricardo, der das Papiergeld für die vollendetste Form des Geldes erklärt, zum Propheten der Bullionisten.

Nachdem Humes Theorie oder der abstrakte Gegensatz gegen das Monetarsystem so bis zur letzten Konsequenz entwickelt war, wurde Steuarts konkrete Auffassung des Geldes schließlich wieder in ihr Recht eingesetzt durch Thomas Tooke.[1] Tooke leitet seine Prinzipien nicht aus irgend einer Theorie her, sondern aus gewissenhafter Analyse der Geschichte der Warenpreise von 1793 bis 1856. In der ersten Ausgabe seiner Geschichte der Preise, die 1823 erschien, ist Tooke noch ganz befangen von der Ricardoschen Theorie, und müht sich vergebens, die Tatsachen mit dieser Theorie auszugleichen. Sein Pamphlet „On the currency", das nach der Krisis von 1825 erschien, könnte sogar

---

the public confidence in the wisdom of the act of 1844 is daily gaining strength; and if the committee wish for further practical illustration of the soundness of the principles on which it rests, or of the beneficial results which it has assured, the true and sufficient answer to the committee is, look around you; look at the present state of trade of the country, look at the contentment of the people; look at the wealth and prosperity which pervades every class of the community; and then, having done so, the committee may be fairly called upon to decide whether they will interfere with the continuance of an act under which these results have been developed." So stieß Overstone in seine eigene Posaune am 14. Juli 1857; am 12. November desselben Jahres hatte das Ministerium das wundertätige Gesetz von 1844 auf seine eigene Verantwortlichkeit zu suspendieren.

[1] Tooke war gänzlich unbekannt mit Steuarts Schrift, wie sich aus seiner „History of prices from 1839—1847", London 1848, ergibt, worin er die Geschichte der Geldtheorien zusammenfaßt.

als erste konsequente Aufstellung der später von Overstone geltend gemachten Ansichten betrachtet werden. Fortgesetzte Forschungen in der Geschichte der Warenpreise zwangen ihn jedoch zur Einsicht, daß jener direkte Zusammenhang zwischen Preisen und Quantität der Umlaufsmittel, wie ihn die Theorie voraussetzt, ein bloßes Hirngespinnst ist, daß die Expansion und Kontraktion der Umlaufsmittel, bei gleichbleibendem Wert der edlen Metalle, stets Wirkung, nie Ursache der Preisschwankungen, daß die Geldzirkulation überhaupt nur eine sekundäre Bewegung ist, und daß das Geld im wirklichen Produktionsprozeß noch ganz andere Formbestimmtheiten enthält, als die des Zirkulationsmittels. Seine Detailuntersuchungen gehören einer anderen Sphäre als der der einfachen Metallzirkulation an, und können daher hier noch nicht erörtert werden, so wenig wie die derselben Richtung angehörigen Untersuchungen von Wilson und Fullarton.[1] Alle diese Schriftsteller fassen das Geld nicht einseitig, sondern in seinen verschiedenen Momenten auf, aber nur stofflich, ohne irgend einen lebendigen Zusammenhang, sei es dieser Momente untereinander, sei es mit dem Gesamtsystem der ökonomischen Kategorien. Geld im Unterschied von Zirkulationsmittel werfen sie daher fälschlich mit Kapital zusammen oder gar mit Ware, obgleich sie andererseits wieder gezwungen sind, seinen Unterschied von beiden gelegentlich geltend zu machen.[2] Wenn Gold zum Beispiel ins

---

[1] Tookes bedeutendste Schrift, außer der „History of prices", die sein Mitarbeiter Newmarch in sechs Bänden herausgegeben hat, ist „An Inquiry into the currency principle, the connexion of currency with prices etc." 2. edition. London 1844. Wilsons Schrift haben wir bereits zitiert. Es ist schließlich noch zu erwähnen John Fullarton: „On the regulation of currencies." 2. edition. London 1845.

[2] „Es ist zu unterscheiden zwischen Gold als Ware, das heißt Kapital, und Geld als Zirkulationsmittel." (Tooke: „An Inquiry into the currency principle etc.", p. 10.) „Gold and silver may be counted upon to realise on their arrival nearly the exact sum required to be provided... gold and silver posses an infinite

Ausland geschickt wird, so wird in der Tat Kapital ins Ausland geschickt, aber dasselbe findet statt, wenn Eisen, Baumwolle, Getreide, kurz jede Ware exportiert wird. Beide sind Kapital und unterscheiden sich daher nicht als Kapital, sondern als Geld und Ware. Die Rolle des Goldes als internationales Tauschmittel entspringt also nicht aus seiner Formbestimmtheit als Kapital, sondern aus seiner spezifischen Funktion als Geld. Ebenso wenn Gold, oder an seiner Stelle Banknoten als Zahlungsmittel im inneren Handel funktionieren, sind sie zugleich Kapital. Aber Kapital in der Form von Ware, wie die Krisen zum Beispiel sehr handgreiflich zeigen, könnte nicht an ihre Stelle treten. Es ist also wieder der Unterschied des Goldes als Geld von der Ware, nicht sein Dasein als Kapital, wodurch es zum Zahlungsmittel wird. Selbst wo Kapital direkt als Kapital exportiert wird, um eine bestimmte Wertsumme zum Beispiel auf Zinsen im Ausland zu verleihen, hängt es von Konjunkturen ab, ob es in der Form von Ware oder von Gold exportiert wird, und wird es in der letzteren Form exportiert, so geschieht es wegen der spezifischen Formbestimmtheit der edlen Metalle als Geld gegenüber der Ware. Überhaupt betrachten jene Schriftsteller das Geld

---

advantage over all other description of merchandize ... from the circumstance of being universally in use as money. ... It is not in tea, coffee, sugar or indigo that debts, whether foreign or domestic, are usually contracted to be paid, but in coin; and the remittance, therefore, either in the identical coin designated, or in bullion which can be promptly turned into that coin through the mint or market of the country to which it is sent, must always afford to the remitter, the most certain, immediate, and accurate means of affecting this object, without risk of disappointment from the failure of demand or fluctuation of price." (Fullarton, l. c. p. 132, 133.) „Any other article (außer Gold und Silber) might in quantity or kind be beyond the usual demand of the country to which it is sent." (Tooke: „An Inquiry etc.")

nicht zuerst in der abstrakten Gestalt, wie es innerhalb der einfachen Warenzirkulation entwickelt wird, und aus der Beziehung der prozessierenden Waren selbst hervorwächst. Sie schwanken daher beständig hin und her zwischen den abstrakten Formbestimmtheiten, die Geld im Gegensatz zur Ware erhält, und den Bestimmtheiten desselben, worin sich konkretere Verhältnisse, wie Kapital, Revenue u. dergl. verstecken.[1]

---

[1] Die Verwandlung des Geldes in Kapital werden wir betrachten im dritten Kapitel, das vom Kapital handelt und den Schluß dieses ersten Abschnitts bildet.

Namens-Register.

Arbuthnot 198.
Aristoteles 1, 20, 30, 51, 112, 137.
Athenäos 57.
Attwood, Th., 68 ff.
Bailey 55.
Barbon, N., 63.
Bastiat, F., 14.
Berkeley, Bischof, 12, 64, 113.
Bernier, F., 128.
Blake, W., 95, 190.
Blanc, L., 175.
Boisguillebert 33, 35 ff., 85, 94, 121, 122, 123, 148.
Bosanquet 87, 178, 183.
Bray, Ch., 73.
Brougham, Lord, 44.
Buchanan, D., 107.
Büsch 175.
Carli, G. R., 153.
Castlereagh, Lord, 67.
Cato 126.
Chevalier, M., 112, 161.
Clay 198.
Cobbet, W., 86.
Cooper, Th., 12.
Corbet, Th., 87.
Darimont, A., 73.
Dodd 101.
Forbonnais 171.
Franklin, B., 37 ff., 113, 171.
Fullarton, J., 200.
Galiani 10, 40, 56, 77, 96, 133.
Garnier, G., 58, 101.
Genovesi, A., 28, 120.
Gladstone, W., 46.
Gray, J., 70 ff.
Grimm, J., 158.
Hodgskin, Th., 32.
Horaz 132.
Hume, D., 165 ff., 175.
Hume, J. D., 189.
Jakob, W., 101 ff., 134 ff.
Jovellanos 36.
Julius, G., 175.
Körner, M. G., 159.
Law, J., 171, 175.
List, F., 13.
Locke, J., 60, 62 ff., 149, 165, 170, 176.
Lowndes 62.
Luther, M., 128 ff., 141.
Mac Culloch 11, 33.
Maclaren 54, 175, 176.
Macleod 44, 144.
Malthus 14.
Mandeville, Sir J., 112.
Mill, James, 86 ff., 191.
Misselden, E., 121, 126, 129.
Montanari 17, 133.
Montesquieu 165, 171.
Müller, A., 56.
Norman 198.
Opdyke, G., 87.
Overstone, Lord, 183, 198.
Peel, Sir R., 46, 68, 183, 198.
Pereire, J., 84.
Peter Martyr 157.
Petty, Sir W., 12, 33 ff. 121, 127.
Plato 111.
Plinius 131.
Proudhon 37, 45, 70, 73.
Ricardo, D., 33, 43 ff., 45, 163, 175, 178 ff.
Say, J. B., 14, 44, 86, 111, 176.
Senior, N., 132, 144.
Sismondi 33, 44 ff.
Smith, Ad., 13, 33, 36, 41 ff., 52, 175 ff.
Spence, W., 86.
Stein, L. v., 2, 12.
Steuart, Sir Jam., 40 ff., 63, 64 ff., 168, 172 ff., 199.
Storch, H., 111, 132.
Thompson, W., 73.
Tooke, Th., 87, 188, 190, 199 ff.
Torrens, R., 198.
Urquhart 59.
Ustariz 86.
Wilson, J., 188, 200.
Xenophon 134, 136.
Young, A., 174.